U0057989

# 質性研究

謝臥龍策畫主編

王雅各、盧蕙馨、范麗娟、成虹飛、顧瑜君
吳天泰、蔡篤堅、魏惠娟、謝臥龍、駱慧文 合著

# 作者簡介

（以下作者按撰寫章節順序排列）

## 王雅各（撰寫第一章）

### ✎學歷

美國芝加哥羅耀拉大學社會學博士

### ✎現職

國立台北大學社會學系教授

## 盧蕙馨（撰寫第二章）

### ✎學歷

美國伊利諾大學博士

## ✎經歷

中央研究院民族學研究所副研究員

## ✎現職

慈濟大學宗教與文化研究所副教授
中央研究院民族學研究所兼任副研究員


# 范麗娟 （撰寫第三章）


## ✎學歷

美國德州農工大學社會學博士

## ✎經歷

慈濟醫學院暨人文社會學院社會工作研究所副教授

## ✎現職

國立東華大學民族文化學系副教授

# 成虹飛 （撰寫第四章）

## ✎ 學歷

印第安那大學課程學習博士

## ✎ 現職

國立新竹教育大學教育學系副教授

# 顧瑜君 （撰寫第四章）

## ✎ 學歷

美國奧勒岡大學課程與教學學系哲學博士

## ✎ 經歷

東華大學族群關係與文化研究所助理教授
國立台北市立師院幼教系兼任副教授
臺灣省國民學校教師研習會副研究員

## ✎現職

國立東華大學教育研究所教授

# 吳天泰（撰寫第五章）

## ✎學歷

美國俄亥俄州立大學人類學博士

## ✎經歷

中央研究院民族學研究所約聘助理研究員

國立花蓮師院社會科教育系副教授

原住民教育研究中心主任

## ✎現職

國立東華大學族群關係與文化研究所教授

教育部原住民教育委員會委員

# 蔡篤堅 （撰寫第六章）

## ✎學歷

美國密西根大學安娜分校文化與歷史社會學博士

## ✎現職

國立陽明大學衛生福利研究所兼任教授

# 魏惠娟 （撰寫第七章）

## ✎學歷

美國明尼蘇達大學教育政策與管理研究所博士

## ✎經歷

中學教師

## ✎現職

國立中正大學成人及繼續教育研究所教授

# 謝臥龍（策畫主編者；撰寫第八章）

### ✎學歷
美國辛辛那提大學教育博士

### ✎經歷
高雄醫學大學心理系副教授
高雄醫學大學兩性研究中心主任

### ✎現職
國立高雄師範大學性別教育研究所副教授

# 駱慧文（撰寫第八章）

### ✎學歷
美國辛辛那提大學課程與教學研究所博士候選人

### ✎經歷
和春技術學院學生輔導中心主任

高雄醫學大學兩性研究中心總幹事

高雄醫學大學心理系助教

## 現職

高雄醫學大學醫學系助理教授

# 策畫主編者序

「學術版圖中，實證主義一向在嚴謹與客觀的科學理念的要求之下，建構了知識形成的模式，由個殊中排除先入為主的價值判斷，純就客觀事實加以描述，形成命題進而再尋找普遍性與規則性，然後加以綜合判斷來建構知識。學術範疇中，強調實證科學，講求客觀性與合理性的量化研究主導了研究的思維，並以其客觀性、合理性以及普遍性控制並標準化知識的價值；如此一來，不但扭曲和獨斷知識的真實性，同時也侷限多元化和多樣化研究取向的可能性。因此實證主義下的量化研究主流漸受質疑、挑戰與衝擊，而在研究者注重研究情境與脈絡(context)之下，不斷地反省、思辯以及批判的歷程中，統整歸納知識的意義與價值的質性研究，不但挑戰了操弄知識的量化研究的主流地位，更在研究方法中，提供了研究者多面性的選擇。」這是我在高師大性別教育研究所開設「質的研究法」課程綱要中的一段話，其目的旨在期盼學生能了解量化與質性研究法在知識論述與方法學上的差異與質性研究的價值，學生在量化研究學術主流中，能有質性研究的抉擇，以及擁有從事質性研究的知能。

然而，隨著越來越多的研究者對質性研究法感到興趣，質性研究論文數量也相對提升之下；國內一些長期投入質性研究的研究者在憂喜兼具中，提筆撰寫質性研究的書籍，希望深入地討論質性研究的意涵、趨勢與價值，以及質性研究的知識論與方法論，

茲以提升研究的質量。此書的作者群就是在如此這般的時空與情
景之下，結合在一起來寫這本質性研究的。第一章質性研究的介
紹，是由國立台北大學社會系王雅各教授執筆；首先他提到質性
研究與量性研究的差異性，進而討論質性研究時代意義以及對社
會科學的重要性，為了讓讀者能更深入地了解質性研究的特性，
王教授也把質性研究的特質、限制以及質性研究的研究倫理與政
治詳加剖析，開啓本書中各種質性研究法的討論。

　　此書其他的部分，則分別由七位長期以來以其專長的質性研
究法，從事各種不同學門質性研究的研究者，以其多年質性研究
經驗與心得為基石，來撰寫介紹該研究法；而這部分各種研究法
的介紹，將涵括：該研究法背景簡介、該研究法優缺點、該研究
法運用步驟，以及該研究法運用的範疇。慈濟大學宗教與文化研
究所所長盧蕙馨教授以其人類學的訓練背景和多年人類學相關研
究的心得，探討人類學者在田野中作研究常採用的參與觀察法；
范麗娟教授浸濡於社會工作領域，以「以人為本」的研究取向，
說明深度訪談法的本質以及研究步驟；而在行動研究的部分，首
先則由國立新竹師範學院國教所成虹飛教授描述「我為何要做行
動研究？——一種研究關係的抉擇」以及國立東華大學師培中心
主任顧瑜君教授探討「專業工作者與行動研究」；茲為探討人類
行為，詮釋其意義，並尋找文化脈絡中的背景與知識，國立東華
大學族群關係與文化研究所所長吳天泰教授在本書中引導讀者釐
清民族誌，探討理論架構並陳述圓滿順利完成民族誌之要素；長
期投入醫療史研究，培育口述歷史基層文史工作者的陽明大學社
福所蔡篤堅教授，則以後現代轉向來表述歷史社會學未來可能的

應用性，並探討認同敘事分析法之知識論述與方法學。

　　國立中正大學成教所魏惠娟所長，則以她博士論文所用的焦點團體訪談法與讀者分享，除了論述此研究法的緣起、應用時機、步驟與資料分析之外，焦點團體研究法優缺點，以及結合其他研究法進行研究必須注意的事項，都被收錄在此章中；至於最後一章德懷研究法，是本人博士論文的研究法，學成回國之後與駱慧文老師共同以此研究法完成了這多國科會、教育部、內政部、勞委會、衛生署之研究計畫。德懷研究法與上述六種質性研究法最大不同之處是，此研究法採紙筆的方式，而非面對面訪談，德懷研究運用研究參與者之間的紙筆問卷交互動力，在專家腦力激盪之下，研究者彙整專家共識的科際整合的研究法。

　　這本精緻而完整地論述當今質性研究者主要而常用質性研究法的書籍，乃立足於作者群多年質性研究經驗與心得結晶，以及對質性研究的熱忱，身為主編，致以謝意敬意萬千，但也為此書延誤六年多才得以出版深以為愧。這期間承蒙心理出版社許總經理與同仁耐心地等待與催促，以及共筆作者群的體諒與鼓勵，終在千呼萬喚中出版了，本人特此致以感激再三。

謝臥龍

猴年初春於港都

# 目　錄

# 1

# 質性研究導論

王雅各

　　十餘年前，當我興高采烈地把剛出爐的碩士論文給一位很要好的大學同班同學看的時候，他很嚴肅的問我：「怎麼連一個圖表都沒有？」我開玩笑的回答他：「因為我不會畫圖表！」五年之後我再次很興奮的將甫完成的（厚厚一大本）博士論文給同一個人看，換他開玩笑的說：「怎麼連一個圖表都沒有？」我極認真的回答：「因為我相信質性研究！」這一個小小的故事，我相信是會發生在每一位從事質／量化研究的人身上——甚至是極要好的朋友、同僚之間。或許讀者知道了我這位好朋友目前在大學中講授統計、研究法和社會階層等課程時，就一點兒也不會覺得驚訝了。

　　事實上在質、量研究的爭議中，前者一直都是居於劣勢的局面。雖然從科學的源起時兩者就是並存的，但在許多學科——特別是被視為較「科學」的——之中，量化一直都是主流並享有隨之而來的優勢。以努力提升自己「科學」地位的社會學為例：不僅計量研究在主流（有名）的刊物中占較多的篇幅、有充裕的研究經費和贊助單位；甚至在從事的人、知名度、研究成果、政府和民間機構了解和支持度以及在學生的熟悉和學習意願來說，量化研究都是遠遠超過質性研究的。以我自己的經驗為例——這是在美國接受社會學研究所養成訓練相當典型的情形——我在碩士班修了兩門、博士班三門直接和量化研究相關的課。此外，這兩階段亦各有至少一門課是和（統計、研究法的）量化研究間接相關；而在各個科目的學習中，多數老師所提到的經典、鉅作、有名的研究、學者和刊物中，量化亦占了壓倒性的多數。

　　值得注意的是，上述五門直接有關量化研究的課都是必修的。

我只有在博士班第二年，才有機會修到一門由社會學者開的質性研究課程，和一門由人類學家講授的和質性研究相當契合的課——兩者都是選修的。因此，由研究所中從事教學的老師、開授的科目和學生修課及一般學習的選擇機會中，已經可以很明顯地看出兩者之間的不同地位了。

美國社會學界的情形，相當程度地代表了世界其他地區的社會學研究現況。但有一點是美國和其他國家不同的：相對而言，居弱（劣）勢的質性研究在美國的待遇遠較其他地方爲好。以剛才提到的學者、刊物、機構、經典、課程和資源而言，在美國，計質研究是個一般學者不得不注意（不能不知道），並且在有些情境中即使是心不甘、情不願但也必須說幾句好話的學術傳統。但在其他許多地方，學術界對質性研究的無知和莫名的敵意是個極爲嚴重的意識型態問題。

在本書中，我們絕非僅針對社會學中的質性研究傳統做一分析和介紹；也不是排他的想讓質性研究取代量化研究。我們的方式是由各種不同學科、研究法、性別、年齡等的研究者以其自身的訓練和學養，提出一個盡量完整的有關計質研究的說明。而此說明的目的，在於向讀者們提供一個有別於較熟悉的、優勢的（以及所有因此而生的弊病）和傳統的替代性研究傳統。終極而言，本書所追求的是一個不同視野展現；而這個展現的企圖將對研究者在方法上的補充和輔助有著實質的貢獻。

換個方式來說，我們認爲量和質的研究都有著它自身的特長和限制；並且這兩種研究法都不是我們唯一可以援引以明瞭社會現象的手段。但是在現況中，我們看到了（包括台灣社會在內的）

學界中對於質性研究的忽視和缺乏了解。基於對現象探討和知識
建構的熱忱，我們願意在此以自身的經驗，喚起一般研究人員對
於質性研究的理解和重視。同時，我們也希望藉由這一個群體創
作的過程，引發出學者（和學生）們對質性研究的興趣，以及各
種經驗和意見的交流。必須再次強調的是，我們不是宣稱質性研
究可以修正、彌補或改善量化研究的缺點；而是認為針對過分注
重量化研究的缺失，可以（至少在某種範圍之內）由認識質性研
究得到均衡或者更為完整的看法。同樣的道理，在本章中的社會
學立場僅是一個作者本身訓練和學科背景的巧合展現。自然，作
者也相信在質／量研究的討論中，社會學的情況事實上並不是例
外的。

　　社會學發展至今，已經有一個半世紀多的歷史。在這段過程
中，人類社會和知識創造都經歷了許許多多的變化。自然科學從
牛頓力學的崩解到愛因斯坦相對論的興起，再到黑洞和不確定論
的出現等於是歷盡了幾次認知革命的滄桑；而人類社會也在上個
世紀之中經驗了兩次號稱依循「馬克思主義」所完成的大規模社
會主義革命。在這其中的女性爭取到接受高等教育和普遍選舉權、
全球性的兩次經濟大恐慌、兩次世界大戰、慘絕人寰的「浩劫」
（holocaust）、實驗性的原子彈、反戰和六十年代的運動風潮，
以至於同志人權和世紀末的虛無和後現代主義，說明了社會和人
文學科所發生的變化不僅不下於我們在自然科學中所目睹的，甚
至整個地球村都像是一個在生理和心理上面臨巨大變化的青少年
（teenager）——如果我們使用社會的生物有機體（organismic）
比擬的初期社會學理論觀點的話。

　　在短短的一百多年中，早期的社會學創始者，花費了許多的力氣將社會學與道德哲學、政治學、心理學、人類學和經濟學區隔開來（Coser, 1977: xiii-xvii, 3-12）。不僅在歐洲的正統社會學如此，即使是在美洲所發展出來的美國社會學，包括最早的芝加哥學派和其後的結構—功能理論，都有著類似的心路歷程（王雅各，1996：205-7）。或許是嘗試建立自己主體性的旺盛企圖心，使得初期的社會學者必須以社會學的（自然）科學性自我期許和設定目標；但在今天，毫不批判地就接受「科學」或「知識」並視它們為理所當然，是一件既沒有基礎並且相當危險的事。換句話說，在社會學的主體性已經完全不構成為問題意識（problematic）的今天，我們可以做的事遠比盲目地接受現狀要有趣的多。

　　在社會學中的情形相當程度地代表了人文和社會（或甚至自然）科學的一般發展趨勢。因此在這本介紹質性研究論著的第一章中，我們開宗明義地就要強調：「知識的生產和傳播並不是一元的，在方法論上尤其是如此。」在接下來的陳述中，本章從五個方面來對計質研究做一個概括性的介紹。這五個面向依序是質性研究和量化研究的特質比較、質性研究對社會科學的重要性、質性研究的特點和限制、攸關計質研究操作的道德和政治，以及若干國內在近二十年來由質性研究所完成的學術探討成果。

# 壹、質性研究和量化研究的特質

　　生活在現今世界的人，極少質疑或否定「科學」此一概念。有趣的是，並不自外於社會建構本身的這個特殊的理念、組織、制度和世界觀，科學事實上大約只有四百年的歷史，並且有紛繁歧異的各種說法。學界所公認的「科學」起源於西方的歐洲，更精確的說，是義大利，由伽利略（Galileo Galilei）在十六世紀末藉著推翻由教會所主導，但事實上自波勒密（Ptolemy）時就產生以地球為宇宙中心的說法。伽利略雖然並沒有因為提出這樣的說法而被燒死，但事實上他的遭遇並沒有比被燒死的波蘭人哥白尼幸運太多。在一六三二年他出版了"Dialogue Concerning the Two Chief World Systems, Ptolemic and Copernican"之後，就被教會以異端和叛教的罪名監禁在家中，一直到一六四二年他死亡為止。

　　在伽利略之後常被視為和近代科學出現有關的人也包括了笛卡爾（Rene Descartes, 1596-1650）、培根（Francis Bacon, 1561-1626）和牛頓（Isaac Newton, 1643-1727）。笛卡爾在西方歷史中最早將身心二元論的觀點強化並放置在科學的脈絡中。他的名言：「我思故我在！」不僅強調「思想」（精神、心靈）優於「存在」（物質、身體）的事實，奠定了以感官、知覺為基礎的實證主義科學觀；更重要的是藉由演繹法（deduction）的提出，使得他所倡導的以理性及其運用的觀察和理論關係，形成了一個基於個人

直接經驗所塑造的關於自然現象的普遍「科學」（Schuster, 1977）。

　　提出歸納法（induction）的培根，主張人可以使用觀察以檢驗理念，並將由觀察所確認的理念（或事實）整合成為敘事的通則（即理論）來解釋自然現象。雖然他並沒有在著作中告訴我們「如何」去整合不同的事實，但歸納法本身卻成了近代科學形塑的兩個重要手段之一。因為被墜落的蘋果打到頭部而發現地心引力的牛頓也是實證主義科學觀的重要人物之一。藉著合併首先由伽利略所提出的觀察法（歸納）和理性的操弄（演繹），牛頓設計了實際顯示科學家如何從事科學建構的演繹性的基礎假設（hypothetico-deductive）模式。這個模型的最大特色在於檢驗理念和資料的相容性。

　　基於理性，運用思考和邏輯所形塑成的自然科學，替歐洲人帶來了無數的財富、土地、開闊的眼界，和因為利益衝突所引發的大小戰爭。挾著先進科技的歐洲文明以優越的航海術縱橫七海和跨越五大洲時，殖民母國的本身卻因諸多的（階級、族群）差異而產生了嚴重的社會問題。因此由物質科學所引發的社會變遷，一方面展示了自然科學的侷限性；另一方面揭露了一個以人為中心和對象知識論的必要性──這也是社會和人文學科誕生的背景。

　　雖然人文和社會科學家從一開始就沒有完全的同質性，但這兩類知識在萌芽階段時卻有著極為顯著的共識──它們都認為知識和理性的運用，終將使人從迷信、無知、虛昧和落後中解放出來。更進一步而言，使人在物質上更為豐富的自然科學其中的原理、原則，事實上完全可以適用在以人為探討對象的社會和人文

學科上。因此不論諸如伏爾泰（Voltaire）、杜高（Turgot）、康多塞（Condorcet）、洛克（Locke）和盧梭（Rousseau）等人之間有多麼不同的見解和觀點（Manuel, 1962, Chap 4; Coser, 1977: 20-25; Bernard, 1995: 4-12），他們都相信科學和理性可以改善人類生活的處境、並使社會漸臻完美的這個現在看來相當天真（或可笑）的觀點。

　　在社會科學中，最早認為、並致力於一個機制相似並類同於自然科學的可行性的人，正是社會學之父的孔德（A. Comte）。孔德受到聖西門（H. de. St. Simon）許多方面的影響，在一八三〇到一八四二年之間出版了一套六冊的《實證哲學的系統》，並在其中整合了歐陸啓蒙運動中的許多重要思想，以形成這一套獨特的理念體系。除了在著作中提出有名的「人類進展法則說」（或稱「三階段說」）之外，孔德也綜合了拉丁文的「社群」（societas）和希臘文的「根源」（logo）構成了一個新字「社會學」（sociology）（註一）。孔德認為集眾家大成的社會學是社會科學最晚近的發展成果（他稱之為「社會科學之后」），它除了是像自然科學一樣地在找尋社會現象中的法則之外，同時也是可以助人、解決社會問題，並且到達理想樂園的知識基礎。由於孔德對社會科學的理念、及他所使用的字眼「實證」，使得學界公認

---

註一：孔德原來將他的學說取名為「實證哲學」，但因為他發現一位比利時的統計學家 Adolphe Quetelet 在不知情下使用相同的字眼，因此他放棄了原先的名字，見 Coser (1977:28-29)。

他爲「實證主義」的鼻祖。

由孔德所奠基的知識建構型態──實證主義──不僅在社會學本身中形成極爲強勢的典範至今，同時它也影響了整個人文和社會科學界，屹立不墜地成了這一百多年來的主流。必須強調的是，孔德所提出的實證主義在這一個多世紀以來，自身也經歷了許多的變化。比較有名的兩個轉折，包括了發生在兩次大戰之間的「維也納圈圈」（the Vienna Circle），和在第二次世界大戰之後以帕伯（Karl Popper）爲首的新（後）實證主義學派。

包括物理、哲學和數學家在內的維也納圈圈，主要是繼承了奧地利物理學家馬赫（Ernst Mach, 1838-1916）的論點。簡單的說，馬赫認爲：一個無法被感官知覺所認證的事物必須被質疑是否存在；以及若無法看見，則該事物是不存在的。維也納圈圈的學者們，在此基礎上做了相當的延伸，並且自封爲「邏輯實證主義者」（logical positivists）或「邏輯經驗論者」（logical empiricists）。由於他們在一九三一年提出這種觀點的時候是採用了「邏輯實證主義」（logical positivism），因此，即使「邏輯經驗主義」（logical empiricism）對他們而言是比較恰當的名字（註二），但學界卻傾向以前者稱呼他們，並且在攻擊實證主義時，特別拿他們當箭靶。

一九五〇年代末期的帕伯是最近提出修改實證主義的人。在他一系列的著作中（1959 [1934]; 1963 [1956]; 1982-1983 [1956-

註二：兩者的差別與我們的主旨並無關聯性，因此我們不予以討論。

1957]）（註三），藉著攻擊古典實證主義中的一些觀點，以建立
一種修正的知識構建企圖。帕伯激烈的反對理念論（idealism）和
主觀主義（subjectivism）。藉著唯實論（realism）的提出，他攻
擊了反對唯實主義的人。除了認爲自己的立場有理性和道德的基
礎之外，他也特別指出馬赫和愛因斯坦（Albert Einstein）在這一
方面的錯誤。在帕伯所主張的架構中，複製（replication）和否證
性（falsfiability）成爲核心且重要的概念。同時他也在著作中，強
調這些觀念對於區隔「科學的」（scientific）、「非科學的」（non-
scientific）和「僞科學的」（pseudo scientific）知識論的作用和重
要性。終極而言，帕伯所主張的是一個以客觀詮釋來探討社會真

~~~~~~~~~~~~~~~~~~~~~~~~~~~~~

註三：一九五九年帕伯所著的第一本書《科學發現的邏輯》（The Logic
　　of Scientific Discovery），事實上是一個在一九三四年所出版的德文本
　　"Logik der Forschung"；而在一九八二至一九八三年之間所出版的《科
　　學發現邏輯之跋》（Postscript to the Logic of Scientific Discovery──在
　　英文中常被簡稱爲"Postscript"），則是作者本人在一九五一至一九五
　　七年之間所完成，但一直沒有出版的作品。這一個部分的內容在一
　　九五七年時以手稿的形式被有些博物館和若干帕伯的同事、學生所
　　收藏。在一九八二～一九八三年時帕伯的學生 W. W. Bartley, III 將之重
　　新整理，編定並分節，最後則由在 Totowa（New Jersey）的出版社
　　Rowman and Littlefield 以一套"Realism and the Aim of Science", "The Open
　　Universe: An Argument for Indeterminism", 和 "Quantum Theory and the
　　Schism in Physics"等三冊出版。詳見 Bartley, 1982: ix-xiv, 1-4; 1983: xi-xv,
　　xix-xxxix。

實的理論架構。（註四）

　　帕伯的思想影響了許多人文和自然科學家，由於他對於古典
實證主義的強烈批判和他觀點中的實證性格，使得許多學者把他
的說法視爲是一種修正（或新）的實證主義思想。然而，知識的
成長是依賴著不斷的對話；因此在帕氏的框架出現之後也遭遇了
許多人的抨擊。這些攻擊不僅展現了相當不同的觀點，同時也標
示了不同知識建構的理論派別。

　　大體說來，對於帕伯理論的攻擊，有相當多是特別針對實證
主義科學觀的原則所做的不同嘗試。這些不同嘗試所形成的不同
理論，是自一九六〇年代所出現的各種不同知識觀如詮釋學（her-
meneutics）、現象學（phenomenology）、俗民方法論（ethnome-
thodology）和女性主義（feminisms）等。這些「另類」觀點，主
要是基於對傳統知識社會學和科學社會學中所有的一些基礎假說

註四：在一九八二年版的 Quantam Theory and Schism in Physics 中，他將
　　　理念論、實證主義和馬赫聯結在一起，並且指出中年和晚年的愛因
　　　斯坦也爲自己早年所信奉的理論感到懊悔（1982: 2）。簡單的說，帕
　　　伯認爲在他的時代物理學面臨一個理解的危機，而這個危機是由：
　　　⑴主觀主義（subjectivism）侵入了物理學的領域，和⑵認爲量子理論
　　　已經到達了它終極眞理的信念普遍爲人們（物理學家）所接受造成
　　　的。帕伯對愛因斯坦的批評主要是集中在造成危機中的第一個原因，
　　　而且必須被放置在他整個唯實論主張的脈絡中才可以被理解。由於
　　　帕伯在這個部分的討論是集中在物理學（特別是量子力學）上，因
　　　此我們不予詳細介紹，有興趣的讀者請參考原著。

（assumptions）、前提（premises）和概念（concepts）的內容以及運作的不滿所做的反動；而這些反動也在本體論和認識論上開拓了新的視野，間接地也對於質性研究的興起有相當的催化影響。

　　舉例來說，在茂凱（Mulkay, 1979:2-3）的近作中，他以具體的分析批判了以馬克思和涂爾幹爲代表的傳統科學社會學、知識社會學觀點。根據茂凱的說法，傳統科學社會學的觀點認爲科學知識的內容與社會影響、社會勢力無關，因而使得「科學」成了一個被免除於「知識社會學」探討企圖之外的認知系統。雖然自一九六〇年代起就有許多歷史學家和哲學家在實際的研究中，發現了這種態度是有問題的，並且也影響研究「科學史」、「科學的哲學」和「思想史」的社會學者，但傳統的觀念依然深植在社會學者的心中。

　　對於茂凱來說，由早期社會學者所提出的科學和知識觀是一種「科學的實證觀」。這種（他稱之爲「關於科學的標準看法」）觀點預設了(1)一個客觀地存在於個人主觀經驗之外的世界；而且(2)這個世界是由它自己的法則所管轄和約制的；(3)人們可以藉由沒有偏見、非介入的（detached）觀察發現這些法則；以及(4)經由「正確的」方法論（methodology），我們可以獲致有效的「客觀知識」。事實上，關於科學的標準看法之適用性，不僅涵蓋了茂凱所宣稱的社會學者（或者更廣泛的說「人文和社會科學家」）；它也包括了我們在前面所提到的眾多自然科學家。正如本章所一直強調的「主流」、「實證主義」科學的框架一般，科學實證觀的社會學者所使用的方法論就是具有眾多「量化研究」特徵的研究方法。

　　自一九六〇年代所出現在知識建構的反動，從浮面看來是多元觀點和架構的出現；但實質上對實證主義科學觀的不滿，至少有某種程度是對量的研究方法所做的不同思考。因此光是宣稱學者對於「社會的科學化」（the scientization of society）所造成的現象如「知識社會」（the knowledge society; Lane, 1966: 650; Elias, 1974; 21-42; Boehme and Stehr, 1986: 7-29）、後工業化社會（the postindustrial society; Bell, 1973）或資訊社會（the information society; Touraine, 1971; Melucci, 1989）的出現是不夠的；完整的思考或詮釋必須包含對於造成另類框架方法論的討論，才有更強的說服力。

　　從另一個角度來看，對於主流量化觀點的批評，似乎是一個很籠統的「人文觀點」的提出。如同立普曼（Lippmann）所主張的（註五）：

〰〰〰〰〰〰〰〰〰〰〰〰〰〰

註五：Walter Lippmann, A Preface to Morals, 1929: 137。引自遠流出版社，人文科學叢書，高宣揚主編，總序，頁二。除了引述 Lippmam 的這段話之外，高宣揚也在序中提出了人文學的包容性（他似乎把「社會科學」的類目全部都放在「人文學」中）以及強調「自然科學和技術的發展，不但沒有推翻人文科學，反而更進一步地證實了：人文科學並非經常那樣被看作是「不確定的」知識體系，而是像自然科學那樣，根植於人類精神本身。毋寧說，作為人的價值在知識大樹上結成的果實，人文科學更有理由成為自然科學的整個文化的邏輯基礎。」（頁四）

人不再信仰天上的神或彼岸世界的權威,人必須完全在
人類經驗之中證實其正義性。因此,人活著應該堅信自
己的職責並不是使自己的意志服從上帝的意志,而是服
從關於保證人類幸福的最可靠的知識。

因此在理論上的此一倡導也搭配了在方法論上的反省和不同觀點
的提出。

　　就方法論而言,由新康德學派所提出的文化科學(kulturgese-
llschaften)和自然科學的對照觀點,充分地展現在狄爾泰(Di-
lthey)的論述中。狄爾泰認爲詮釋學的源起,正在於社會和人文
學科的對象不同於自然科學。他宣稱:由於文化現(對)象的理
解牽涉到意義——參與者和研究者——因此不介入的觀察和定性
的概念無法做完整的關照。更重要的是文化的探討、分類、理解
和分析也需要了解(意義),因此社會和人文學科的研究法必然
會和自然科學不盡相同。

　　狄爾泰的觀念相當程度地影響了在他之後的德國學者如韋伯
(M. Weber)、奧地利的布列悟諾(F. Brentano)和胡賽爾(E.
Husserl),甚至面漢(K. Mannheim)和舒茲(A. Schutz)。因此
在韋伯方法論中極爲重要的「了悟」(verstehen)、胡賽爾的「存
而不論」(bracket)和現象學的提出,舒茲對韋伯的批判(Schutz,
1967[1932])和「相互主觀性」(intersubjectivity)、「生活世
界」(the life world),以及布列悟諾和胡賽爾都強調的「意圖
性」(intentionality)等觀念都是這一種注重「了解」(understan-
ding)的討論和延伸。甚至普遍被認爲是傳統知識社會學中相當

重要的核心人物面漢，也在著作中對此一觀點做約略的介紹（Mannheim, 1952:61）。

有趣的是一直到今天爲止，還是有許多從事人文學科的人認爲他們所做的研究是一種「非科學」的知識探討和建構。譬如傳播學者法瑞爾（Farrell, 1984: 123-39）在論著中列出了詮釋學、現象學、記號語言學（semiotics）、結構論（structuralism）、馬克思主義和解構主義（deconstructionism）等非科學的傳播探討所可能造成的影響和貢獻。他並且指出不論是否爲科學性的傳播探索，我們都可以用分析的統整性（analytic consistency）、方法論的嚴密、縝密性（methodological rigor）、直覺的可信性（intuitive credibility）和啓發的價值（heuristic value）等四個項目來評估傳播現象中的人文學探究。法瑞爾所強調的重點，除了把傳播同時視爲是一個過程和實作（practice）之外，也包括了將傳播的作用重點置於意義的製造，而不是一般「科學的」傳播學者所相信的「發現真理」。

在法瑞爾對傳播領域所做的人文學（或「非科學」）探討的意義而言，記號語言學或解構主義等架構的提出，並不僅是直接推翻、或否定以驗證假說和操作化研究設計的量化研究；它大可以被視爲是一個關於更多可能豐富傳播研究的尋找。如同他自己所說的：

> 傳播科學已然進展到可以提出並驗證假說的階段，不論探討的對象……我們其實是在尋找一種無法自外於機率和選擇的一致性。充其量這只是一個脆弱的真理。傳播

研究大可以被不同的人文學科所挑戰和豐富。（137）

　　這個陳述，與本書的立場極接近。意爲：雖然量化研究有其
特點和專長；但對社會現象的理解，我們無法定於一尊。而質性
研究雖然是起源於對量化研究的不滿，並且有它自己的獨特性，
但是在我們介紹此一研究取向的同時，並非試圖推翻或否定量化
研究。反而我們是希望在鋪陳中，指出傳統經驗研究對於質的方
法的忽視，強調計質研究的特色、重要性和它的限制，田野中的
倫理和政治面向，和以此研究傳統所完成的眾多本土的經驗性探
討。本書的終極目的，在於彌補主流量化研究方法之不足，使我
們有更多了解社會現象的工具，以及描述這些探討工具在實際操
作時的各種面向和眾多成果。

# 貳、質性研究對社會科學的重要性

　　質性研究的源起約略可以被區分爲兩個部分：第一波的行動
主要是開啓於十九世紀末的英國，因爲快速工業化的結果，劇烈
地改變了人們的生活；而都市化的興起和日益加深的城鄉差異，
也凸顯了城市中勞工和中下階級所面臨的許多問題。對於這些問
題的思考和試圖解決，出現了「社會工作」的學術領域。在社會
工作中，對現象的探討和真實問題的解決也產生了「個案工作」、
「團體工作」和「社區組織」的社會工作方法。由於針對的是貧

窮的弱勢族群，故質性研究從一開始就是著眼在，對被研究者的
境遇關心所發展出來的具有「同理心」（empathy）的能力、從案
主（被研究者）的立場看研究問題，以及著重實際改善現況就成
了質性研究在應用上所具有的特色。

在這個部分來說，計質研究可以說是脫胎於企圖針對社會中
受到不平等待遇的各種弱勢族群，以改善其境遇所產生的一種探
討方式。在這種方式的探討中，除了有明確的應用（即：解決實
際問題）意味之外，也有立場和方法上的特點。以立場而言，通
常傳統的量化研究所著重的是一個知者（研究者）的優位性，這
個優位性展現在研究者通常是一個比被研究對象有更多權力、知
識、資源和聲望的人。在此前提之下，知者用一個「鳥瞰」（自
上而下的觀點和視野）的方式去「了解」現狀；而對此了解的要
求是「客觀」、「中立」、「無偏見」的。但質性研究的特色則
是強調被研究者的主體性，「自下而上」的去看社會，並在了解
了之後提出改善現狀的方法。皮分（Piven）和克勞（Cloward）
渥的名著，《窮人運動》（Poor People's Movement, 1979）就是在
社會運動中，一個援引質性研究方法所完成的例子。

在方法上來說，質性研究是一個建立在研究者和參與者充分
互動基礎上的探討方式（註六）。以此而言，質性研究者必須深

註六：當然有例外，在質研傳統中的「非干擾性研究」（unobstrusive
　　research）指的是針對非人的物品（通常是不同形式的「文本」）所
　　做的探討，我們會在後面再次提及。

入被研究者的生活世界，經過長時期的浸淫和學習以收集資料；並且在研究的過程中觀察、學習、體認，包容和欣賞被研究者的認知架構。人類學中的自觀（emic）和他觀（etic）（註七）是這種情況的寫照，而質性研究的主要方法如內容分析（content analysis）、深度訪談（in-depth interview）、參與觀察（participant observation）、文本和對談（註八）分析（text and discourse analysis）、民族誌（ethnography）、生命史（life history）、口述史（oral history）、個案探討（case study）、焦點團體（focus group）和行動研究（action research）等也常被以一個和人類學主要研究法同名的方式來稱呼：田野工作（fieldwork）。

　　質性研究的第二個起源，可以說是從一九六〇年代開始，對於頑固和僵化的計量研究程序和意識型態所做的一個激烈的反動。眾所週知的，傳統實證主義研究的重點在於「驗證假說」。從對現象產生興趣開始，研究者依循一定的步驟做實驗設計，而在過程中必須將觀察和現象概念化。接著，再製造一個實驗的情境而將被探討的現象區分成「實驗」和「對照」兩組。這樣的區分，主要是想建立實驗變項和依變項之間的因果關係，以及奠定比較「實驗」和「對照」組差異的基礎。

　　在實驗情境和區分對照組完成了之後，研究者必須進一步地將概念操作化（operationalize），這意味著將抽象的觀念轉化成

註七：見 Headland, Pike and Harris（1990）。
註八：discourse在國內的譯法並不一致，包括了「論域」、「言說」和「對談」、「論述」等，本章將視脈絡和文意交互運用之。

爲具象、可經驗和感受到的指標。因而在操弄了這些變項之後轉
換成爲具體的數字和數據，並且將「實驗」和「對照」組之情況
做比較，以確定所控制之變項是否爲產生因果關係之元素。最後，
則以比較之結果確定是否接受假設，若接受則以所收集之樣本，
用各種推論統計之方式去猜測母體的特性（Bowen and Weisberg,
1980: 123；Bryman, 1992: 20-33；劉仲冬，1996：124-128）。

　　總體來說，我們可以從上面的陳述中很清楚的看出傳統計量
研究所具有的特徵，它們包括了實驗性的研究設計，變項操作化，
實驗和對照組的測量和比較、複製，接受或推翻假說，以及由樣
本的研究結果去推論母體的特性。這樣一套「標準化」的研究方
式，引起了許多質性和量性研究者的討論和質疑。對於計質研究
者而言，操作化、複製、否證性和類推性（generalizability）是其
中最重要的四個議題。

　　首先就操作化而言，宇宙中的許多東西的確可以轉換（化）
成爲數字，或甚至有些社會（和自然）現象是必須用數字來表達
的（如出生率、犯罪率、死亡率等）。但是在諸多的社會現象中
毫不例外的將概念轉變成爲數字不但粗暴，甚至有許多出人意表
的後果。馬克思主義者〔如盧卡奇（Georg Lcukas）〕花了許多
的力氣談具象化（reification）的問題，就在於探討抽象的精神和
理念，在轉化成爲討論對象和行動時所產生的「失真」。因此，
社會科學中許多牽涉到認知、偏好、情緒、價值和過程的現象在
被問卷和量表化的操弄（manipulate）中，成爲了貌似精確的數
字，而和原來概念的意義南轅北轍。

　　在我看來，量化研究操作化的主要考量並不只在於對觀察的

標準化，而是延伸到標準化之後對數字的操弄、計算、比較和預測。進一步來說，也就是將可觀察到的現象背後所具有的意義數字化，如此，很容易造成僵化的解釋觀點。就以抽樣或類推的用意來說，量化研究的宗旨，預設了一個在隨機選擇的操作中，有技巧的人可以選出具有「代表性」的樣本，並根據此一樣本的研究結論推估出樣本和母體的關係，以及研究的適用性。當然，這個前提並非全然是錯的，但終極而言，即使社會現象間有些複雜的關係可以用數字來表示，但這絕非意味著所有的現象（概念、變項）都可以被轉換成數字。因此以計質研究來說，對於表面上意義和過程的注重，事實上是在於強調研究對象的不可化約、實質和非數字性。

　　複製極可能是量化研究中最為重要的一塊基石。科學之所以在人類的知識論中占有一個崇高地位，是因為它可以拿得出證據來。就許多的實證主義者而言，複製（或重複性）等同於證據。簡單的說，認為複製就是提出並支持科學性論述的看法，宣稱在實驗室情境中的各個條件，如果能夠由多一個截然不同的人在另一個情境中被製造出來，那麼就算是「證明」了先前所提出的陳述（事實上，「否證性」的觀念即由此衍生出來，詳後）。換言之，不同的人若能在不同的時間和空間裡，以完全相同的條件製造出一個情境，並在其中觀察到相同的現象，則實證主義者的研究人員就會認為「不同的人」完成了一個「複製」。

　　在以複製為驗證核心的思想方式中，條件和情境的「相同性」（請注意：不是「相似性」）是一個重要的議題。但在社會科學的探討中，學者幾乎毫無異議的公認「相同性」是接近不可能的。

舉個例子來說,若森佐(Rosenthal, 1966)在他研究中所發現的
「試驗者期望效益」(experimenter expectancy effects),指出不
論科學家如何致力於避免偏見,實驗結果會比較傾向於支持實驗
者信仰所有的期望。如果這個效益是存在的,那麼實驗者本人在
做實驗之前的信仰,就是一個重要且具有相當影響力的變數。因
此對於有些實驗結果我們可以說它不可信,很單純的只是因為在
(實證主義科學觀中的信念)「科學」中,不應該牽涉到個人的
價值觀——更不要說信仰了。

從另一方面來說,對於某些因為顯示相同結果的複製,而被
視為得以成立的論述,我們可以宣稱它們其實不是真正的「複
製」——如果我們發現在兩次的實驗中,不同的實驗者有不同的
實驗期望(因而兩次的「實驗情境」並不是完全相同的)。總體
而言,由科學社會學家所提出的以「綿羊」、「山羊」為代表的
「研究者期望效益」只是眾多複製問題中的一個。尚有許多其他
的議題,可以說明實證科學觀中的「複製」是一個相當有問題,
並須進一步討論的概念(註九)。

「否證性」是帕伯新實證主義理論中最核心的一個觀念。帕
伯同時也有另一個學者所通稱「反歸納主義者」(anti-inductist)
的標籤。帕伯最早提出否證性這個概念時是在他一九三四年所出
版的《科學發現的邏輯》中,現在已然成為大家耳熟能詳的:「再

註九:Collins的近作(1985,特別是第二章)對此有相當詳細的介紹,
　　　此外亦有 Neuliep(1991)所編的專書。

多的白天鵝也無法獲致『所有的天鵝都是白的』此一結論，因爲這個理論永遠不能保證它無法被下一個『例外』所推翻」（姑且稱之爲「黑天鵝理論」），其實是在說明科學所賴以成立的基礎，是以一個將特定命題去否定一個全稱命題的方式，而不是去融入更多可以符合全稱命題爲案例。

以否證性爲著眼點的科學觀，其實就是強調科學性知識的發展是建立在推翻既有案例——因而不是在累積（或擴充）既有理論的規模上。在二十八年之後問世的孔恩（Kuhn）的經典之作《科學革命的結構》（1962）就表達了一模一樣的思考模式。而由帕伯最先提出的基於對「假設性演繹」（hypothetico-deduction）方法所形成的「典範革命」（即：否證性）也成了科學建構中量化研究的一個重要原則。

否證性從表面看來，似乎具有令人難以抗拒的致命吸引力，但帕伯的理論一直遭受著許多學者在各方面的抨擊。就本章的旨趣而言，我只想強調否證性並無法使我們增加對現象的理解。因爲若我們從無窮盡的可能性開始，則不論否證了多少的理論，在邏輯上還是面對著無窮盡的可能性。以此而言，帕伯其實並沒有避開歸納法中的真正問題。反之，若我們從有限的觀察和理論做爲一個基礎，一方面逐步擴充已知的領域；另一方面去篩選掉不符合的理論，則我們即使無法得到真理，但至少會一直擴充對現象的理解和知識的範疇。易言之，知識的累積和知識的革命至少是一樣重要的。以不太恰當的類比來說，質性研究和量化研究的差別就正如前者和後者的分野。

類推性是量化研究中另外一個棘手的問題。在複雜多變的自

然和社會現象中的確呈現出程度不同的「規則性」（regularity）；
但所有的「規則性」都是脆弱和社會建構的。量化研究所提出的
類推性其實是相信現象是有秩序的一種反映（註十）。進一步來
說，就像是複製被視爲是基於規則性才能獲致（Popper, 1959:45）
一般，類推性的理念也是建立在「被探討的現象並非是一偶發、
單一、特殊且不可重複的」規則性之下才能適用的。

有關類推性的考量是量化研究從一開始——抽樣——就必須
面對的問題。如同始終伴隨著計質研究學者的焦慮和不確定感一
般，「樣本是否具有代表性」是從事計量研究學者揮之不去的夢
魘。而絕大多數的量化研究，也必須把所抽取之探究對象和母體
之關係，以及具有多大代表性的議題列入討論，並且做爲評估一
個研究成效的指標之一。

整體而言，計量研究法發明了許多不同的抽樣方法，以擴大
樣本所具有的代表性。這樣一方面可以拓展一個研究結論的適用
範圍，另一方面也可以提高研究所要求的效度（Campbell, 1957:
297-312; Bowen and Weisberg, 1980: 123）。但不論如何，抽樣一
直都是量化研究的一個重大議題，並且在許多方面都有爭論（Kish,

---

註十：中文的「宇宙」在英文中有兩個字：Chaos和Cosmos，前者認爲
世界上的萬物處於一種混亂、失序、矛盾和衝突的狀態（或許也可
以用中文的「混沌」表達），後者則提出相反的觀點宣稱萬物是有
秩序的——就像在數學（特別是數系）中可以觀察到的數字關係一
樣（萊布尼茲、笛卡爾、孔德和許多西方思想家都是這種看法）。
類推性的原則依據也是基於這種宇宙觀。

1965）。以最通常的隨機抽樣而言，《鐘形曲線》（Herrnstein
and Murray, 1994）一書的問世並引起的爭議，在我看來就是集中
在量化研究中抽樣、和類推性理論基礎上的種族和其他各種主義
所延伸出來的論辯（註十一）。

　　由以上的討論我們發現，計質研究的重要性肇始於它對於基
於過分強調實驗、以及方法論上的標準化（the standardization of
methodology）所導致的創意萎縮、分析面向和範疇日益縮小所做
的補充企圖。量化研究在方法上最大的問題之一是認為有個等待
被發現的「真正事實的存有」（really real reality）「客觀的存在
在那兒」（existed out there）。這種看法，不僅無法適用在人文
和社會科學家所關切的社會現象中，甚至有越來越多的人類學者，
在實際的田野中發現實證主義的科學觀應用在自然科學中都是問
題重重的。

　　社會現象是眾人互動的過程和（暫時的）結果。既然人有個
別差異，則就會有迥異的互動成果。換句話說「情境釋義」（the

---

註十一：《鐘形曲線》一書的主要論點是以常態分配的原理區分不同
　　　族群之人。正如本世紀初美國犯罪學界所流行的心理生物學論
　　　（Lomborso, Hooton and Sheldon）將罪犯視為有其生理結構的基礎（所
　　　謂的遺傳決定犯罪）和心理特質論（Goddard and Sutherland）認為低
　　　能和弱智是造成犯罪行為成因的說法一樣。Goddard 和 Sutherland 認為
　　　非洲裔美國人和其他少數族群是先天容易傾向犯罪的群體。這種歸
　　　咎弱勢民族的說法以科學研究的外貌（即以鐘形曲線所代表的常態
　　　分配為名）掩飾了白人至上的（white supermacist）價值觀，並藉知
　　　識之名以合理化種族歧視。

definition of situation）所強調的「若人將情境界定爲真，則此界定就會產生結果」（Thomas, 1931: 41），清晰的指出了人所具有的歸因、理解、詮釋、符號化和種種的構建社會真實技巧。因此在社會現象中不會有「客觀、真實的存有」，因而就無法被「客觀地」研究了。進一步而言，質性研究和量化研究的分野，是遍及於王雅各所說的方法（methods）、方法學（methodology）和認識論（epistemology）上的（1996: 213-4）。質性研究探討在論及現象的客觀性時，主觀經驗成了探討中的一個要素，而主觀經驗又只能藉詮釋和理解獲致。因此實驗、控制和特別是「複製」的概念在根本即與這些理念對立，因而是不適切的。

　　同時又由於質性研究學者所強調的過程和意義理解，無法形成假設（並加以驗證），並不特別適宜作推論、和設有否證的對象，使得她／他們認爲研究者只須在合理情形的限制下收集到資料（證據），並且針對研究主題和資料的關聯做合理、清晰和（盡量）完整（全面）的描述和分析。可以預見的是其結果和量化研究的相當不同。整體而言，我們可以把計質研究法，看成是學者針對量化研究中的操作化、複製、否證性和類推性等核心概念所做的反動和對應；在於強調社會現象中的實質、細密、婉約、非數字、理解、不可化約、無法預測和相互主觀性所做的一個補充。

　　在以上的陳述中，我們可以具體的看到在不同層次上的質／量研究法差異性。即使我們強調質量互補和漸近法（triangulation）（註十二），也無法忽視計質研究的重要性。因此對於有些學者宣稱：「沒有質性／量化研究的差異；只有好／壞研究的區別！」的說法我非常無法苟同。不僅僅因爲以上陳述，在絕大多數的情

境中，是由計量學者用來對抗（counter）質性研究的口號（slogan，通常意指計質研究是較「不科學」的研究）；更重要的是往往在這句話中，說的人不自覺地是用量化研究的標準來衡量「好、壞」的。計質研究對社會、人文學科的重要性，並非在於提出一個反對、對抗（或甚至取代）量化研究的典範。質性研究學者所提出的呼籲和主張，在很大範圍內是針對量化研究所形成的方法論霸權做一個深刻和批判性的反省。因此，質性研究討論的提出是試圖喚起大眾對於不同和多元研究法的著重；以及在取長補短的前提下，讓研究者在探討「真實」時有更多的選擇。

# 參、質性研究的特點和限制

　　雖然不同學科的研究者有著不同「質性研究」的認識，但在極大異質性的情況下，我們依然可以看到貫穿性的三個特點：多重方法（multimethods）、自然（naturalistic）和解釋的（interpre-

註十二：這是一個從航海學所發展出來的觀念，國內有些學者將它譯成「三角交叉法」或「多重檢定法」。此一概念的原始意義是在夜晚中領航的人利用星光、潮汐、洋流、燈塔和各種訊息將航行船隻引入碼頭的過程。因此社會學家將它引進方法論中，其用意在於強調「多元方法論」的應用以求更近於「真實」。因此我認為「漸近（真實）法」是比較貼切的譯法。

tative）。在本節中，我們試圖整合由許多學門，不同觀點、理論、種族、階級、性別、國籍、年齡和性偏好等的學者看法對於計質研究的傳統做一個（盡量）完整的介紹；並且將重點之一放在優缺點和方法所面臨的限制上。

計質研究雖然有許多種類，其中甚且包含了部分研究以統計數字來顯示的極類似計量研究（Becker, Geer, Hughes and Strauss, 1961; Strauss and Corbin, 1990; Spindler and Spindler, 1992），但在總體上，質性研究傾向於以文字的方式描述、鋪陳並展現資料。若單純地以收集資料的種類區分，則計質研究可以區分為田野工作和非干擾性方法（unobstrusive methods）兩種。根據基辛（Richard Keesing）的說法：

> 田野工作是對一社區及其生活方式從事長期的研究。就
> 許多方面而言，田野工作是人類學最重要的經驗，是人
> 類學家收集資料和建立通則的主要依據。（張恭啓、于
> 嘉雲，1991:25）

因此，以田野工作為名的質性研究，和人類學有極為密切的關聯。但我們也不能如此就將計質研究，看成是人類學的專利──正如主要由工業科層和農業機構所發展出來的「參與行動研究」（Participatory Action Research, PAR, Whyte, 1991），除了部分和由教育學所發展出來的一般「行動研究」（Action Research）重疊之外，也不能被視為是只有工業和農業研究的專利一般。

田野工作通常意味著把自己放置（浸淫、沈浸）在一個極不

熟悉的情境中相當長一段時間；並且在其間收集到關於此一情境的第一手資料。以此而言，田野工作者和其他量化取向的研究者毫無二致──因為兩者都在試圖收集社會現象中可得的和有用的資料。這些資料的整理和分析，終將成為我們日常生活中的知識和常識。然而問題在於，採取質的研究法的學者所遭遇的情境，以及他們所使用的手段和量化探討的研究者大不相同。就情境而言，質性研究的學者常被要求融入情境以成為情境中的一個元素，和在一個日常生活的基礎上處理他／她們與研究對象的人際關係。同時她／他們也必須透過和研究對象的互動，以更確定研究的主題，又因為研究者並非以一個具體的理解架構進入情境，這表示質性研究極有可能在研究的過程中對於探討主題、對象、概念的分類和研究的目的等都有相當多改變和修正的機會。

　　若我們從實際操作的過程來看，質性研究過程的轉換性（transformation）就更清楚。在標題為＜社會研究中的選擇和限制＞（註十三）中，勾登（Golden）從選擇題目，探討情境（setting）中的誰（who）、什麼（what）和何處（where），釐清研究目的，確立研究目標（決定如何做研究），選擇研究策略，收集和分析

註十三：＂Choices and Constraints in Social Research＂, 是由 M. P. Golden 所編的書＂The Research Experience＂（1976）中的第一章（pp. 3-31）。這本書藉著許多研究者實際從事的經驗研究介紹，探討各個面向的質性研究議題。藉著理論和方法的討論以展現具體的研究成果，這是一本在質性研究早期（一九七〇年代）非常具有參考價值的經典（classic）之作。

資料，考量專業倫理和撰寫發表研究成果的種種過程中，描述如
何操作計質研究。而其中的多變性也充分地表現在作者在標題中
所使用的「選擇」和「限制」中。

我們也可以將質性研究劃分成為初步了解議題（select to-
pic）、進入研究情境（entering setting）、學習角色扮演（learning
the role）、收集資料（collecting data）、離開田野（leaving the fi-
eld）和其後的分析資料、撰寫報告，以及發表成果等等。不論如
何分類，事實上田野工作所牽涉的是一個長時間的研究者—報導
人互動過程。而在此過程中雙方交互的影響對方，並共同建構一
個互為主體的社會真實，最終則在於彼此的學習中成長，和獲得
面向更為寬廣的理論性和常識理解。

具體而言，基於人際互動所完成的田野工作，在操作上有著
以下的特色。首先以時間而言，質性研究是相當耗時費日的。這
不僅僅因為在研究的程序中，研究者通常需要在每一個階段花時
間去深入了解情境，以及其中因互動而產生的變化；更重要的是，
質性研究要求研究者融入參與者的生活世界中，並且（盡量）以
被研究者的眼光來認知此生活世界。其次，由於方法的多元性，
使得研究者常擺盪在不同的方案問題上猶疑、徘徊且徬徨不知所
措。因而在方法有彈性的表象下，也同時一刀兩刃地存在著長期
的不確定感。

第三，不確定感除了在方法上出現之外，也流露在價值、倫
理、人際關係和其他研究相關的議題中。在太多的時候，並沒有
確切的規則告訴研究者應該怎麼做——這特別表現在和倫理有關
的討論中（我們會在下節中提到）。因為計質研究的學者，常須

親身面對她／他所不熟悉的情境，因而會產生一種「持續的焦
慮」。正如我在一篇討論計質研究法的文章中所提到的：

> 探索不熟悉的情境必然會產生一些獨特的經驗……不像
> 量化研究學者（多）在控制的情境中了解人的行為，質
> 性工作者經常的會懷疑自己是否在收集「正確」（適切）
> 的資料……
>
> （王雅各，1992: 153）

　　最後，則是基於前面所提到的冗長、多元、不確定和焦慮感
籠罩下，在完成研究後所得到的高度成就感。在許多計質研究者
的完成作品中，我們很容易感受到那種「完成某種任務」（accom-
plish something）的喜悅感覺，正如我在前引文中所做的結論：

> 質性工作對投入的要求造成了田野工作的邊際性——不
> 僅對被研究（者）的生活而言，同時更對質性工作者的
> 本人（Shaffir, Stebbins and Turoweth, 1980: 18-20）。但質
> 性研究者是最容易被案主視為是一個對他（她）們生活
> 關心的人……尤其是這種研究的本身是從事此種方式研
> 究（者）的學習、成長和寶貴學術經驗獲得的過程。（前
> 引文，p.154）

　　除了實際在田野中從和人的互動收集資料之外，質性研究也
包括了不直接從人收集資料的方法。因此，即使同樣是探討人或

人類社會，基於採行資料方法的不同（對人、不對人）也會形成不同的研究方法。被通稱爲「非干擾性」的探究包括了內容分析、視覺材料探討、文本和言說（discourse）分析、檔案研究（archival research）和傳記等生命史研究等等。「非干擾性研究」的最大特色在於一方面它是針對由人所製造的文本做爲探討的對象；因此各種和人有關的研究難題就可以適度的被避免。另一方面，它被視爲是不會對研究產生「互動效應」（interactive effect）的「文化製品」（cultural artifact）探討。

劉仲多在＜量與質社會研究的爭議、及社會研究未來的走向及出路＞（1996: 131-5）中歸結了質性研究的六大特色爲：(1)透過被研究者的眼睛看世界：因爲「社會實在」已經經過當事人的解釋，所以研究者必須能夠掌握被研究者個人的解釋，才能明瞭其行事的動機。(2)描述：針對量性研究的抽離化約傾向，質性研究者多會仔細描述研究的場景。這樣可以提供事件及情景發生的背景，幫助研究者了解主體的解釋，同時亦能提供讀者資料以做爲評估研究的基礎。(3)網絡主義：質性研究多半將現象放置於整個場域的網路（network）中試圖做通盤的理解。又稱爲整體主義（holism）和脈絡主義（contextualism）的作法在深入了解行動者在情境中的座落性（situatedness）。(4)過程：研究者視社會生活爲系列且交互關聯的活動，因此非常重視變遷及其背後的過程機轉。(5)彈性：基於對受訪人觀點的注重，使研究者必須採取開放和非結構性的多重方法，以避免研究者「強加」（imposing）自己的觀點和預設立場。同時相對於量化研究的循序漸進，質性研究多半是反覆進行的。(6)理論及概念形成：計質研究主要是靠分

析歸納（analytical induction），因而避免了理論架構的預設和假說的必要性。通常研究者是在概念、命題和理論之間重複遊走漸次流動成形的。

整體而言，具有質性研究特色的研究法，主要是基於人文和社會科學中的研究者和被研究者都是人的條件下，所做的一個反實證主義的練習。因爲人是一個融合了理性和感性的生物體，使得感情、認知、好惡、態度和價值觀等「反理性」和「非理性」等因素不斷地在社會研究中運作。同時，計質研究也承認（至少在某種範圍之內）、接受並許可這種互動的影響。這些都構成了迥異於傳統實證研究的特色，並造成了對後者的威脅。

至於大多數量化研究的學者，除了直覺的敵意之外，也對質性研究有著許多批評。在計量研究者的眼中，質性研究者所從事的是非實證的口語、傳播、摸索（exploratory）、批判、軟性（soft）或非（un）科學的探討。尤有甚者，極端的實證科學家甚至把計質研究看成是充斥著個人主觀經驗（subjective personal experience）、偏見的（biased）說故事（story telling）（Denzin and Lincoln, 1994: 4）。

嚴格說來，計量研究主要是針對計質研究中的不同運作方式做批評。因爲質性研究不製造假說，也沒有操作化概念，避免問卷、量表，同時也並非以「量」判定變數之間的關係，且不抽樣〔或許該說以和量化研究極爲不同的理念和方式抽樣——如紮根理論所使用的理論性抽樣（theoretical sampling）和一般質性研究的目的抽樣（purposive sampling）〕，也沒有統計（和統計推論），這使得不熟悉的人對它發出極爲嚴苛的質疑。持平而論，

強調主觀（體）性、過程、意義和詮釋、個人經驗、細緻、婉約、
情緒和理解的質性研究，並非實證主義者所抨擊的「不科學」；
只是針對現象中的不同面向做深入的理解。我們一再地宣稱兩者
的「相輔相成性」和互補性，而本書的用意，一方面是喚起學界
對於一種重要但長期被忽視研究傳統的注意；另一方面則是企圖
對於質性研究的領域，作一個初步的介紹，以方便有心採用這一
組方法的研究者有所依循。

　　早期質性研究的源起和發展也和強權的壓迫有關。因此在人
類學的傳統中，最早的目標其實是透過人類學者的研究，增加西
方社會對部落民族和非西方社會的了解，以遂行前者對於後者的
搜刮文物、古蹟，了解非白種人和強化種族壓迫。就這一階段而
言，以質性研究法從事異文化探究的白人學者，可說是帝國和殖
民主義的幫凶。但在一九六〇年代之後，因為世界社會運動風潮
的興起、民族自覺和非西方社會人類學者的覺醒，使得許多（特
別是應用）人類學研究成了幫助被殖民者爭取解放的行動（和理
論）利器。因此，質性研究成了幫助弱勢爭取權益的手段。到了
此一階段，質的研究變得和許多弱勢族群契合。我們在許多的文
獻中，發現不同的弱勢族群如婦女（胡幼慧，1996; Anderson and
Jack, 1991; 11-26; Reinharz, 1992）、勞工（Poggema and Smith,
1983: 765-90; Trist, 1981）、農民（Benoit-Cattin, 1984: 41-44; Mal-
cure and Bassey, 1991: 190-209）、同志（王雅各，1999a [註十

註十四：歷年的「四性研討會」中亦有多篇以質性研究法所完成的針
　　　對同志所做的探討成果可供讀者參考。

四]），原住民（Miyoshi, 1993: 726-751）使用質性研究以求改變
現狀和批判社會不平等。這種情況也是質性研究特色的另一種展
現面向。

# 肆、質性研究的道德和政治

與量化研究相比，質性研究方法的一個很大的特色，在於它
會討論到非常多倫理（ethics，又稱道德）和政治（politics）的議
題。並非量化研究不談這些，而是翻開任何一本有關於質性研究
法的書，我們都可以看到許多攸關倫理和政治討論的部分——而
這些討論面向的深、廣度，是遠非量化研究所能望其項背的。造
成這一個現象的許多原因，是和我們前面所提到的質性研究特色
有相當的關聯性。

同時，倫理和政治也往往是焦不離孟的；它們不僅茁生於研
究開始之前，甚至在報告出現許久之後，專業道德的議題還是陰
魂不散。支付研究費用的單位（不論是公立或私立也包括了營利
和非營利的）其實都對研究的走向有著某些期望。而一些被探討
的團體，有時也會向研究者要一些和理論無關的量化資料（數字
或數據），特別是企業機構也常想利用准許研究以求了解員工的
一些特色，或企圖將研究導向於支持組織目標的方向上。此外，
有些政府和民間機構也會藉著贊助研究來替自己脫罪、洗清嫌疑，
或者找到不採取行動的藉口（或只為了「消化預算」）。

　　和資助研究的團體相較之下，有些時候其實被研究者對於學
者探討的期望也是相當難以承受的重。在所謂「土著觀點」（Ma-
linowski, 1922:25）的要求下，進入田野的質性研究者被要求成為
一個敏感、關懷、有奉獻熱忱（committed）、同理（sympath-
etic）、有愛心，耐著性子、停留許久且不是只把報導人（inform-
ants，又稱受訪人）視為是被研究的「物」，和有道德的人。對
於許多研究者而言，並非她／他們不具備這些特質，而是不論這
些特質具備什麼程度，學者不可能滿足每一位（被研究的）「土
著」，而如何以及在什麼樣的研究階段去（以適當的方式）表現
這些特徵是「問題重重的」（probelmatic）。

　　正如丹晨和林肯（Denzin & Lincoln）在近作中所指出的「他
們（田野工作者）執著於（committed）自然探討和對於人類經驗
的詮釋性理解（interpretative understanding）。但同時田野在本質
上（inherently）是政治的，且是由多重的倫理和政治位置所形成
的。」（1994: 4）從事質性研究的學者，也因此必須經常思索、
檢討和甚至自我批判許多和研究有關的議題，並且做修正調整和
改變。也因為政治和道德的議題是深入和普遍地影響了所有從事
的人，幾乎所有有關質性研究方法的論者，都必須討論此一課題。

　　在本節開始時我們所提到的倫理和道德困難也充分的展現在
以研究上流社會出名的社會學者米爾斯（C. W. Mills）和唐霍夫
（W. G. Domhoff）的作品上（註十五）。畢竟，在保護自己的隱

註十五：Mills（1952）；Domhoff（1970；1975）

私和生活情況不爲人所知（即避免訊息的外流，disclosure）上，
上流社會的人也是占盡優勢的。因此，位居中產階級的「學者」
也會在「向上」或「向下」的探討中，遭遇不同的倫理和政治議
題以及多層面向的困難。

　　人類學家屋寇（Wolcott）在近作（1995, chap. 6 and 7）中將
田野工作的倫理視爲是由皮毛性（superficiality）、明顯性（obvio-
usness）、自我實現（being self-serving）、缺少自主性（lack of
independence）、欺騙和背叛（deception and betrayal）和祕密的
觀察（clandestine observation）等六個問題，和田野工作者可能面
臨的指控（accusations），以及可能不願意坦承或討論的「議題」
（issues）所組成。藉著將田野工作者和藝術家做一個對照，他指
出雖然兩者有異有同，但在個人所面臨的倫理和情感上的矛盾（di-
lemmas）——所謂的「黑暗藝術」（dark arts），以及由理解和
酬賞所形成的研究成果——所謂的「光明藝術」（lighter arts）所
對照的田野工作者，是和傳統藝術家極爲不同的。屋寇同時將田
野工作及理論構建、資料分析和書寫過程相連結，以提供一個從
事此一重要心靈工作過程的導覽。

　　屋寇的這一個創作企圖相當全面地將田野工作中的核心議題，
作了整理和討論。基於質性研究本身所有的不確定性、易變化性、
焦慮性和多元性，倫理的議題就顯得格外重要，更因爲許多研究
者在田野中所遭遇的情況，並無所謂的標準答案或學者有共識
（consensus）的作法，因此將質性研究者和藝術家的類比是頗具
創意的作法，同時這也展現了另一個觀看（討論）田野倫理的方法。

　　除此之外，在攸關應用研究功能的討論上，英國的社會學者

鮑默（Bulmer）在＜社會研究的實用＞（1982）中將研究者區分
為「經驗主義者」（empiricist）、「工程師」（engineer）和所謂
的「啓蒙模式」（enlightement model）。鮑默拒斥前兩者的立場，
並宣稱前者認為知識是中性的。在客觀、沒有偏見且價值中立的
著眼點下，經驗主義者只把研究看成是一個受過訓練的人，利用
探討的技巧收集相關資料的方式。至於被鮑默稱為「工程師」的
研究者，則意味著由學術（和工業）行政者的眼界出發以界定和
解決問題，或是研究者僅關注對既有政策做評估。藉著否定這兩
種運作方式的研究道德，鮑默提出「讓研究者能夠重新全面檢視
政策制定者所看到問題的「啓蒙模式」，以做為一個適切的探討
方法」（註十六）。

　　鮑默的架構在西佛門（D. Silverman）和古不如英（J.
Gubrium）的論述（1989: 1-12）中被強烈的批評和質疑。在一個

─────────────────────

註十六：這正如後殖民主義文學評論家 Said 所提出的「詮釋的政治」
　　用以形成針對「誰在書寫，書寫為了誰，以及在何種情勢下書寫」
　　等問題的答覆（1983:7）。傳統的文學評論因為標榜它專業的客觀
　　性，形成了在主流文化中維繫主要觀點的看法。這種形式的文學評
　　論不僅視政治不恰當，甚至我們也無法在其中找出日常生活的政治
　　性格。因而在避談現實且抽離的文學評論中，表面上保持了和政治
　　的距離，但實質上這種練習本身成了一個模式（價值），以至於形
　　成了一個自我的政治立場──通常這個立場不但並無牴觸現狀，它
　　甚至幫助合法化了現狀（the states quo）。因此，許多反傳統學術的
　　人如女性主義者，就提出了認同政治（identity politics）的學術研究法
　　（王雅各，1996a: 201-39, 1998: 7-8）。

專注於「田野的」政治（politics of the field）、「田野中」政治
（politics in the field）和「由田野而來的」政治（politics from the
field）的論著中，西佛門和古不如英使用傅柯的觀點，談到了政
治的無所不在、不可避免和如何面對等問題。藉著將權力視為一
個多元且多面向的社會事實並批評「啓蒙模式」，西佛門和古不
如英將研究者視為「學者」（the scholar）、「國家機器顧問」
（the state counsellor）和黨人（the partisan）三個不同的種類，
並從不同的面向探討她／他們和研究的關係。

　　西佛門和古不如英認為傅柯所提出的攸關權力的論述對所有
啓蒙式的思想都構成了以下的五個挑戰：(1)人們再也無法認為進
步是永無止境的；(2)政治不可被化約到僅是國家機器的運作；(3)
權力既可被表現在有說話的餘地，它也顯露在檢查（censorship）、
壓抑（repression）和排除（exclusion）；(4)科學並非無根的社會
物，而是鑲嵌在權力的機制中；(5)所謂自由的個人是一個權力／
知識的建構（p.5）。因此，即使學者、國家機器顧問和黨人三者
之間有顯著的差異，但這三者的相同之處，則在於它們都延續了
西方在這兩百年來所盛行的啓蒙想法。對西佛門和古不如英而言，
質性研究中的政治討論一方面是試圖超越啓蒙的知識典範，但同
時，研究者也必須將此一超越視為是有所跨越和有些地方被壓抑
的並存現象，故而針對田野中不同政治面向的探討也同時是分析
的／政治的（p.12）。

　　總之，不論從整體的認識論（epistemology），抑或從單獨研
究法的過程而言，倫理和政治的議題始終和質性研究並存。因此
不論是談到研究設計、田野特徵、研究方法和過程資料特性和分

析，甚或是研究結果的類推和應用，其中都牽涉到倫理和政治的
問題。以質的研究中一般人最熟悉的訪談法為例，不僅早在一九
八一年歐克利（Ann Oakley）就在論文中明確的指出了訪談的不
利女性（註十七）。在她之後的許多女性主義者（Fontana and Frey,
1994: 361-76; Finch, 1993: 166-80, Bhavnani, 1992: 27-48; Fine, 1992,
hooks, 1989; Lykes, 1989: 167-84）也在不同時間指出，即使表面看
來有利於女性主體的訪談，其實有著許多含蓄的（subtle）陷阱
（註十八）。

　　因此對於質性研究的討論和對比中有著幾個不同的層次。首
先是整體的質／量對照，其次是在質的陣營中的各種討論（如過
程、原則等），最後則是對研究成果應用的不同評估。在整個質
性研究運作的過程中，倫理和政治的考量都與研究同在；而研究

──────────────────────

註十七：Ann Oakley（1981），"Interviewing Women: A Contradiction in Terms,"
　　　明確的指出了這一個事實。進一步來說，也有一些批評量化研究的
　　　學者，指出一般人設計問卷的方式是不容易讓女性訪者了解並提出
　　　內心真實意見的，因此研究法對女性的歧視是質／量研究中都併存的。
註十八：她們的研究指出了傳統訪談法的設計、運作和理念──正如
　　　同所有其他研究法一般──有著男性沙文（male chauvinist）和男流
　　　（malestream）和性盲（gender blind）的特徵（如在正統文獻中所介
　　　紹的訪談法，Merton, Fiske and Kendall, 1990[1956]; Krueger, 1988; Fielding,
　　　1993; Gordon 1980）。然而女性主義者對質性研究的批判，並非侷限
　　　在訪談這一種方法中，更遍及於所有的質性研究法中（Reinharz, 1992;
　　　Olesen, 1994: 158-74; Hollway, 1989）。女性主義者也有針對量化研究所
　　　做的批判，見 Jayaratne（1983: 140-61）。

者也必須在研究的前（pre-）與後（post）時時將這點列入考量。

# 伍、一些台灣質性研究的成果

　　在前面四節中，本章的討論是相當一般性且全面的。細心的讀者可能早已發現我們所引述的文獻大多是英語且其中所討論的議題──即使浮面看來是具有普遍性的──似乎有「西方中心」的偏向。這種看法在某種程度之內是真實的，因為一方面我國在質性研究上的忽視比美國更為嚴重；另一方面台灣質性研究的歷史不僅短暫，它所涵蓋的面向也較不完整。雖然如此，國內學術界在有些研究者的努力推動下，開始注意質性研究，而在以往默默耕耘的學者、專家也在過去的二十多年中累積了一些研究成果。在本章的最後一節中，我們打算以一個總體的方式介紹國內這些質性研究的成果。我們的目的，不僅在於讓質性研究成為可見的（visible）、具體的（concrete）；同時我們也希望，這樣一份參考書目的呈現方式，可以讓有心從事這一種傳統研究方式的人有所依循。在開始前必須強調，我們所展現的並不是一個窮盡的、或包括所有學門的介紹──篇幅和個人能力的限制，使得這種企圖極為困難──而是在作者各種條件下所形成的一個選擇性的成果（樣本）。

　　大體說來，有些學科幾乎是只用質的研究法做探討工具，這些學科包括了（但不僅限於）文學、歷史、人類學和哲學。另外

也有一些學門有著和量化研究分庭抗禮的質性研究傳統，像是社會工作、教育學、人文地理、考古學等等。就上面的學門而言，要挑出介紹的案例是較為困難的（因為樣本太大），同時我們也可以使用不同的時代、研究法、探討主題作為挑選的標準。

在一九九七年五月由中央研究院民族學研究所所出版的《出版品目錄》，提供了相當完整有關該所自民國四十五年迄今，以質性研究法所完成的人類學探討。由於該所一向被視為是執台灣人類學研究牛耳的單位，因此在其中所介紹的人類學研究都極具參考價值（註十九）。若以近十年在集刊中出現的中文文獻為對象，則可以發現所探討的領域大多集中在一般人所熟悉的儀式、信仰、宗教理念、年齡制度、親屬、稱謂、認同、家庭組織及型態、經濟制度與社會結構的關係等一般人類學者的研究主題。比較特殊的是林美容的信仰（祭祀）圈（1989: 41-104）、胡台麗所做的視覺（影像實驗）種族誌（1991: 183-208, 1995）、盧蕙馨的婦女解放運動（1991: 183-222）和張珣在宗教現象中的性別議題探討（1995: 185-203, 1996）。

作為質性研究重鎮的人類學，在許多方面都有著重要和極具啟發意義的質性研究討論。特別是它本身對於不同族群關係的興趣，以及具批判意識、應用人類學的興起，同時也促發了諸如原住民都市生活適應、移民、漢（人）原（住民）文化觀點比較等

註十九：因為社會學研究所在一九九七年成立之前一直依附於民族學研究所，因此，在集刊中也有一部分社會學（和心理學）的研究。在社會學研究的成果中就不一定是用質性研究法所完成的。

「新潮」議題。本地學者對於特定族群的全面探究，如黃應貴的布農族研究和潘英海的平埔族研究都是極具體的例子。因此整個人類學的學門是一個可以討論質性研究的沃土。

教育則是另一個有強勢質性研究傳統的學科。以質性研究法所完成的作品包括了師生互動情形（孫敏芝，1985；駱慧文和謝臥龍，1992）、教師自主性（陳添球，1987）、學生性別角色發展（黃玉梅，1989）、隱藏課程（張芬芬，1991）、研究者在教育研究中的主觀意識（蔡敏玲，1994；丁雪茵和鄭伯壎，1994）等。

從某些角度而言，教育學是必須經常採行質性研究法的學科，因為許多相關的研究都有著要付諸實行的要求（其實在這點上，社會工作也一樣）。因此我們也可以看到對行動研究和教育理念的探討（陳伯璋，1988）、一般性的對教育學中的質性研究介紹（王文科，1990；歐用生，1989）、對量化研究和意識型態的批判（歐用生，1985：91-125；黃正傑，1989；陳伯璋，1993）等等。綜言之，在負責教育學相關研究出版的大本營「師大書苑」中，可以找到相當多以質性研究所完成探討的例子。

自一九九〇年代開始，由本書作者之一的吳天泰教授帶領了學生從事相當多有關原住民教育和教育種族誌的研究。原住民教育可以合理被視為是一個跨越人類學和教育學的探討領域，而種族誌所容納的多元方法（深度訪談、參與觀察、口述史等）也使得這一個新興領域成為進一步深入了解原住民和她／他們教育現況的一個重要方向。

在人類學和教育學之外的學術圈內，晚近也可以看到一些實

際的研究成果如一般性的質性研究介紹（王雅各，1992：143-58；
江明修，1992：315-39；楊國樞，1992；徐宗國，1994b；胡幼慧，
1996）、藝術教育研究（袁汝儀，1990，1991，1996）、家庭研
究（劉惠琴，1996：17-53；修慧蘭、陳家鳳，1996：79-92）、婦
女研究（徐宗國，1994b：175-206，胡幼慧，1996b：27-57）和男
性研究（王舒芸，1996；王雅各，1996c：1-6；莫藜藜、王行，
1997：153-65；秦光輝，1997）。由楊國樞教授所領導的本土心理
學研究室（和它所出版的刊物《本土心理學研究》），成為帶動
心理學界從事質性研究的火車頭。此外，由台灣大學建築與城鄉
研究所所長畢恆達教授所成立的性別與空間研究室，也從事頻繁
的質性研究。

　　自一九九○年代開始，台灣的學術界有了較多（和團體）的
談論質性研究的聲音。在本章中所引述的文獻中，每一個所屬的
（若是）研討會論文，都有採行質性研究法者。而在一九九四年
中央研究院民族學研究所更主辦了專注在質性研究法的研討會（註
二十）。而在一九九七年由台灣大學新聞學研究所所主辦的一場
「原住民傳播權益與新聞報導研討會」中，則更是以質性研究法
為主軸。這些現象都說明了質的研究逐漸受到學者們的關注。

　　總之，質性研究的日益受重視本身是一個可喜的現象，而且
也證明了本書的需求和重要性。在現階段的相關討論只是一個初

註二十：研討會全名為「社會科學研究法之檢討與前瞻」第二次科技
　　研討會質性研究、次級分析與綜合方法，民國八十三年一月十二～
　　十四日。本研討會的論文集也很具參考價值。

步的嘗試，即使我們在本節介紹了相當多的研究成果，這也並不表示大家對質性研究的傳統有著任何共識。讀者在閱讀後面的章節時，除了會看到更多不同的研究法、實例和議題的介紹外，同時也會被引發出更多的想法和觀點，希望這些都是我們將來可以從事各種（包括質研本身和質量之間）對話的重要基礎。

參考書目

丁雪茵、鄭伯壎（1994），研究者的角色與主觀性：以兩個研究為例，中央研究院民族學研究所「社會科學研究方法檢討與前瞻」第二次科技研討會質性研究、次級分析與綜合方法論文集。

王文科（1990），質的教育研究法，台北：師大書苑。

王舒芸，現代奶爸難為乎？雙工作家庭中父職角色之初探，國立台灣大學社會學研究所碩士論文。

王雅各（1992），簡論質性社會學研究法，社會學與社會工作，9: 153。

王雅各（1996a），婦女研究對社會學的影響，近代中國婦女史研究，4: 205-7, 213-4。

王雅各（1996b），在校園中成立同志社團所遭遇的困難和議題：臺灣和美國的比較，拓邊、扣邊社會研討會論文集。

王雅各（1996c），男性研究：一個新的研究領域，婦女與兩性研究通訊，41: 1-6。

王雅各（1998），大學社團中男性社員的性別意識及其影響，本土心理學研究，9: 245-77。

王雅各（1999a），臺灣男同志平權運動史，臺北：開心陽光。

王雅各（1999b），臺灣婦女解放運動史，臺北：巨流。

江明修（1992），社會科學多重典範的爭辯：試論質與量方法的整合，政治大學學報，64: 315-39。

林美容（1989），彰化媽祖的信仰圈，民族學研究所集刊，68: 41-104。

胡台麗（1991），民族誌電影之投影：兼論台灣人類學影像實驗，民族學研究所集刊，71: 183-208。

胡台麗（1995），賽夏矮人祭歌舞祭儀的「疊影」現象，民族學研究所集刊，79: 1-61。

胡幼慧編（1996a），質性研究：理論、方法及本土女性研究實例，台北：巨流。

胡幼慧（1996b），婦女與三代同堂：老年婦女的經濟依賴與居住困境，婦女與兩性學刊，7: 27-57。

修慧蘭，陳嘉鳳（1996），外遇之現況分析、心理歷程與輔導策略，健康的婚姻觀研討會論文集，頁 79-92。

孫敏芝（1985），教師期望與師生互動作用：一個國小教室的觀察，國立台灣師範大學教育研究所碩士論文。

徐宗國（1994a），紮根理論研究法及對婦女研究的若干啟示，「社會科學研究法檢討與前瞻」第二次科際研討會，質性研究、次級分析與綜合方法論文集。

徐宗國（1994b），女人和男人的工作與家庭──攸關時間，婦女

與兩性學刊，4: 175-206。

秦光輝，從台灣男性兵役經驗看軍隊父權體制再生產的性別邏輯，
　　國立清華大學社會人類學研究所碩士論文。

袁汝儀（1990），視覺藝術教育與文化人類學，台灣省第一屆教
　　育學術研討會論文集，頁 3-7。

袁汝儀（1991），論人類學詮釋體系與台灣視覺藝術教育，中央
　　研究院民族學研究所文化組小型研討會，藝術與人類學，pp.
　　6-8。

袁汝儀（1996），生活藝術教育雛論，通識教育季刊，3 (4): 61-79。

張芬芬（1991），師範生教育實習中潛在課程之人種誌研究，國
　　立台灣師範大學教育研究所博士論文。

張恭啓、于嘉雲譯，（R. Keesing原著）（1991），文化人類學，
　　台北：巨流。

張珣（1995），女神信仰與媽祖崇拜的比較研究，民族學研究所
　　集刊，79: 189-203。

莫藜藜、王行（1997），變遷社會中已婚男性家庭性別角色與觀
　　念之省思，全國家庭福利與家庭政策學術研討會論文集，pp.
　　153-65。

陳伯璋（1988），行動研究，台北：師大書苑。

陳伯璋（1993），意識型態與教育，台北：師大書苑。

陳添球（1987），國民小學教師自主性之研究──一所國民小學
　　日常生活世界的探討，東吳大學社研所碩士論文。

黃正傑（1989），教育研究極需擺脫量化的支配，中國教育學會
　　主編，教育研究方法論，台北：師大書苑。

楊國樞（1992），中國人的社會取向：社會互動的觀點，在楊國
　　樞、黃光國編，中國人的心理與行為──理念與方法篇，台
　　北：桂冠。

劉仲冬（1996），量與質社會研究的爭議及社會研究未來的走向
　　及出路，載於胡幼慧編，質性研究：理論、方法及本土女性
　　研究實例，台北：巨流，頁 124-8, 131-5。

劉惠琴（1996），女性主義觀點看夫妻衝突與影響歷程，健康的
　　婚姻觀研討會論文集，頁 17-53。

歐用生（1985），我國國民小學社會科教科書意識型態之分析，
　　新竹師專學報，12: 91-125。

歐用生（1989），質的研究，台北：師大書苑。

蔡敏玲（1994），教育民族誌中研究者的角色，中央研究院民族
　　學研究所「社會科學研究方法檢討與前瞻」第二次科技研討
　　會質性研究、次級分析與綜合方法。

盧蕙馨（1991），兩個婦女團體「談心」聚會：挑戰男性霸權的
　　儀式表演，民族學研究所集刊，72: 183-222。

Anderson, K. and D. C. Jack, (1991). Learning to listen: Interview tech-
　　niques and analysis, in S. B. Gluck and D. Patai eds., *Women's wor-
　　ds: The femimist practice of oral history*, New York: Routledge, pp.
　　11-26.

Becker, H. S., B. Geer, E. C. Hughes and A. L. Strauss, (1961). *Boys in
　　white: Student culture in medical school,* Chicago: The University
　　of Chicago press.

Bell, D. (1973). *The coming of post industrial society: A venture in social forecasting,* N.Y: Basic Books.

Benoit-Cattin, M. (1984) Farmer Researcher Dialogue: Reflections and Experience, in P. Matlon et al., eds., *Coming full circle: Farmers participation in the develonment of technology*, Ottawa: International Development Research Centre, pp. 41-44.

Bernard, H. R. (1995). *Research methods in anthropology: Qualitative and quantitative approaches,* 2nd ed., Walnut Creek, CA: AltaMira Press, pp.4-12.

Bhavnani, K. (1992). Talking Racism and Editing Women's Studies, in D. Richardson and V. Robinson, eds., *Thinking feminist*, New York: Guilford. pp.27-48.

Bohme, G. and N. Stehr, (1986). The Growing Impact of Scientific Konwledge on Social Relations, in G. Bohme and N. Stehr, eds. *The knowledge society*, Reidel, pp. 7-29.

Bowen, B. D. and H. F. Weisberg, (1980). *An introduction to data analysis,* San Francisco: W. H. Freeman & Co., p.123.

Bryman, A. (1992). *Quality and quantity in social research,* New York: Routledge.

Bulmer, M., (1982). *The uses of social research,* London: Allen and Unwin.

Campbell, D. T. (1957). Factors Relevant to the Validity of Experiments in Social Settings, *Psychological Bulletin, 54,* 297-312.

Collins, H. M. 1985, *Changing order: Replication and introduction in scientific practice,* Beverly Hills, CA: Sage.

Coser, L. A. (1977). 2nd ed., *Masters of sociological thought: Ideas in historical and social context*, N.Y.: Harcourt Brace Jovanovich, Inc. pp. xiii-xvii, 3-12 20-5, 28-9.

Denzin, N. K. and Y. S. Lincoln, (1994). Introduction, in N. K. Denzin and Y. S. Lincoln eds., *Handbook of qualitative research*, Thousand Oaks, CA: Sage, p.4

Domhoff, W., (1967). *Who rules America?* Englewood Cliffs, NJ.: Prentice-Hall.

Domhoff, W., (1970). *The higher circles: The gorerriny class in America,* Englewood Cliffs, NJ.: Prentice-Hall.

Domhoff, W., (1978). *Who really rules? New Haven and community power reexamined,* New Brunswick, NJ.: Transaction Book.

Elias, N. (1974). The Sciences: Towards A Theory, in *Social processes of scientific development*, R. Whitley, ed., London: Routledge & Kegan Paul, pp. 21-42.

Farrell, T. B., (1987). Beyond Science: Humanistic Contribution to Communication Theory, in C. Berger and R. Chaffee, eds., *Handbook of communication science*, Newbury Park, CA: Sage, pp. 123-139.

Fielding, N. (1993). Qualitative Interviewing, in N. Gilbert, ed., *Researching social life*, London: Sage, pp. 135-153.

Finch, J. (1993). It's Great to Have Someone to Talk to: Ethics and Politics of Interviewing Women, in M. Hammersley, ed., *Social research: Philosophy, politics and practice*, London: Sage, pp.166-80.

Fine, M. (1992). *Disruptive voices, Ann Arbor,* MI: The University of Michigan Press.

Fontana, A. and J. H. Frey, (1994). Interviewing: The Art of Science, in N. K. Denzin and Y. S. Lincoln, eds., *Handbook of qualitative research*, Thousand Oaks, CA: Sage, pp. 361-376.

Foucault, M. (1980). *Power/Knowledge,* C. Gordon, ed. New York: Pantheon, p. 39.

Galilei, G. (1967 [1632]). *Dialogue concerning the two chief world systems,* Ptolomaic and Copernican, 2nd ed., S. Drake trans., Berkeley, CA: The University of California Press.

Golden, M. P. ed. (1976). *The research experience,* Itasca, Il: F. E. Peacock Publishers, Inc., pp. 3-31.

Gordon, R. (1980). *Interviewing: Stragey, techniques and tactics,* Homewood, Il: Dorsey.

Herrnstein, R. J. and C. Murray, (1994). *The Bell curve: Intelligence and class structure in American life.* New York, The Free Press.

Headland, T. N., K. L. Pike and M. Harris, (1990). *Emics and etics: The insider/outsider debate,* Newbury Park, CA: Sage.

Hollway, W. (1989). *Subjectivity and method in psychology: Gender, meaning and science,* London: Sage.

Hooks, b. (1989). *Talking back: Thinking feminist, thinking black,* Boston: South End.

Jayaratne, T. E. (1983). The Value of Qualititative Methodology for Feminist Research, in G. Bowels and R. D. Klein, eds., *Theories for women's studies*, London: Routledge & Kegan Paul, pp. 140-161.

Kish, L., (1965). *Survey sampling,* New York: John Wiley.

Krueger, R. A. (1988). *Focus groups: A practical guide for applied research,* Newbury Park, CA: Sage.

Kuhn, T. (1962). *The structure of socientific revolution,* Chicago: The University of Chicago Press.

Lane, R. E. (1996). The Decline of Politics and Ideology in A knowledgeable Society, *ASR, 31,* 650.

Lo, A. and V. Shieh, (1992). A Study from An Educational Perspective to Investigate Sex Equity School Level in Kaoshiung, Taiwan, Paper present at the *World Council for Curriculum and Instruction,* July 25-Auguest 2, in Cairo, Egypt.

Lykes, B. (1989). Dialogue with Guatemalan Women, in R. Unger, ed., *Representations: Social constructions of gender,* New York: Baywood, pp. 167-84.

Malcure, R. and M. Bassey, (1991). Participatory Action Research in Togo: An Inquiry into Maize Storage Systems, in W. F. Whyte, ed., *Participatory action research,* Newbury Park, CA: Sege, pp. 190-209.

Malinowski, B. (1922). *Argonauts of the western pacific,* London: Routledge, p.25.

Mannhemin, K. (1952). *Phenomenology of the social world,* Evanston, Il: Northwestern University Press, p. 61.

Manuel, F. E. (1967). *The new world of Henri Saint-Simon,* Cambridge, MA: Harvard University, Press, Chap 4.

Melucci, A., (1989). *Nomads of the present,* Philapelphid, PA: Temple University Press.

Merton, R. K., M. Fiske and P. L. Kendall, (1990 [1956]). *The focused interview: A manual of problems and procedures,* 2nd ed., New York: The Free Press.

Mills, C. W., (1952). *The power elite,* New York: Basic Books.

Miyoshi, M., (1993). A Borderless World? From Colonialism to Transnationalism and the Decline of the Nation State, *Critical Inquiry, 19,* 726-51.

Mulkay, M. (1979). *Science and the sociology of knowledge,* London: George Allen & Unwin, pp. 2-3.

Neuliep, J. W. (1991). *Replication research in the social sciences,* Newbury Park, CA: Sage.

Oakley, A., (1981). in H. Roberts, ed. *Doing feminist research,* London: Routledge & Kegan Paul.

Olesen, V. (1994). Feminisms and Models of Qualitative Research, in N. K. Denzin and Y. S. Linclon eds. *Handkbood of qualitative research,* Thousand Oaks, CA: Sage, pp. 154-74.

Piven, F. and R. Cloward, (1979). *Poor people's movement,* New York: Vintage Books.

Poggema, J. and M. H. Smith, (1983). Organizational Change in the Shipping Industry: Issues in the Transformation of Basic Assumptions, *Human Relations*, *36* (8): 765-90.

Popper, K. R. (1959 [1934]). *The logic of scientific discovery*, N.Y.: Basic Books.

Popper, K. R. (1963 [1956]). *Conjectures and refutations: The growth of socientific knowledge*, Totowa, N.J.: Rowman and Littlefield.

Popper, K. R. 1982-1983 ([1956-1957]). Postscript to the Logic of Scientific Discovery, Realism and the Aim of Science (vol. 1). The Open Universe: An Argument for Indeterminism (vol. 2). Quantum Theory and the Schism in Physics (vol. 3). W. W. Bartely, Ⅲ, ed., Totowa, N.J.: Rowman and Littlefield.

Reinharz, S. (1992). *Feminist methods in social research*, New York: Oxford University Press.

Rosenthal, R. (1966). *Experimenter effects in behavioral research*, New York: Appleton-Century Crofts.

Said, E. W. (1983). Opponents, Audiances, Constituencies, and Community, in *The politics of intepretation*, W. J. T. Mitchell, ed., Chicago: The University of Chicago Press, p.7.

Schuster, J. A. (1977). *Descartes and the scientific revolution*, Princeton, N.J.: Princeton University Press.

Schutz, A. (1967 [1932]). *Phenomenology of the social world*, Evanston, Il: Northwestern University Press.

Shaffir, W. B., R. A. Stebbins and A. Turowetz, (1980). eds., *Fieldwork experience: Qualitative approaches to social research.* New York: St. Martin's Press, pp. 18-20.

Silverman, D and J. F. Gubrium, (1989). Introduction, in J. F. Gubrium and D. Silverman, eds., *The politics of field research: Sociology beyond enlightenment*, London: Sage, pp. 1-12.

Spindler, G. and L. Spindler, (1992). Cultural Process and Ethnography: An Anthropological Prespective, in M. D. LeCompte, W. L. Millroy and J. Preissle, eds., *The handbook of qualitative rresearch in education*, New York: Academic Press. pp. 53-92.

Strauss, A. C. and J. Corbin, (1990). *Basics of qualitative research: grounded theory procedures and techniques*, Newbury Park, CA: Sage.

Thomas, W. I. (1931). *The unadjusted girl*, Boston: Little Brown, p. 41.

Touraine, A., (1971). *The post-industrial society*, NY.: Random House.

Trist, E. (1981). *The evolution of socio-technical systems: A conceptual framework and an action research program*, Toronto: Ontario Ministry of Labor, Ontario Quality of Working Life Centre.

Whyte, W. F. ed. (1991). *Participatory action research*, Newbury Park, CA: Sage.

Wolcott, M. F. (1995). *The art of fieldwork*, Walnut Creek, CA: Alta Mira, Chap. 6 & 7.

# 2...

## 參與觀察

盧蕙馨

　　參與觀察是民族誌調查的靈魂，人類學家是以長期的田野工作（fieldwork），做爲收集某一民族或社區生活方式的主要依據，而田野工作所做的就是參與觀察。研究者參與被研究者的生活領域，深入浸淫其社會各個層面的活動中，觀察其政治、經濟、親屬關係、法律、儀式、道德情操、宗教信仰、娛樂、遊戲、藝術等等，嘗試建立對其文化全面性的了解。

　　參與觀察法是人類學的研究方法特色，由波蘭籍的人類學家馬凌諾斯基（Bronislaw Kasper Malinowski, 1884-1942）於本世紀開展建立。在他之前，人類學家被稱爲「搖椅人類學家」，對「原始民族」的奇風異俗記錄，往往借助於傳教士、殖民地官員、歐洲旅行家的觀察，而人類學家只坐在書房內對這些具有偏見的材料進行研究。當時全世界人類學發展的重鎮倫敦，即有一些學者開始到南太平洋進行實地調查，以彌補道聽塗說的嚴重缺陷，在政治學院就讀的馬凌諾斯基也前往西太平洋的英屬新幾內亞群島進行研究。經過一陣和當地白人及土著的接觸後，他決定要遠離白人，以避免受他們先入爲主的成見所影響，他說：「民族誌工作者從事這種工作時，有時把相機、筆記本、鉛筆扔一旁，親自去參加正在進行中的活動，反而會獲益更多。」（于嘉雲譯，Malinowski, 1990: 44）

　　馬凌諾斯基爲民族誌工作者提出的標的是「掌握土著的觀點，他與生活的關係，得明瞭他如何認識他自己的世界」，並且最後「藉著對與我們形貌迥異的人性的了解，我們對自己本性也能有所領悟」（于嘉雲譯，Malinowski, 1990: 47-48）。爲了這個目標他長年與澳大利亞土著共處，少則半年，多則一年，完成史無前

例的質量並重的田野工作，確立了近代人類學的方法論，而影響
至今。

馬氏對人類學的貢獻，在理論方面是以功能論學說，取代了
十九世紀中葉以來居人類學說主流地位的進化論和傳播論。然而，
人類學的文化理論至今已歷經許多變遷，馬氏所引起的田野工作
的討論和反省，近十多年來卻十分熱烈，這主要是因一九六五年
他的妻子發表他的田野日記，揭露他在田野時情緒並不穩定，對
原住民有許多負面的看法，如稱呼他們是「黑鬼」，甚至有時會
粗魯地動手打報導人。在日記上他寫道：「我對黑鬼們感到愈來
愈厭惡，我的內心好像是活在基里維納（初步蘭島村落）的外
面。」同時，由於置身在陌生的環境中，遠離自己的族群，不但
當地的白人嘲笑他是「愚人學家」（anthrofoologist），在當地土
著的眼中，他則是個天真的白人，老是問愚蠢的問題。他對自己
的健康十分憂慮，經常服藥甚至依賴注射；對於愛情他充滿渴望，
在日記中充分流露對不同女性（包括白人和土著）的性慾幻想（黃
智慧，1992）。

由於馬凌諾斯基的坦誠自剖，其所反映出來的心理脆弱與對
土著的厭惡，和他在學術建樹上所表現出來的自信、樂觀與對「土
著觀點」的認同大相逕庭，因此在人類學界激起很大的震盪。大
家開始檢討：研究者的文化偏見是否不容易消除？一個人對另一
種生活方式、另一種文化的情感經驗到底能進入多深？田野工作
的「參與觀察」是否太美化，或合理化研究者的動機，把被研究
者放在被動的、等待接受觀察的位置，而忽略了田野充滿了人與
情感的變數？

　　馬凌諾斯基的困境，其實是至今仍挑戰「參與觀察」研究者的問題。就像「參與」和「觀察」間潛藏著矛盾一樣，一個研究者如何具備與被研究對象融為一體的內人（insider），和能抽離出來做觀察的外來者（outsider）這雙重身分？其中所牽涉的已不只是在主觀的「神入」（empathy）與客觀的觀察分析之間「進進出出」保持平衡的問題，還有研究者是以怎樣的角色和形象，和當地人建立關係，此又如何影響他（她）對異文化的了解和詮釋等等。

　　當然，這些問題被提出來，並不被期望都能得到圓滿的答案，他們凸顯了社會文化人類學家在田野研究過程中，其實是處於高度的人性情境，他們感受到不同環境和風俗的衝擊，他們跟初生嬰兒一樣，不了解對方的嘈雜聲、味道和視覺影像很可能有豐富的意涵。由於他們必須使用所熟悉的經驗來解釋這些新經驗，田野工作者的學習過程因而變得既慢且難，更不用說常常還得學習新的語言了（基辛著，于嘉雲、張恭啟譯，1976）。而在田野中他們可能受到排斥、敵意，但一個敏銳而充滿高度自省能力的田野工作者，會善用於田野所遭受的挫折及所產生的疑惑，對異文化有所洞察。

　　因此，我們對「參與觀察」研究法了解的第一步是，它是高度人性化的研究方法，徹底打破「人」可以「客觀」研究「人」的迷思。

# 壹、充滿人性的研究法

對於這點，師承馬凌諾斯基的庖德梅克（Hortense Powdermaker）在一九三○年代就有相當程度的反省。她在一九二九年赴澳屬南太平洋Lesu島做十個月的田野參與觀察後，寫了一本《陌生人和朋友：如何做一個人類學家》的田野工作反省紀錄，開宗明義地這麼形容人類學家：「人類學家是研究其社會的工具『人』，雖然他已具備一些技巧保持相當程度的客觀，然而如果他認為可以將自己的人格從工作中祛除，變成沒有臉的機器人或人類活動的記錄機器，這是他的幻想錯覺。我們得接受一個重要的事實，即這個工具人是生理、心理和社會制約的共同產物，就如同他所研究的那些人一樣。我們可以從他的書中隱約知道他大概是怎樣的人，包括有什麼偏見。當我們使用參與觀察法的時候，必然會包括田野工作者自身的描述，因為他的人格構成調查情境的一部分。」（1966：19）

庖德梅克坦率地強調，田野工作者也是人，在研究時和平常一樣，帶著多重角色和身分進入田野，研究者會視情況和自己的需要，選擇扮演不同角色。個性較沉默的，不如外向活潑的田野工作者那麼容易交朋友。不管怎樣，一個參與觀察者必須採取主動，在進入田野找到一個立足點之前，最好要先有心理準備：他（她）可能得花費相當時日才能為被研究者所接納，而對田野所

發生的情況,應以最大的包容性來面對。

　　幾乎所有的民族誌,尤其是到第三世界研究部落社會的西方人類學家的著作,都會述及進入田野的艱難過程,包括向當地政府申請居留與調查研究許可證的漫長等待,語言不通,交通不便,還有當地人的敵意與不合作。最有名的例子之一是英國人類學家伊凡普理查(Evans-Pritchard)在他的那本研究非洲部落民族的經典作品《努爾人》(The Nuer),一開頭就敘述他展開調查前的遭遇,如暴風雨影響他的行李無法送達,原先講好的僕人也沒來會合;等了九天才等到四個挑夫,幫他把帳篷及生活必需品搬進研究的部落,但他們卻把東西卸在無一棵樹木的平地,不肯移到半哩外有遮蔭的地方。努爾人一方面待他如敵人,連問他們姓名和氏族的名字都會遭到拒絕,而另一方面卻又不斷破壞他的隱私。伊凡普理查這樣抱怨:「每當我要和某一個人討論風俗時,另一個人就會插嘴,談他的婚外情或講笑話。男人們在擠牛奶的時候來,有的待到中午。女孩子們擠完牛奶後也會來加入,要我注意聽她們說話,這些永無止境的造訪也不斷帶來揶揄和對活動的打岔。雖然他們讓我有機會增進對努爾語言的了解,卻也把沉重的壓力加在我身上。」(1940:4)

　　伊凡普理查所反應的無奈和憤怒,大概只有隱忍的份,似乎愈是忍耐愈能反映田野的真實。另一位研究雅諾馬莫族(Yanoma-mo)的查儂(Napolean Chagnon)以「恐怖」來形容他的田野經驗,他寫道:

　　我整天沒吃東西,汗水濕透全身,蚊蚋又在咬我,⋯⋯

印第安人把鼻涕擤到手上，手腕一甩鼻涕就掉了，再把
剩下的抹在頭髮上，然後仔細地用手檢查我的臉、脖子、
腿、頭髮、還有口袋裡裝的東西，多大的發現啊！原始
人完全不是我本來以為的那麼高貴和衛生。我很快的發
現，我的身體生活在美國北部那種相當衛生的環境下已
經成了習慣……。對雅諾馬莫人而言，分享食物是表示
友誼的重要方式。我帶來的食物不可能供應全村人的需
要，可是他們好像並不能了解這點。……我最受不了的
就是這些印地安人的要求永不休止，毫不留情，而且具
有攻擊性。……如：『給我一把刀吧！我很窮呢！』，
『如果你下次到維村時不帶我一起去的話，我就要把你
的獨木舟鑿個洞！』……我很快地就學會了跟他們相處
的條件：狡詐、攻擊別人、威嚇別人。……如果不能讓
別人知道我忍耐的極限，我就會變成更嚴重的嘲弄、偷
竊及取笑的對象。……我必須熟練他們那種人際政治，
學會技巧地暗示他們，如果繼續這樣做的話可能就會產
生不必要的麻煩。他們如此彼此對待，讓對方清楚事情
的極限，如果再逼近一步，就會招致報復。當我明白了
這一點，知道他們的攻擊行為多半只想知道我的臨界點
時，我與他們就相處得更好。（1968：4-9，引自于嘉
雲、張恭啓合譯，1976：28-30）

　　這段長長的引文是用來說明：一個研究者會帶著自己文化本
身的價值判斷進入田野。對一個西方的人類學家而言，他們在部

落社會最難以忍受的是被剝奪隱私權、黏密的人際關係（如理所當然地共享資源）、缺乏衛生觀念等。除了忍耐之外，田野工作者的生存之道只有適應，認同當地人的「人際政治」，這種認同的過程可能是充滿挫折與妥協的，這也直指參與觀察研究法的本質：藉由對異文化的深入接觸，相對地發現自我、重塑自我。

　　當然，每一個研究者的田野經驗都是獨特的，即使針對同一個部落或社區，不同的研究者也會有不同的境遇，而研究自己社會或異文化的人類學家處境和問題也不一樣。雖然如此，我們仍可以發現造成田野工作者心理衝擊的原因，其實是有跡可尋的，人與人的差異，如種族、年齡、性別、社經階級、教育程度、信仰的不同皆有關係。研究者如何跨越這些差異，與陌生的被研究者親密生活共事，絕對不是科學所能造就，而已進入到人性交流的藝術層次了。

　　「參與觀察」研究法雖是人類學者所創，但現已爲許多社會科學學科所用，研究對象也已由一個社會或文化地區延伸到社區、機構或社會上某一特定族群或團體；凡是需要做深入與全面性了解的研究，「參與觀察」人群活動是必要的。舉例來說，國內有社會學者參與觀察中小企業興起與經營的社會情境，「黑手」如何變爲「頭家」的個人與組織因素（謝國雄，1993）；又如在教育學中，也有人以民族誌的田野研究法，觀察分析教室情境的互動過程（蔡敏珍，1994）。以下先說明就一般而言，「參與觀察」法的優缺點爲何。

# 貳、參與觀察法的優缺點

　　為何需要做參與觀察？不是直接訪問事件的當事人，或對社會文化有深入了解的人就可以嗎？訪談雖不失為重要的質性研究方法，但言語傳達的訊息畢竟有限，而且每個人對事情的了解和觀點是片面的，甚或有誤差或偏見，這是由於被訪問者各有背景和角色人格特性，他們之間的言辭或會有所矛盾，即使是同一個人前後言辭也會出現不一致的情形。這時只有靠參與觀察人們的活動和生活，才能進一步檢視被訪談者所指為何，並驗證其所說的是否就是所發生的真實情況。常常人們所說的和所做的會有差距，因為訪問的場合比較嚴肅，訪問者被告知的通常是文化的「規範」或「規則」，而非實際生活中的「例外」或「變通」。另外，也許被訪問者遺漏了某些重要部分，或認為不重要，但對田野工作者而言，這部分反而是重要的。

　　因此，參與觀察可以彌補單靠訪問所得的資料不足或誤導，可以分辨理想與實際行為的差異，這是此研究法最明顯的優點。其次由於研究者與田野長時間的接觸，在態度上表現對被研究者的認同、支持甚至協助，久而久之，便取得被研究者的信賴，主動提供資料給研究者，此均有助於研究質量的提升。

　　對於非言語行為，如儀式、動作、姿勢、情緒的表達、信仰等，也只能透過參與觀察才有加以掌握了解的可能。屬於人類心

理與精神層面的東西原本就很難言傳，例如研究人類生活不可或缺的宗教及儀式活動，勢必得進入田野收集第一手資料，如靠第二手報導，則得到的是缺乏臨場貼切感的浮面敘述而已。如在台灣要研究道士作法的儀規及背後反映的宇宙觀，或研究佛教的打佛七或冥想如何成為許多人的信仰形式和生活哲學，如不進入活動中「感同身受」，如何能體會當事人的主觀經驗，而能與之對話？

參與觀察法的缺點在於可能因研究者的介入田野，而影響被研究者的行為或田野狀況。有一則典型的人類學笑話說，當有人問在某族一般的核心家庭中有多少成員時，對方則回答：「一位父親，一位母親，三個孩子，還有一位人類學家。」這則笑話反映的是，一個外來的研究者不可能是一個絕對的旁觀者，其對田野的影響程度各有深淺，深者可改寫家庭結構（笑話也有可能發生，當某族成為人類學家的熱門研究對象時）；影響層面也因研究者身分背景不同而有不同。例如，許多西方早期人類學家到第三世界研究部落社會時，以為身負另一重大使命，即記錄保存人類較原始的社會生活，不料他們引進的西方物質，如洋煙、藥品、禮物，卻改變了當地人的經濟行為和需求，轉為追求西方資本主義社會所標示的高水準物資。

當然，介入田野未必是負面的，文化原就是有機體，可以被比喻為開放的田野，不斷會因內在與外在因素而產生變化，研究者的參與有時會刺激被研究者反應潛藏的文化價值觀，與社會關係的複雜局面，這些在我們後面提到的例子中會有所討論。

參與觀察法的另一項缺點是田野太廣，在短時間內不易掌握研究主題和範圍，因為不確定哪一項資料和研究相關，也因為缺

乏以前的研究資料，所有的田野皆因人事的不同組合和「生活性」，而具歷史的獨特性與嶄新意義。所以一個研究者所收集的資料可能非常龐雜，日後的爬梳選擇就頗費工夫了。此外，在觀察記錄的技巧上，研究者常常必須「博聞後記」，現場可能不允許或來不及做筆記或錄音，而田野筆記只有在空檔或回家後才能補記。

有一些其他的條件或因素會影響參與觀察的成果，例如研究者是一人或是多人一同出現在田野，研究者的性別、階級屬性、人格特質也都有關係。原則上人類學的參與觀察是一人單獨作業，但也有人帶著他們的配偶或一家人共同前往，以免長久分離；也有一群研究者同時到某地進行調查。有人陪伴較能減少研究者在異文化區的孤單和寂寞，使其得到精神支持，如有配偶和子女相隨，則可藉他們在地方上所建立的人際關係，研究者得以收集更豐富的田野資料；如有其他研究者參與，小組成員在田野時互相補充見聞，互相討論刺激，也有助於研究的進行。但另一方面來說，家庭成員和其他研究成員的加入田野，也可能給研究工作帶來困擾，因其中一人可能受到當地人另眼看待、排斥，而對研究工作有不利的影響。對當地人而言，接納多位陌生人比一位要困難些，這是研究者須衡量的情況。

至於性別如何影響參與觀察的結果，一般而言，研究者較容易打入同一性別的被研究者生活圈中，尤其在性別隔離或性別界限嚴明的地區（如第三世界的部落社會或回教國家），研究者與同性別的當地人較常在一起，對異性的接觸則少得多，而造成民族誌內容的偏頗，如缺少男人或女人的經驗觀點。例如，一位女

性研究者無法加入男性的政治舞台、街頭幫派，以及較隱密與牽涉道德倫理的男性私生活。國內曾有女性學者擬探討男性到色情場所的經驗，好不容易跟著一群在民意機關的政治人物到一家酒店，沒想到因她的在場，且是大學教師的身分，那些男性在言行上頗為謹慎保留，與她耳聞的狀況相去甚遠，她只好無功而返，可知這個研究主題如要用參與觀察法是行不通的。

　　相對而言，女性研究者則較有優勢條件觀察女性的生活與情感世界。例如，自一九七〇年代以來，婦女研究蓬勃發展，幾乎所有以女性為主的民族誌著作，都出於女性人類學家的手筆，下一節的實際田野經驗引述中，我們會看到何以如此。此外，女性研究者可能因其性別較不具威脅性，而得到男性報導人的幫忙，如庖德梅克在南太平洋做田野調查時，當地的社會經濟生活有相當程度的性別隔離，當地的男性則主動邀請並陪伴她參與男性的祭儀宴席，因他們希望她也能平衡報導男性活動。而男性人類學家就沒有這個優勢，他們避諱和當地婦女單獨相處，以免引來性騷擾的嫌疑（Powdermaker, 1966: 114）。

　　同性別因素一樣，階級因素也會影響參與觀察的層面。田野工作者如完全認同中下階層者，也許就無法有效地和上階層的被研究者打交道；而研究者通常代表菁英階級，如研究自己社會，可能更無法擺脫這種背景，如果研究主題與低階層或勞工階級民眾相關，如何放下身段進入田野建立長久的合作關係，可能也會遭遇不少挑戰。

　　這些例子顯示，研究者選擇的主題無形中會受個人因素或偏好的影響，而參與觀察的範圍和程度也是不定的，參與觀察的對

象並非文化全貌。更確切地說，參與觀察是研究者以她或他的個人身分，和田野中某一部分人進行互動，對文化學習了解的過程。

　　參與觀察法的最大優點是參與融入被研究者的生活，然而這也引發質疑被認為有缺點，即參與太多而失去研究者的「中立」地位。究竟參與的程度可以有多深？參與與觀察是否是截然畫分的角色，猶如「內人」與「外人」一樣地對立？我們如何再進一步思考參與觀察法的本質？以下就兩個田野工作實例加以探討，兩者都是本土的研究，雖然和傳統針對「異文化」的研究有所不同，但研究本土社會是台灣人類學家的特色，而產生特殊的學術思考面向。

# 參、兩個田野實例

## 例一：研究者是一顆游動的棋

　　B女士是原住民，是擁有研究所畢業學歷的民族音樂工作者。來自甲部落的她，有興趣於採集同族乙部落的祭儀歌舞，但乙部落的祭司團體不了解她為何不調查自己部落的祭儀，起初對她的訪談均採排斥態度，經過多年的持續接觸，她才慢慢被接納。近年來，眼見年紀大的祭司一個個凋零，她決心把長達二十多天的

年度祭儀活動拍攝下來，獲得祭司團「阿媽」的首肯。B 女士一面在旁做筆記，一面和拍攝人員溝通如何選取鏡頭，而爲避免攝影機和鎂光燈妨礙祭儀活動的進行，她也必須謹慎察言觀色，做祭司團和外來攝影者之間的橋樑。

對十幾位以中老年人、重視年資階級的女性爲主的祭司團而言，年輕的 B 女士乖巧善體人意，有時也跟著參加部分儀式，算是她們當中的一員了，她們也會調侃她「愛跟」。有一天，當祭儀輪到「阿媽」家舉行時，「阿媽」竟爲她準備正式的祭司服裝，要她正式參與儀式，也許她們在她身上看到全神投入、尊重祭司文化的氣質，而 B 女士也的確是個感性的人，曾向筆者提及她如何被對方祭儀歌謠中的蒼涼況味所震撼，從中感受到隱藏的民族悲情。要加入祭司團並非易事，通常是有病的人爲祈求神力醫治，經肉體與精神的長期考驗後，才得以成爲兼具靈媒與民俗醫療角色的祭司。總之，B 女士算是「破例」地被邀請扮演祭司角色。而由於已長時間浸淫其中，B 女士也很快地「入戲」，跟著她們進入充滿象徵意義的趕路到神域的恍惚忘我狀態，在從早延續到晚的祭儀中，B女士與前來陪伴的先生、小孩皆呈現某種「隔離」狀態，除了與攝影人員簡短交談外，她都和祭司們在一起。

也許，對旁觀者而言，B 女士的參與是一種策略，她的「融入」將大大有助於對整套祭儀結構意義的理解詮釋。但是，這樣的說法偏於工具性，忽視研究者和被研究者之間關係的演變，也未考慮一個研究者在參與觀察的過程中，可能經歷的心理與身分的變化，甚至可能引發對原先角色的衝擊。事實上，B 女士參與祭儀活動要承擔某些風險，因在甲部落屬地方望族的父母親和族

人一定會反對，所屬的教會也不會諒解。她一面隱瞞，一面不敢想像當事情傳開後，自己在甲乙兩部落中的社會關係是否會相互消長。雖然要成為真正的祭司還得經歷漫長的過程，在往後的祭儀中，B女士很少為研究再加入儀式，但自從她穿過祭司衣服後，她的自我身分認知已產生微妙的變化，感覺和祭司團之間已有親密的感情。

　　B女士剛開始接觸她的田野研究對象時，由於血源和文化背景相近，她並不是全然的「陌生人」，比起漢人的田野調查者，她更能忠實反映「本土觀點」（a native's point of view）。但她當初也絕未想到有一天會加入祭司團的角色扮演，其「融入」兼具外來者的「了解」與本地人的「經驗傳承」兩種功能。外人或許認為她參與過深以至於失去中立，但她本人或其他祭司團成員則認為她需要更多的參與。

　　由此可見，「參與觀察」的參與程度在很多情況下是無法預期，也不能量度的。當研究者加入田野的社會生活時，他或她通常會被賦予新的社會身分，其扮演的角色和所立足的社會關係，使她或他不純粹是個研究者，而變成被研究者之中的一員。所謂「參與」與「觀察」或主客觀之間的衝突，多在民族誌寫作時才會特別凸顯出來；在田野時為獲得更深入的資料，除非碰到客觀條件的限制，或者避免成為研究對象群中的主導人物，否則研究者很少會自限其參與的程度，而「參與得夠不夠」則又依各人主觀的認知與需求而訂。

　　在田野中，一個參與觀察者得保持充分的好奇，迎合順應田野的不同情勢，如一顆游動的棋一般，對被研究者的「身分或情

感認同」，有時是現實策略、個人喜好，或者是形勢所趨，而當研究主題涉及「價值理念」、「意識型態」與「信仰實踐」等主觀經驗的呈現時，研究者的「全人」投入似乎就無法避免。以下舉筆者的田野經驗為例。

## 例二：「道德、宗教與政治信念驅使下的研究者」

一九八七年婦女團體如雨後春筍般的相繼成立，正在尋找博士論文題目的筆者在偶然機會下，認識了主婦聯盟的創辦人，在好奇心驅使下，開始參加這一主要是一群教授的太太發起組成的團體，其目標為聯誼、自我成長和環保。當時成員不多，人人幾乎都掛上理監事頭銜。筆者的「熱心投入」（幾乎每天都去辦公室做義工），與表現出來的「樂觀其成」的態度（筆者以為主婦開發自己的社會空間是件好事），以及無可避免地被徵詢意見（有關組織取向與活動進行方式方面，筆者因留美學歷而被看重），使得筆者成為核心幹部中的一員，和多位成員之間也成為直呼其名的好朋友。

深入參與一段時間後，筆者再加入另外兩個婦女自助團體——婦女展業中心和晚晴協會，做三者的觀察比較，以探討其所反映的婦女家庭角色變遷。這兩個團體的成員包括來自低階層的婦女，使得筆者的接觸範圍從中產階級擴展出去。同樣地，由於筆者的頻繁出現與願意傾聽的態度，研究對象很快地接納筆者，並以「關心婦女問題的學者」看待。事實上，她們也會因其需要，

而對筆者附加不同的身分，如「有用的社會人士」或「具學習精
神的年輕女性」。

　　例如，在婦展每月舉行的「談心」聚會中，成員多是喪偶或
離婚的家庭主婦或低收入所得女性，她們身心的負擔均頗沉重，
但並不擅於在公開場合表達自己的心事。總幹事有一次爲鼓勵她
們說話，就指著筆者說：「妳們要趕快講出來，她在這裡，就是
要把妳們的問題反映出來，這樣社會才會知道妳們所受的苦。」
因此，筆者的在場對她們是有用的，代表廣大的社會，是處於社
會邊緣的她們可以投射，以強調自己存在的目標。又如在晚晴協
會，筆者都會參與每週一次的團體諮商聚會，有一次一位重要幹
部特意向一些新來者這樣介紹筆者：「這位小姐很好，年紀輕輕
就常來聽兩性如何溝通的問題，她將來的婚姻就不會有問題，不
像我們當年傻傻的，結婚的時候什麼也不懂。」她是想藉筆者來
鼓勵那些女性多來參加聚會，多多學習謀求問題的解決。

　　這三個婦女團體由於均屬開放性，成員流動性大，使得筆者
居於參與觀察的有利位置。在當年這些婦女團體猶是慘澹經營的
時候，筆者也扮演義工角色，或出力或出錢，參加婦女團體聯合
辦的示威遊行。由於筆者經常參與，大多數成員並不清楚筆者的
研究身分，而團體領導人接受筆者，是因爲她們寄望筆者把婦女
問題反映出來。當然，一個很值得討論的問題是，筆者參與的角
色是否全屬必要？是否曾影響團體的走向或次級文化？

　　筆者以爲，這是後設的問題，事前無法預想，事後也難以回
答。一個研究者的出現，不管他或她是否說話，已經構成田野的
一部分，而在筆者的經驗中，一個參與觀察者扮演了多重角色，

有時是「傾聽者」、「支持者」，有時則是「觸媒」，激發被研究者呈現（represent）或表現（perform）其觀點。一個重要的原則是，研究者應避免強烈表達其愛惡，尤其在人際關係上應持開放態度，與所有人和諧相處。這個原則如能把握，研究者的立場就較為客觀，不會捲入人事紛爭，也不會偏於收集某一部分人的資料而已。

在許多研究中，「參與」與「觀察」之間有無從畫分的「相容性」與「整體性」，最主要的原因是研究者是本土學者，研究的主題又涉及道德、倫理與政治的信念。即婦女運動或兩性平權運動在八〇年代以後的台灣已蔚為社會新運動；做為一個女性研究者，筆者會選擇以婦女團體為研究對象，無疑地帶有強烈的道德使命感，包括幫助其他婦女與自己擺脫傳統的性別角色束縛，追求獨立自主。如同葛茲（Clifford Geertz）所言：「任何的民族誌都無可避免地別有寓意。」，「除描述真實的文化事件外，也做了額外的有關於道德、意識型態，甚至是宇宙觀的陳述聲明。」（1986: 98-99）

如果婦女解放運動對研究者而言，具有社會公義的崇高涵義，堪稱個人和學術信仰追求的目標；那麼，研究者針對其所信仰的宗教之社會活動進行探討，顯然會碰到更大的難題，即教徒與研究者的角色如何劃分，參與是否會過深以至於失去觀察者的立場？

一九九一年起，筆者開始接觸慈濟功德會，起初是因個人信仰上的興趣，後來想到可以發展成為研究主題，因為開始時並非以研究者的角色進入，即「參與」一段時間後才嘗試從經驗中抽離出「觀察」的部分，因此可以說筆者的田野工作具有先天上的

優勢，未遭遇任何關係建立上的挫折。但另一方面而言，在一個龐大的宗教團體中，一個研究者參與的角色也會形成對其研究層面的約制，此是問題之一；而田野中「自我」的不同面相，如「宗教自我」和「學術自我」如何相互調適共存，則是問題之二。

這兩個問題都需要長期的田野工作，甚至進入寫作階段時才會浮現出來。第一個問題是一般參與觀察研究通常會碰到的問題，在此不做討論，第二個問題則牽涉「信仰」或「經驗」，最能凸顯社會科學研究主客觀立場之間，存在著某一程度的矛盾與對立。例如，以往人類學的宗教研究多是從社會結構功能的角度，來探討宗教與其他社會層面的關係，即把宗教當做社會現實的反映，或是社會的產物，並未跟著被研究者進入宗教體驗、宗教的情感世界，也忽略去觀察一個人在信仰越加虔誠的過程中，其行爲（包括道德行爲）和人際關係的變化。因此，社會科學取向的參與觀察者可能主觀上不太信任宗教對心靈的影響，信徒的奉獻很可能牽涉到身心靈的整體改造，而許多研究者卻單純從某一社會心理的角度，將之簡化解釋爲經濟高度競爭社會中的救贖行爲。筆者在與一些探討宗教現象的同仁對話時，即深刻體會到彼此間有明顯的歧見。

做爲一名佛教徒、研究團體的義工，以及具有「克利斯瑪」（Charisma）領袖氣質的團體創辦法師的弟子，筆者的「參與」與「觀察」在探討信徒的經驗層次上最能相容，而在社會結構功能的層次上則觀察會出現盲點，問題在於「宗教自我」與「學術自我（或角色）」各有重點，一個把宗教當做獨立的思想行爲體系，未必爲社會所涵括，一個把宗教當做社會的一部分，兩者也

使用不同的語言,溝通與融匯有其難處。

筆者舉出此例,意在說明「參與觀察法」用來做爲有關意識型態和信仰的研究時,其實無法和一般社會行爲和組織的研究相提並論。尤其進行宗教研究必須「神入」而不只是用「同理心」,才能體會感知無形的精神、價值、信念和情操對行爲的影響。姑且不論在強調被研究者主體經驗的知識建構上,所謂「社會的客觀性」是迷思,在田野的研究過程中,「是否進入信仰體系」事實上並不需要引起很多的討論和考慮,通常是對宗教思想感情與有興趣的研究者很自然就會進入,而只願意從社會角度來看宗教的研究者則會小心地維護和強調其「非信徒」的身分。

# 肆、「參與觀察法」的本土思考

這樣看來,「參與觀察」這個名詞只是籠統地反映研究法的兩大概念「參與」和「觀察」,而在實際田野情境中這兩個概念所指涉的狀況,以及兩者間的關係,事實上非常複雜,且依不同的研究而異;換句話說,研究者如何進行其研究,已不是早期人類學家所討論的如何維持主客觀或「內人」、「外人」兩者之間的平衡。從研究者以何種角色和身分進入田野,以至於日後的文字解釋論述,一定和研究者的社會、政治或倫理的立場和信念脫離不了關係,在本土的研究更是如此。

非西方社會人類學家和西方社會人類學家的最大不同在於其

社會責任，前者由於其顯著的社會地位，學術研究成果常會被大
眾媒體引用或做爲政府制訂政策的參考，所以，「外國的研究者
可以享有價值或立場超然的自由，而本土人類學者則必須是影響
社會變遷的行動者，把歷史推向該走的方向。」（Madan, 1982:
15）。印度社會學者木克吉（Ramkrishna Mukherjee）更指出：
「今天社會人類學家的角色已不只是描述或解釋某一現象……而
是回答一基本問題：『它會變成什麼樣子？』爲了扮演這種診斷
性的角色……社會人類學家對其所受的教育應有特殊的取向，否
則所付出的努力所得將是零碎的、不連續的、甚或扭曲的。他們
應該採取調適性的價值觀，而不是認爲自己接受所有的價值或價
值中立。」（見 Madan, 1982: 15）也就是說，本土的社會人類學
家所做的研究，極可能和社會需要有關，或者研究者本人潛意識
受此牽引，問題意識應不只是個人興趣而是社會取向的。例如前
面所舉的田野實例中，B 女士的研究動機在於記錄保存流失中人
的祭儀及其民族神韻，在漢化的潮流中尋找民族自尊和身分認同。
而筆者所做的婦女研究，又何嘗不是在社會變遷中，嘗試去捕捉
性別角色的變貌，從社會與宗教資源中發現性別（尤其對女性而
言）角色束縛的解脫之道。

　　因此，從狹義的角度看，參與觀察法是社會文化人類學知識
建立的方法特色；從廣義的角度看，本土的社會科學家對本身社
會的觀察與分析，多少都會應用像「參與觀察法」的某些技巧和
精神，這樣說並無意忽視此研究法的歷史發展與學科的關聯性，
也不是把此研究法說得太容易。事實上，大多數人極可能把它說
得太簡單，才會只是停留在「參與太多會不會阻礙觀察的客觀性」

的爭論和批判中。對在台灣做本土社會科學研究的人而言，「參與觀察」已是深度發掘社會現象的必要方法，而不應只是拿西方理論套用在社會現象的浮面解釋上。比較重要的問題不是「參與多深」，如同前面田野實例所反映的，參與的程度通常無法預測或控制，重要的是研究者如何以開放的視野進入田野，長期浸淫在人事複雜多變的面相中，重新認識自己的社會。

　　當然，研究本土文化和研究異文化最大的差異是，研究者不會是純粹的陌生人，對社會有某一程度或某一層面的熟稔，很可能會因視為理所當然而出現觀察上的盲點，或者失去文化比較分析上的敏感度，這只有靠研究者保持警覺，時時檢視自己在田野中，以何種身分與被研究者互動，又是如何被看待，提醒自己在研究有關的主題上避免落入偏見與干預。其他有關遵守人際關係的倫理，維持良好的人際關係，則是一個參與觀察者在田野中做為一顆「游動的棋」的必要條件。

## 參考書目

于嘉雲、張恭啓合譯，基辛原著（1976），**當代文化人類學**，台北：巨流。

黃智慧（1992），二十世紀人類學的啓動者—馬凌諾斯基，載於黃應貴主編**見證與詮釋—當代人類學家**，台北：正中。

蔡敏珍（1994），教育民族誌中研究者的角色，**社會科學研究方法檢討與前瞻第二次科學研討會**，台北：中研院民族所。

謝國雄（1993），事頭、頭家與立業基之活化：台灣小型製造單位創立及存活過程之研究，台灣社會研究季刊，15: 93-129。

Asad, T. A. (1982). A comment on the idea of non-western anthropology. In Hussein Fahim (ed)., *Indigenous anthropology in non-western countr-ies*, Durham: Carolina Academic Press. pp. 284-287.

Clifford, J. (1986). On ethnographic allegory. In James Clifford and George Marcus (eds)., *Writing cultures: The poetics and politics of ethnography,* California: U of California Press. pp.98-121.

Madan, T. N. (1982). Anthropology as the mutual interpretation of cultures: Indian perspectives. In Hussein Fahim (ed)., *Indigenous anthropology in non-western countries*, Durham Carolina Academic Press. pp. 4-17.

Powdermaker, H. (1966). *Stranger and friend; The way of an anthropologist*. New York: W. W. Norton & Company.

Evans-Pritchard, E. E. (1940). *The Nuer*. Oxford University Press.

# 3

## 深度訪談

### 范麗娟

　　深度訪談是一種資料收集的方式，也是質性研究中最常被採用的資料收集法（Marshall and Rossman, 1995）。本章除了簡短地介紹深度訪談的本質外，其後的討論可能較著重於技術層面的介紹。但我希望讀者能夠先沈浸在質性研究的精神和方法論中（如第一章所述），才會有深刻的體驗，也才能做出較具品質的質性研究。

# 壹、深度訪談的本質

　　有關深度訪談的定義很多，華倫（Warren, 1988）認為深度訪談是用來收集以個人為中心的詳細訊息，想要了解什麼對個人有意義。馬歇爾和羅絲門（Marshall and Rossman, 1995）認為深度訪談是有目的的會談，研究者藉由會談的過程，了解受訪者對某項事物的了解，了解受訪者對問題的認知和建構。巴頓（Patton, 1980）也認為訪談主要是從別人的解釋來了解他們的感覺、思考和意圖，以及對事件的建構。訪談的最主要功能便是解開受訪者的防衛，進而了解受訪者內心的觀感（Henderson, 1991）。高夫門（Kaufman, 1994）認為深度訪談是藉由面對面的訪談，收集詳盡、豐富且以受訪者為主的資訊，特別是當研究者想要了解對受訪者有意義的事物時。

　　以上各家的論述皆強調深度訪談是用來收集以受訪者為中心的詳盡、豐富想法和觀點的方法。這就是「以人為本」的研究取

向，企圖從受訪者的角度來詮釋個人的行為或態度。像最近盛行的女性主義的諮商方式就是希望從女性的角度幫案主思考。完形治療法也相當強調諮商師不可扮演強勢者（hot-dog）的角色，而必須從案主的角度來看待問題。消費者主義同樣鼓勵社會重視消費者的心聲，重視消費者的權益。例如各大醫院最近頻頻替特殊病人發展個別性服務方案，如「受虐暴婦女服務方案」和「安寧照護」等，就是將病人視為消費者的具體表現。這些都在在顯示社會愈來愈重視「以人為本」，而學術界也逐漸受到此類風潮的影響。

　　基本而言，在深度訪談中，受訪者是主體，研究者尊重受訪者的觀念，訪談的目的也在於了解受訪者的思考，重視他們的感覺，尊重他們對行為的詮釋。在此種會談中，受訪者被視為有個人思考的主體，研究者就是要嘗試進入他們的觀點，藉由面對面言語的交換，引發對方提供資料或表達他對某項事物的意見與想法，了解他們的主觀經驗（Henderson, 1991）。

　　了解深度訪談的意義之後，該如何進行深度訪談是以下討論的重點。深度訪談和一般訪談較為不同處在於關係的建立，所以我們將先從此切入再擴展到深度訪談其他層面，如資料收集、資料處理和分析、研究倫理、深度訪談的優缺點等部分，此外我們還收集國內十五篇以深度訪談為資料收集方式的研究，針對其出處、題目、研究目的、研究方法、研究對象、研究步驟、執行期間、訪談地點、資料處理與結果呈現等一一整理，希望各位讀者在讀完此一章節後對深度訪談有更深入的認識。

# 貳、關係的建立

　　深度訪談之所以有別於一般訪談，在於它能讓受訪者作自我深度的探索，因此訪談者和受訪者的關係建立就很重要。漢得生（Henderson, 1991）認為深度訪談必須和受訪者建立個人性的互動，並以開放性的探索來了解受訪者的想法和觀點。在未和受訪者建立信賴之前，受訪者並不會提供有用的訊息。在開始建立關係時，研究者不妨進行一些暖身工作，例如介紹研究的旨趣和研究者的背景，或是就其他廣泛的問題和受訪者進行討論。在此暖身的過程中，研究者可一再保證受訪者的隱秘性，藉此提高受訪者的信賴度（Henderson, 1991）。

　　在深度訪談中，受訪者和訪談者之間的關係就有如社會學家所描述的二人關係（dyad）。在二人關係中有種親密的特質使得受訪者願意和訪談者分享一些內心的想法（Schaefer and Lamm, 1995），就是此種特質造成深度訪談的可能。此二人關係有別於問卷訪談法的快照式（snap shot），這是比喻在問卷訪談中，訪談者只是短暫地介入受訪者的生活，問完了問題又馬上退出。但深度訪談則是要求訪談者必須和受訪者建立相當的關係之後，受訪者才有可能就訪談者所提的問題做深度的回答。

　　關係的建立需要花費一段較長的時間。在我第一個老人研究，就曾經花了整個暑假參與老人的活動，和老人建立關係。所以一

且我提出訪談的要求，幾乎所有答應受訪的老人都知無不言、言無不盡。另外在一項有關少年癌症患者的研究中，研究者是先以護理師的角色提供受訪者服務，建立受訪者的信任，爾後在徵求受訪者及家長的同意後進行訪問，因此所收集到的現象學資料也相當的深刻（鄭美玲，1997）。但同時我們也看到有些研究中，由於訪談者和受訪者不夠熟稔，導致收集到的資料相當淺層。由此可見，受訪者在和你建立相當程度的信任感之前是不會告訴你太多他內心的思考（Henderson, 1991）。

在整個深度訪談的過程中，研究者都是一項重要的研究工具。要成為一個好的訪談者必須有一些因素的配合，如訪談者的個性、身分、表達能力、誠懇的態度和廣泛的知識等。訪談者的個性最好能夠外向且平易近人，除此之外還要練習臉皮厚的功夫，當別人拒絕你時，還要能面不改色的接受，這便不是件容易的事了。要訓練自己和人接近的功夫，就是常常主動和別人攀談，培養你溝通的技巧。當你在陌生人面前不會舌頭打結，且能不斷地尋找話題讓對方源源不絕的談話時，就已經成功一半了。

訪談者的表達能力和誠懇的態度也很重要，表達能力是要能夠將問題表達清楚，當受訪者不是很了解時，能夠適當地舉例或是引導對方表明看法。而誠懇的態度本來就是質性研究的精神（尊重對方對事物的看法和解釋），更是用來補足表達能力的不足。記得筆者第一次進行深度訪談，緊張地連舌頭都快打結，問題也問不清楚，好在第一位受訪的長者閱歷廣，不管我問得多爛，都接得下去，還回答得頭頭是道。到現在我還很感激他讓我的第一次訪談如此成功，讓我有勇氣問下去。事後回想該名老人如此熱

心回答的原因，除了我曾經花時間和他建立關係外，誠懇的態度大概也是讓他願意分享內心世界的主要原因。他覺得受到尊重，因為我是虛心的想要了解他對事物的看法，因此願意和我分享。在往後的訪談，我也都秉持著誠懇的態度，讓受訪者感受到我是真心關心此論題，尊重他們的回答，虛心地向他們請益，他們才都很樂意提出內心的思考和我分享。

當然訪談者的身分也會影響受訪者的接受程度。在我的老人研究中（范麗娟，1996），我曾透過演講的方式，以大學老師的身分和這些老人認識。他們對大學老師都相當的尊敬，表示我對他們的生活感興趣讓他們感到受寵若驚，願意熱切地和我分享他們內心的思考。不過在一項有關國一學生的情緒研究中（蔡叔君，1997），以師長的身分切入效果就不是很好。該研究是透過輔導室的老師在上輔導課時請學生來面談。此種方式固然可以降低學生拒訪率（二十四個學生中只有一個拒訪），但缺點是學生將訪員視為老師的替代品，而非關心他們的人，不易和我們分享他內心的思考。另外我們也觀察到，由於學生是被老師告知前來，他們除了擔心做錯事，也怕其他同學對其產生較負面的印象。為了防範這點，在每次訪談結束後，我都一再向受訪者重申這是隨機抽樣，且僅是進行普通的會談，請他們回班上和同學說明。

關係的建立也會受到受訪者個人特質的影響。在我的老人研究中（范麗娟，1996），大部分的訪問對象在其同輩中算是教育水準相當高的，每位老人也都有很豐富的閱歷，因此表達能力很好。但並非所有老人皆如此，像許多尋求老人保護服務的長者是來自較低的社會階層，其互動的模式就有別於這群較為富裕且健

康的老人。和這些老人關係的建立就更為重要，例如他們會提供很多內心的想法給予前來服務的志工，因為志工提供他們許多的服務和關心。當受訪者是年輕人，生活歷練又不是很充足，且表達能力有限時，訪談者必須多花時間和其建立關係，充分的引導，才能讓年輕人說出內心的想法。

訪談者不一定必須是研究者，但對第一次從事深度訪談的研究者而言，我會建議其最好從頭到尾做一次，包括訪談、資料分析和論文的寫作。從實際操作的過程中研究者才會有真正的感受。在往後的研究，如果時間真的不允許，是可以請別人擔任訪談者，但研究者也必須親自訪問幾個受訪者，對情境有親身經歷。培養臨場感，會有助於未來的資料分析。

如需用訪員來收集深度訪談的資料，我會建議慎選訪員。必須選擇那些對你的個案感興趣，善於和人接近，而別人也易對他吐露真言之人。同時訪員還必須相當地敏感，容易掌握對方情緒的變化。在訪員訓練的過程中，必須讓他們真的了解研究目的，知道問題的重點，明瞭何時應該追問，何時可以收手，否則辛苦收集回來的資料可能都是表面性的回答。

其實大部分的受訪者都很樂意談論自己的生活，和別人分享他們的意見，特別是當研究者採尊重和感興趣的角度去訪問時，這也是深度訪談的特點之一。如果研究者能審慎地發問，深度訪談所收集的資料將是非常具有說服力的（Kaufman, 1988）。

# 參、資料收集

　　在關係建立後，接著就可進行深度訪談。深度訪談的困難度在於一方面要讓訪談的過程順暢，又要記住研究主題，此時一份簡單、清晰和有條理的訪談大綱是很有幫助的。由於質性研究的種類相當多，訪談大綱的設計過程也可以有所不同，讀者可參閱不同的研究。個人大概都是由收集相關的文獻著手，捉取問題的重點，此舉除了有助於訪談大綱的設計外，在訪談的過程中，也有助於問題的釐清。訪談大綱通常不會設計太多或太細的問題，因為深度訪談就是要讓受訪者表達他們內心的想法，澄清並追問遺漏的觀點。故訪談的方式相當具有彈性，且隨各個受訪者不一。班白基（Bainbridge, 1989）認為在深度訪談中，採非結構性和開放性的問句較為合宜，意即訪談中沒有固定的句型、表格和指引，可依個案調整訪談的技巧。高夫門（Kaufman, 1994）也認為深度訪談最好是採開放式的問題大綱進行，此種訪談方式可減少對個案的引導或暗示，讓受訪者覺得就像是日常生活的對話，能用自然的方式思考和表達，而不自覺是被訪問、被約談，或被測驗而須加以防備。通常這種導引性低的訪談方式，所得到的內容較接近受訪者真實的情況（田盛芳、余玉眉，1992）。

　　高夫門（Kaufman, 1994）認為一旦話題開始，研究者就必須讓受訪者自由的回答。開放式問卷的內容和長度是不能事先決定

的，不管是長或短，訪談者都必須尊重受訪者的回答，且了解這是對受訪者有意義的回答。至於如何讓受訪者把握主題回答，不致天馬行空，是訪談中常見的問題。高夫門（Kaufman, 1994）認為首先要判斷受訪者的回答是否真的偏離主題。有時在訪談當時覺得不大相關的回答，事後可能發現都有所相關。或是其他受訪者也都提出這樣的看法，可能代表原來大綱設計得不夠周延。事實上，深度訪談根本就不應該將回答侷限在固定的框架中，這樣會錯失掉很多寶貴的資料。再從另一個角度來看，受訪者捉不住問題的重點，訪談者也要負部分的責任，因為他沒將問題問清楚。所以訪談者應俟受訪者回答結束後，再重新定義問題，請受訪者回答。

我的經驗是讓老人自由的發揮，有時受訪者回答得天馬行空，好像和研究主題都不大相干，但基於尊重老人，我還是讓他們暢所欲言，但事後會發現有些描述和研究主題有所相關（這和研究主題定得寬廣與否有關）。我會建議訪談者如有可能就盡量讓受訪者自由回答，一方面是因為本來就是要探究他們內心的世界；其次在當時的情境，也很難去判斷他們的回答是否和研究截然無關（特別是當訪談者和研究者非同一人時）。

高夫門（Kaufman, 1994）認為在整個訪談的過程，受訪者已經提供許多研究者想要的資料，訪談者似乎也欠受訪者一個人情，不妨利用這個機會聽受訪者表達他的想法。此種情形較常發生在長期的研究關係中，訪談者和受訪者已儼然成為好朋友，不管受訪者的回答有無關聯，訪談者都應該報以同理性的傾聽，這是互惠原則。

　　說到此，我想和各位讀者分享一個經驗。我想作過研究或論文的人都會有類似的感覺，那即是在收集資料之初，雖然受訪的時間沒有限制，但研究的期限卻是明定的。剛開始進行質性研究時的最大夢魘是擔心收集不到足夠的樣本，或是訪談得不夠深入。有時在路上碰到老人都希望他們成為我的樣本，所以每回至研究的場域和老人說話，如果沒有收集到「理想中」的大量資料，就會感到很沮喪。後來我改變方式，常和老人一起活動或閒話家常，不那麼在乎有無收集到資料。在改變方式後，我發覺和老人的關係似乎比以往平順，至少我個人不再像以往那麼緊張。所以深度訪談是急不來的，訪談者應盡可能地加強和受訪者互動的機會，和受訪者建立熟稔的關係才是踏實的做法。

　　在訪問的過程中，班白基（Bainbridge, 1989）建議訪談者將所有的精力放在研究主題的維持和澄清上，在訪談的當時，不記下任何的回答。唯一的記錄是記下訪談中新浮現的相關問題，以便用在未來的訪談上。班白基和個人的經驗都發現記錄本身也是一門大學問，太多的記錄會干擾受訪者的思緒，而太少的記錄則表示訪談者對談話內容的不關心。最好的方式是徵得受訪者的應允，使用錄音機將其回答全程錄起來，回來再寫成逐字稿。

　　錄音機的使用也是一大學問。有些受訪者看到訪談者拿出錄音機，神情會有些不自在，此時我會一再地重申他們的匿名性會受到保障，錄音的目的是為了讓原音重現，用他們自己的話語來生動地呈現資料。大部分受訪者經過如此的解釋，都不會再拒絕，但我們也曾經遇到答應使用錄音機但不能釋懷的老人。如果當你發現受訪者的回答非常八股時，請將錄音機收起，以筆紙作些簡

單的記錄，等訪談完再趕緊作詳細的記錄。對於堅持不接受錄音的受訪者，訪談者也應尊重他們的意願，在訪談後才記錄。但此項記錄是經過研究者的話語轉換，非原音重現。

錄音機的使用對於逐字稿的製作相當重要，訪談者對錄音機的操作要很熟悉，電池也要攜帶充分。有時訪談者辛苦工作了一兩個小時，就由於電池不足，所錄到的聲音混濁不清。有時不小心按到暫停的鍵，所有談話都沒錄到，就算回去重問，情境和心情已全然不同。除了使用錄音機外，對於無法在錄音帶上顯現的受訪者情緒反應、自己的觀察與感覺，也最好在每次訪談後迅速記下，這些都是整理資料時的一大利器（Tesch, 1990）。

當一位受訪者不僅被訪問一次時，最好在每次訪談後有足夠的時間謄寫逐字稿、閱讀逐字稿及設計下一次的訪談主題。高夫門（Kaufman, 1994）認為此點有幾項目的：一、讓研究者有時間思考資料和研究問題間的關聯；二、有時間修正研究問題，將新浮現的問題納入未來的訪問；三、寫逐字稿和熟讀場地日誌可讓研究者對問題有更深入的了解，同時可讓研究者跟上快速累積的資料；四、當研究者帶著整理好的結果回去訪問時，受訪者會覺得受到重視，因為研究者能夠在短時間內整理資料且有備而來，將更為提高他們回答的意願。

在國外發現訪談者的性別對於資料的收集會有所影響，有的研究甚至以性別和種族將受訪者和訪談者加以配對。在我的老人研究中（范麗娟，1996）發現，性別對訪談的流暢度並無影響，倒是對訪談的內容會有些許影響。例如在問及和下一代相處的情形時，和女性老人的訪談就很自然，她們也會很詳盡地闡述婆媳

問題，而男性老人對此就著墨很少，這或許是受到傳統文化的影響。

有人問及在訪談的過程中是否應避免受訪者受到訪談者的期望而給予不同的回答。在訪談的過程中，訪談者如能避免給予受訪者價值判斷是最好的情況，但我們不要忽略二者已經有類似朋友般的關係，受訪者會期望獲得一些意見和情緒上的支持，所以欲一直保持價值中立是有些困難。同時由於訪談是雙向的交流，訪談者也不可能保持絕對的沈默，應給予適當的回應，以保持受訪者高昂的回答情緒。

訪問的情境要慎選，最好能夠找比較安靜的地方，能夠讓受訪者說出內心話的地點。安全是重要的考量，我不鼓勵訪談者到受訪者家中訪談。若是兩人成行還可，如果只有女性一人前往可能不大適當，最好約到安靜的公共場所。訪談時間的選取也很重要，最好不要選擇在下午，因為訪談者和受訪者皆昏昏欲睡，特別是當受訪者有下午小歇的習慣時，訪談的品質會不佳。

在有關老人的研究中咸指出要注意老人的注意力和體力的負擔，建議研究者不要給予太長的問卷或訪談。在我的經驗中發覺，訪談者的體力和集中力才是更為重要。老人如果談得興起，兩三個小時都可延續下去，倒是訪談者一方面要不時地鼓勵受訪者持續熱心地回答，注意其回答內容，有必要時還要請其加以澄清，或是注意訪談大綱上的問題是否都問完。為了要應付這種種的需求，訪談者反而需要有更好的體力和集中力才行。

當受訪者在你面前表達情緒之際，你要怎麼反應？我認為訪談者可以視情境選擇不同的反應方式，例如可以給予適當的情緒支持。在一項有關兒癌照顧家屬的研究中，當家屬說到情緒激動

時，訪談者會鼓勵其將情緒宣洩出來，並告知情緒宣洩對其有正向功用，免得他們覺得不好意思。其實情緒的表達也正表示受訪者對你的信任，不過在此提醒訪員，必須仔細區辦受訪者是不是在發出求救的訊號，特別是年老的受訪者，因為資源有限，尋求幫助的管道也很有限。所以必須判斷受訪者是不是在求助，如果確定是在求助就要適當處理。如無相關的資源，也要適當地轉介。

　　另一種回應的方式是不動聲色，雖然研究者已經和受訪者建立關係，但畢竟親密度還是有限，此時對他的情緒有所反應，反而對他是件難堪的事。不妨裝作不在意，講些其他的話題，讓他有時間重拾情緒。此種方式我較常使用在男性長者，因為一般而言，男性流淚本來就是比較不被接受，何況是在一位比他年輕的女性面前流淚，採視而不見的方式可以保持他的顏面。如果是女性的受訪者，我回應的空間就大些，包括好言相勸或是輕拍其背表示安慰。不論是哪種方式都是以對受訪者最佳為考量，等受訪者情緒穩定後，再禮貌地詢問他是否要繼續受訪。如果對方回絕，應該尊重對方的決定，另外約時間。

　　再者，要如何驗證這些受訪者的回答是否真實？但何謂真實？真實是被個人認知、評價和定義過後所形塑出來的東西（Shaefer and Lamm, 1995）。每一位受訪者所表達出來的東西，是經過他們的認知和思考後所表達的結果，對他們來說就是真實。每一個人所認知到的真實可以有完全不同的樣態，受訪者因為有親身的體驗，他們的描述會更具深度。從訪談的過程中能夠快速地感受到別人的經驗、內心思考、睿智、感覺等，我也常常為此受到感動。

　　受訪者的特質除了會影響訪談者和受訪者雙方關係的建立外，

對訪談的品質也會有所影響。在我陸續的研究經驗中發現老人最容易和人溝通，成年人對訪員有所防備，而青少年的溝通能力差。當然這也會因人而異，每個人因為經驗和成長的背景會有不同的表現。對於青少年的受訪者必須要花時間和其建立關係、給予關懷、再加以適當的指引，讓青少年也能夠表達深刻的想法。

　　第一次運用深度訪談收集資料的人常會太過理想地希望每一次的訪談都是完美的，但這是不可能的事。造成訪談失敗的因素很多，有的是受訪者的因素，有的是訪談者的因素。例如有的受訪者儘管和你關係建立得再好，但受限於過去的生活經驗和時代背景，他還是相當的防備你。訪談者方面也會有很多因素造成訪談失敗，例如太過急躁或是太咄咄逼人。反省的方式除了在訪談後詢問受訪者對此次訪談的看法外，還可以聽錄音帶和研讀逐字稿，從其中了解自己的缺點。我就發現自己發問的速度太快，當受訪者還在構思時，我會太快切入。了解到自己的缺點後，我就將講話的速度放慢，並尊重受訪者有思考的時間，充分回答。我覺得每一次訪談都是一項良好的學習經驗，不管成功或失敗，都可由經驗中學習，藉此改進下一次的訪談。

　　要判斷每一次的訪談是否成功也很容易──在訪談後，訪談者自覺收穫良多（不論是在資料的收集或是人生的經驗上），而受訪者覺得意猶未盡（還希望有更多的機會表達時），這便是一次成功的訪談。良好的深度訪談即是一次良好的互動經驗，受訪者可以在訪談的過程中紓解他的情緒，表達他的思想，闡述他的理念，覺得別人了解他和關心他。而訪談者除了收集資料外，也經歷了一次深刻的體驗，藉由訪談的過程來經歷受訪者的生活與

思考從未思考過的問題。個人回國四年多，所作的研究大都採深度訪談法，也一直樂此不疲。也許是因爲訪談的對象爲經驗豐富的老人，不僅多次發現受訪者對事情的看法比我透徹，我也覺得所學良多。每回在訪談老人的生活和互動關係後，我都會重新思考自己的生活，包括如何面對自己和周遭的人，如何使生活充滿更積極的意義；尤其是在和睿智與積極生活的老人談話過後，此種感覺更爲強烈。相對地，失敗的訪談也很容易判定，當逐字稿中只有呈現訪談者的聲音，而受訪者只是以「是」或「否」作答，或是只做表面性的回答，或是都以符合社會期望的方式來回答時，便可判斷受訪者並沒有對你敞開胸襟。此時有三種處理方式，一種是取消訪談，另一種是去了解爲何受訪者會產生如此的行爲（這也是一種研究），第三種是當個案來源有限時，只好重建熟稔關係後再訪談。

在深度訪談的過程中，研究者是否具有豐富的想像力、敏銳的觀察力（Strauss and Corbin, 1990）和高度的親和力（范麗娟，1995），是訪談成功的關鍵。豐富的想像力能讓訪問者馬上進入受訪者描述的情境，感同身受。敏銳的觀察力是要訪談者不時地觀察受訪者是否有不快的表現，或是情緒激動、閃爍其詞，而能適時的回應。同時也要判斷受訪者是否在規避回答或是無法回答。如果是規避回答，是什麼原因讓他不願意真實回答；如果是無從回答，就得判斷是訪問的題目不適合回答，還是受訪者沒有足夠的知識來回答。高度的親和力則是讓受訪者願意和你聊天，願意提出他內心的思考的關鍵。當然訪談者除了一般知識的涉獵要廣外（免得對受訪者的講述無法搭腔），也要有寬闊的胸襟，容許

不同的意見。

# 肆、資料處理和分析

　　質性資料的處理方式至今還未達成共識，是造成質性研究未能被廣泛接受的原因之一，但不管採用哪一種分析的方法，提斯（Tesch, 1990）指出有關質性資料的十點處理原則：

一、在質性研究中，分析並非是研究過程的最後階段，而是隨著資料收集過程不斷在進展的工作；

二、分析的過程是有系統且容易被理解的，但絕非固定的形式；

三、在資料收集的歷程中，摘要手記有助於資料的分析；

四、將資料片斷化，區分成相關且有意義的單元；

五、資料分類的體系是根據資料的特性所建立的；

六、比較是分析過程中最主要的方法；

七、資料分類的方式是暫時性的，雖是發生在資料收集的開始階段，但可隨時更改；

八、在分析過程中對資料的操作沒有成規可墨守，也即是沒有絕對「正確」的方式；

九、分析的程序並非科學性或機械性的，沒有絕對的規則可尋，但也非無限制地創造，仍需要高度的方法論和專業的知識；

十、質性資料分析的結果最終應擁有某種程度的整合。儘管在分析的過程中不斷地分類，將其單元化，但結果的呈現還是應

提供一總體的面貌。

提斯指出，以上十個原則雖未能涵蓋質性分析的所有特質，但卻總結了各種質性分析的可能。如果一研究者能把握這十個原則（不論是整合或創新），且避免邏輯上和道德上的錯誤，就是一項好的質性研究。讀者可能認為這十個處理原則沒有什麼真實感，但對真正從事過深度訪談研究的人，會發現每一點建議都相當實際。以下將深入討論。

質性研究本身就是一動態剖析的歷程，研究者同時進行收集資料、整理資料和分析資料的工作。整個研究過程就是不斷以資料來測試問題和研究主題的適當性。研究者可以從逐字稿和場記的資料來修正和調整訪談大綱及訪問方式。

在分析的過程中，的確沒有絕對「正確」的方式，但分析的過程必須是有系統且容易被理解的。因此方法論的訓練和邏輯的思考就很必要，研究者絕對不能因為對統計不在行才來從事質性研究，因為質性研究的方法論比量性研究更嚴謹，更須具備邏輯的思考。我甚至認為一個好的質性研究者，邏輯思考的能力甚至要比量化研究者強才行，因為量化研究已成為當今研究的典範，且其資料處理也已經有固定的模式，當然受批評的機會相對地小。

深度訪談的資料處理第一步驟是寫逐字稿。理想的型態是在每一次訪談完，馬上由研究者自己整理逐字稿。有位研究生就是採用此種方式，據她表示，在逐字稿的處理過程中，她會不時地回想訪談當時的情境，許多念頭會從其中產生，此時必須迅速記錄，對以後的分析相當有助益。經驗指出研究者的確是最適合整理逐字稿的人，因為他最了解研究目的，遇到枝節可以省略，可

大為節省逐字稿處理的時間和精力。通常一捲三十分鐘的錄音帶需要花上好幾小時的整理，特別是在密集訪談的時候，逐字稿的整理可能遠落於訪談之後。如果研究者無法自己整理逐字稿而必須聘人整理時，我會強調必須要逐字寫，以免遺漏重要的部分，降低資料的品質。從事過逐字稿整理的研究者都了解整理相當的煩瑣且費時，但卻是資料分析的根本。在編列經費時，不要忘記編列逐字稿的資料整理費。

內容分析法便是最常見的處理逐字稿方法。內容分析法是將資料片斷化，區分成有意義的單元（Tesch, 1990）。如田聖芳和余玉眉（1985）在所著的〈中國產婦對其新生兒形成觀念之認知行為〉中，他們以田野調查的方式測得產婦對其新生兒認知的形成。首先將產婦和新生兒最初相處過程中所表達的概念、想法和態度單元化，再用內容分析的方式加以整理。研究結果發現，產婦通常採用三種不同但互輔的認知行為——確認、評價及描繪。這三種行為出現的頻率會隨著產後的時日各有不同的增長情形。

還有另一種內容分析是現象學常採用的方式，就是反覆仔細地閱讀逐字稿，找出和研究問題相關且有意義的陳述（這有點類似於上述的片段化和單元化），再從這些陳述中找出其隱含的意義。重複上述的步驟，最後將這些隱含的意義歸納成主題群，從主題群中抽取抽象的觀念，最後試圖建立抽象觀念間的關係。此種過程幾近理論建構的層次（鄭美玲，1997）。另一種和此類似的逐字稿處理方式，是將逐字稿加以編碼，也即是在逐字稿旁邊編列數字，再簡略地註明其中的內容。這樣不僅可以迅速找到要分析的重點，也可進行量的計算。

　　有的研究者建議將質性資料轉換成電腦能處理的方式，進行量化的分析，這是研究者一開始就應該做的決定，因為這會影響整個研究的設計。如果是想將資料量化，在設計問題大綱時就應該設計些能夠引出簡單、明瞭回答的問題，未來才能進行電腦的處理（Bainbridge, 1989）。如果研究者是希望呈顯受訪者複雜且詳盡的情緒及敏感的內心反應，那就必須採用非結構性的訪談讓受訪者盡情發揮。此種豐富資料的本身就是研究的重點，不要為了將其轉成電腦可以處理的方式，而失去豐富的內涵。但不管將資料怎樣的分析和整理，最後還須像提斯所說的結合分析的結果，讓資料呈現總體的面貌。

　　資料必須經過研究者的整理和分析，此時研究者的理論背景就扮演著很重要的角色。理論對於資料收集和資料分析都很重要，如果只是一味的呈現逐字稿的資料，沒有經過研究者的消化和吸收，會過於瑣碎。在資料分析中研究者的角色也和關係建立和訪談時一樣重要。在這個階段，研究者並非將逐字稿拼湊成一篇文章，還必須將資料消化和吸收。因此研究者對於相關的理論必須有很深切的認識，因為理論可將資料作有效的處理，將漫無章法的逐字稿有系統、有組織地整理。理論的建構是資料處理的基礎，不斷收集到的資料使得研究者不斷去思考這些概念性的問題。這樣才能讓計畫上軌道，同時也增進概念的發展（Strauss and Borbin, 1990）。因此質性研究的準備工作就很重要，研究者要不時地培養巴頓（Patton, 1985）所謂的理論的敏感度。所謂理論的敏感度，巴頓認為就是有嚴謹的理論來引導你分析那些看似瑣碎的資料。理論的敏感度是一個不斷發展的過程，研究者必須藉由不斷地吸

收、研讀和反省來培養自己對於理論的敏感度。一項好的質性研究之所以費時的部分也就在此，因為研究者必須花更多的時間來累積背景知識，以便從資料中找出有意義的解釋。

目前個人接觸過一篇最好的質性研究的文章是從 Many Mirrors: Body Image and Social Relations 一書中〔該書由尼可索悅（Nicole Sault）所編，Rutgers University 出版社出版〕羅比大衛絲（Robbie E. Davis-Floyd）所撰寫有關懷孕專業婦女的身體形象一章。該文除了以逐字稿生動地描述專業婦女如何陷於專業形象和懷孕婦女之間的衝突外，最大的特點是用單一的概念——「控制感」（control）將個人瑣碎的逐字稿串連起來，使整篇文章顯得有組織與系統，而非瑣碎資料的重現。

質性研究較量化研究更能接受不同的處理方式，研究者可以根據研究目的選擇最能凸顯研究主題的方式，但切記不要削足適履。我們常看到從事質性研究的人好像走在一個高峰上，一邊是量化，一邊是質性，既想擁有質性研究的好處，又想用量化的方式來分析，反而喪失質性研究的特質。


# 伍、研究倫理


有關深度訪談的研究倫理其實和深度訪談的本質是密不可分的，那便是將受訪者當成「人」一樣的對待，而不是當成「物」或是「研究對象」看待。除了基本的倫理如保密外，在訪談中還

須考量受訪者的感受、情緒、反應和本研究可能產生的影響，這是針對「人」作研究時應有的考量。此種考量對於深度訪談尤為重要，因為訪談者和受訪者必須建立頗為深度的關係，如不恪守研究倫理，對雙方都會造成很大的傷害。

這種研究方式有別於一般的問卷調查被比喻成快照式的方式（只有訪談時短時間的接觸，訪談前和訪談後和受訪者都無接觸）。不過也正由於接觸得多和訪談的內容深入，因此深度訪談對受訪者和訪談者雙方所造成的影響要比傳統的調查法來得深廣。

由於在深度訪談中，研究者常和受訪者建立熟稔的關係，因此會發生一次以上的接觸，如果訪談的對象在一家中不止一人（如研究家中的夫妻或親子關係），接觸的次數就會更多。因此訪談者必須要時時考慮到訪談對受訪者所造成的干擾，而非只是考慮到訊息的收集是否足夠。以我的老人研究為例（范麗娟，1996），原本想了解親子兩代的關係。由於和老人關係建立深入，大多數老人都回答得相當深刻，若再進行和其下一代的訪談，不曉得會不會造成兩代間的衝突和調適；考慮到他們未來還要長久居住在一起，引起雙方的嫌隙就不大好，所以最後決議只訪談老人。

在美國各大學都設有一委員會監督研究計畫是否會對受試者產生不良的影響。校內凡是對人所作的研究就必須經過這個委員會的認可，其審查的標準不僅包括生理方面的影響，心理和社會層面也相當受到重視。在台灣沒有委員會的監督，研究者應該秉持這項專業道德，提醒自己不可剝削受訪者。在研究的過程中要不時地反省和評估對受訪者可能造成的傷害，想辦法減少或去除此種傷害，不然就中止研究。高夫門（Kaufman, 1994）認為在訪

談一開始,就應該讓受訪者簽具同意書,同意書中必須明載受訪者是志願參與,以及他們隨時可退出的訊息。

在從事過的幾次深度訪談中,個人覺得在深度訪談的過程裡,研究者和受訪者已不再是單純的研究關係,而是進展到類似朋友的關係。所以我希望在訪談的過程中研究者也必須適當地給予受訪者回報,例如提供他們所需的資源訊息或是情緒宣洩的管道等。在對國一學生的研究中,訪談者在會談後會提醒他們有問題時可以尋求幫助的管道。在有關兒癌病人照顧家屬的研究中,我會提醒學生讓家長適當地宣洩情緒。對於老人我也會適時地引進可能對其有利的資訊,如簡單的醫學常識和社會服務資源等。對大多數老人而言,只要你專心聽他們講話,他們就已經很滿足了,因為在日常生活中,他們常會覺得受到社會的孤立。

當訪談結束後,你和受訪者的關係要如何處理?任何一項關係的結束(closing)都是一項藝術。社會個案工作建議社工員應該慢慢將二者間的關係淡化。也有人認為既然已成為朋友,應不時地保持連絡,而連絡的頻繁度視雙方的條件而定。我的做法是寫感謝卡或賀年卡,如有時間也可造訪。高夫門(Kaufman, 1994)提出一項很好的方式,那就是提醒受訪者研究的進度,包括什麼時候要結束訪談,什麼時候要整理資料,什麼時候要寫報告等,以告知下一個研究步驟的做法來暗示他們訪談即將結束。這也是重申不是遺忘或丟棄他們,而是要將他們的話語轉換成研究報告告知給大眾。

# 陸、深度訪談的優缺點

班白基（Bainbridge, 1989）指出深度訪談有許多優點。首先，標準的深度訪談是在受訪者家中進行，可從觀察中獲得一些資料，同時受訪者也因為在熟悉的環境中比較輕鬆，而能有較深入的回答。其次由於深度訪談一次只專注一個主題且是採開放式的問卷，較能針對問題收集全方位且徹底的資訊。深度訪談也可了解受試者的思維過程，特別是較為敏感或細膩的心理變化。在訪談中，研究者可請受訪者立即澄清和追問行為背後的意義。訪談的優點還包括可以在短期間內收集到大量的資料；如果和觀察結合，訪談可讓研究者更為了解人們對於他們日常活動所賦予的意義。

個人覺得深度訪談的好處是收集多元化的聲音，除了內容豐富常是量化資料所不能及的（Henderson, 1991）之外，我覺得用受訪者話語所描述的現象相當的生動且具體，可以讓讀者深切地感受到回答者的感覺和思考。例如在一項有關青少年癌症病人的現象學研究中，由青少年對住院經驗的描述，讀者可輕易地經歷到這些癌症少年對於自己生命的不確定性，對家人的愧疚感，對正常學校生活的羨慕，和對自己病情的無奈（鄭美玲，1997）。

在質性研究中研究者的自主性相當大，例如要收集哪些資料、要如何建立和受訪者的關係、要如何訪談、要如何分析資料、要如何撰寫報告都由研究者自己決定。此種自由度是質性研究吸引

人之處，但相對地，研究者也要有相對的標準，除了具有上述訪談者的特質外，在理論、邏輯和寫作上都要有一定的程度，才能完成一項好研究。

雖然深度訪談有上述的優點，但也常受到若干質疑，最常被質疑的是樣本的代表性。在質性研究中不可能收集太多的樣本，因為追求的是資料的深度和廣度。因此在深度訪談中，樣本的多寡就並非必要的考量。班白基（Bainbridge, 1989）指出，深度開放式的訪談，儘管訪問的對象不多，但其回答內容包含各式各樣的回答，使研究者能夠充分掌握受訪者對於此一觀念的複雜反應，因此樣本數的計算就無關於他們所能提供的訊息。訪談者可用新訊息的累積來判斷是否應該終止訪談，如果發現新受訪者無法提供更多或更深入的回答，就代表資料已經達到飽和（saturate），不用再進行訪談（張英陣，1995；Bainbridge, 1989）。

影響個案數的因素很多，最主要是以其提供的訊息為主。如果一個受訪者就能夠提供所有研究者想要的資料，一個受訪者已經足夠。其次要考量個案的來源，像某種癌症的病患向來不多，如又限定某個年齡層，就可能一年收集不到幾個個案，所以個案的來源也是一重要的考量。最後，漢得生（Henderson, 1991）提出深度訪談樣本的大略標準，他表示由於深度訪談的過程和資料處理耗時耗力（每一次訪談延續二至三個小時，每一份資料處理都達十數小時），二十至三十個個案應是研究者可負擔的極限。在我的經驗中，如果問題設計得夠為寬廣，訪談到第十幾個受訪者時就已經發現他們所提供的訊息大同小異。

在抽樣操作上，通常我們會採取立意抽樣和滾雪球的方式。

之所以採立意抽樣是因為需要樣本的配合度高,所以無法像量化的研究抽取隨機樣本。立意抽樣首先不妨先從周遭的社會網絡著手,如果社會網絡中沒有和研究主題符合的對象,就必須花時間和研究對象建立關係。像我所從事的老人研究就曾花了整個暑假的時間參與研究對象所從事的活動,經過整個暑假,彼此熟悉了,所以當我開口要求他們當我的受訪者時,他們大都欣然接受,也都能提供深入的回答。立意抽樣可以配合滾雪球的方式,滾雪球是進一步請受訪者介紹其他對此論題熟悉的對象以供訪問。此法有兩種好處,第一、他人先替你篩選過一次,所以更能確認這些是能提供豐富資訊的對象;第二,此種經由他人介紹的方式,較不會引起對方的拒絕。例如有位學生進行關於 PUB 的深度訪談中,他就首先在熟稔的朋友中抽取曾經到過PUB的人訪問,再以滾雪球的方式請朋友介紹對此議題熟悉的朋友(吳逸驊,1997)。不過經過這幾層次的朋友介紹,發現回答的內容會隨認識的深淺而有所不同,這又回到上述所謂的關係建立問題。所以儘管是友人介紹的受訪者,也應該花時間和其建立關係,才有可能收集到較深層的訊息。

有人質疑到底深度訪談要多深才算深度訪談,最近我也常常有此質問。我想反向的思考可能比正面的回答容易,訪談之所以不夠深入可能有幾點原因:第一、研究的問題太過抽象,訪談者無法落實地建構問題,受訪者也無法具體的回答,因此研究問題的選擇就很重要,最好選擇和受訪者切身相關的主題。第二、訪談者和受訪者的熟稔關係尚未建立,受訪者不願將內心話和訪談者分享,因此研究者就必須多花時間和受訪者建立關係。第三、

研究者或訪談者的理論背景不足，無法確認問題的重點，不知什麼時候該追問，什麼時候該停止，所以收集的資料會相當的表淺。要彌補這一點最為費時，因為研究者必須補充理論的背景。但此種補充是必須的，因為在資料分析和結果呈現時都必須用到。

# 柒、國內深度訪談的相關研究

　　由以上的陳述，希望讀者對如何進行深度訪談有初步的了解，我想最重要的就是要掌握住其精神。在國內，也很高興看到深度訪談愈來愈受到研究生的重視，以下就以所收集到的十四篇碩士論文和一篇教授的研究作為範本，分析其出處、題目、研究目的、研究方法、研究對象、研究步驟、執行期間、訪談地點、資料處理與結果呈現等，提供給有意從事深度訪談的人參考。

　　由這十五篇的論文題目，我們知道深度訪談使用的範圍已不再侷限於人類學，而是廣被其他的學門如教育心理、輔導、大眾傳播、社會學、社會工作、護理學所採用。除了產出的學門寬廣外，論文研究的主題也遍及社會和人文科學的各個領域，從國小的學業經驗、從娼少女對追蹤服務的需求、社會運動與地方社區變遷、顏面傷殘自我概念與社會適應、準父親與初次陪伴待產及生產過程之經驗與護理需求、受虐婦女之因應過程、台北地區城鄉移民的困境、癌症病人之生命意義、個人對KTV的使用經驗、工作不確定性與大學女教師的工作生活初探、婦女離婚歷程之分

析到青年精神分裂病患的疾病經驗等。有些研究光從題目就可以
了解其為質性的研究，例如有關經驗的研究，包括使用、學業與
疾病經驗和生命意義等。有的就必須從其研究的問題來加以區分
是要用質性還是量化的方式來選擇。

　　研究的對象也隨研究目的而定，由國小學生、從娼少女、地
方自治代表、反核組織人士、顏面傷殘者、離婚婦女、大學老師、
青年精神病患、準父親、受虐暴婦女、癌症病人、急診醫師、婦
女機構負責人、青少年癌症患者等。

　　研究的人數除了徐宗國教授所作研究為一百人次外，大多數
碩士論文的訪談人數是從五位至十九位，訪談進行的期間由二十
五天到最長二年，以徐教授的研究期限最長，是為兩年。時間的
長短是以受訪者的人數和訪談的密集度而定。訪談地點大多選在
安靜的場所，這是為了避免訪談的進行受到外界的干擾。研究的
方法則除了使用深度訪談來收集資料外，也大都配合其他的方法
如參與觀察、文獻參考、敘說分析、語意分析及語句完成等，比
例最高的是參與觀察法。

　　研究的步驟，大致為與個案建立關係、參考相關文獻、提出
研究假設、建構訪談大綱與試訪，然後便進入真正的訪談期，包
括資料的收集、做訪談日誌、整理逐字稿、觀察、整理和分析資
料。資料處理的方式雖然各位研究者描述不一，但可大致看出有
些共同性可循。包括熟讀訪談逐字稿，依主題加以歸類、描述或
分析。有的是依照研究問題設定架構，再從其中抽取抽象的部分，
抽取完抽象的概念，有的研究者還進一步將抽象的概念串連起來，
相當接近理論的發展。最後階段是將研究結果整合起來，呈現現

象的全貌。結果呈現的方式最常見的是意義的摘取配合逐字稿的呈現。逐字稿的呈現就像上述所言，是非常具有說服力的，也是研究者喜歡使用的原因。

　　由以上的整理可以了解，不論是從研究背景、研究主題、研究步驟、資料處理方式或結果呈現方式都相當的多樣化。有心從事深度訪談的讀者可以多多參考此類的論文和國外質性研究的刊物。

表 3-1　國內十五篇以深度訪談從事資料的碩士論文和研究一覽表

| | CTH1 | CTH2 | CTH3 | CTH4 |
|---|---|---|---|---|
| 年份 | 1994 | 1990 | 1996 | 1994 |
| 出處 | 交通大學傳播研究所碩士論文 | 法商學報 | 師範大學教育心理與輔導研究所碩士論文 | 台灣大學護理學研究所碩士論文 |
| 作者 | 黃文珍 | 徐宗國 | 張青惠 | 吳惠媛 |
| 題目 | KTV使用對個人的意義研究——快感經驗與社會性使用分析 | 工作之不確定性與大學女教師的工作生活初探 | 八位離婚女性離婚歷程之分析研究——由依賴婚姻走向獨立生活 | 青年精神分裂病患的疾病經驗之詮釋學研究 |
| 研究目的與理論背景 | 以「大眾傳播遊戲理論」及「電視的社會性使用性」模式，找出KTV的社會性使用方式，及情境因素對媒介行為之影響 | 了解研究對象工作生活之整體面：提出可能的解釋之理論架構 | 探討離婚女性之離婚歷程的經驗 | 探討青年精神分裂病患在疾病歷程中，個人主觀感受的經驗、意義 |

（承上表）

| 研究方法 | 1. 深度訪談法<br>2. 參與觀察法 | 1. 深度訪談法<br>2. 紮根理論、田野研究 | 1. 深度訪談（每位受訪者兩次，總計三小時以上）<br>2. 現象學研究法 | 1. 詮釋學<br>2. 於連續護理過程中，以深度訪談法收集資料 |
|---|---|---|---|---|
| 研究對象 | 1. 十位（訪談）<br>2. 三個參與情境（最後分析時使用兩個） | 一百位男女大學教師 | 八位離婚四年以上之婦女<br>立意取樣（符合選取條件者） | 五位，18-24 歲，發病三年、目前情況穩定、有適當社交能力 |
| 研究步驟 | 模擬訪問及觀察：<br>1. 預先設立八個訪談問題做為訪談導引，讓受訪者開放式的回答<br>2. 觀察行為 | | 1. 試訪<br>2. 低結構之訪談指南（錄音）<br>3. 訪談日誌<br>4. 做逐字稿<br>5. 整理逐字稿為濃縮訪談稿，並加註疑問或須進一步了解之處<br>6. 第二次訪問、及與受訪者確認了解無誤<br>7. 再次與受訪者確認了解無誤 | 1. 確定個案之準備期<br>2. 正式工作期低結構訪談大綱<br>3. 詮釋分析資料（含信效度） |

（承上表）

| 執行期間 | 二十五天 | 兩年 | 四個月＋兩個月 | 三個月 |
|---|---|---|---|---|
| 訪談地點 | 安靜的場所（非KTV 的情境） | | 教室、輔導室、受訪者家中或辦公室 | 門診會談、家庭訪視、急診訪談，並輔以自然情境觀察 |
| 資料處理方式 | 1. 根據研究問題整理原始資料<br>2. 分析被整理出的資料（呈現分類的主題）<br>3. 整合分析之結果（導出結論和引證） | | 1. 熟讀訪談稿全文<br>2. 畫出重要敘述句<br>3. 第三人稱改寫<br>4. 開放編碼（協同編碼者）具信效度分析數值<br>5. 化約與排除<br>6. 發展核心主題<br>7. 建構個人之文本描述<br>8. 建構個人結構描述<br>9. 建構綜合文本描述<br>10. 建構綜合結構描述 | 1. 病患基本資料<br>2. 詮釋分析<br>(1)主題分析<br>(2)特例分析<br>(3)典範個案說明 |

（承上表）

| 結果呈現方式 | 1. 依照研究問題設定架構：共三個研究主題，分三節敘述 2. 由理論解釋切進，繼而引入受訪者的言語或觀察所得為佐證，後做小結 3. 以逐字稿呈現對同一主題的引文方式：（內縮之獨立段落）引一位或數位受訪者的一段回答或數段回答，並於引言後加註受訪者 | 1. 依照研究問題設定架構：共三個主題，分三小段敘述 2. 由理論解釋切進，繼而對所收集之訪問內容發現與相關文獻做分析，引用整段訪問（包含問與答），於其間或加解釋說明，或加入後文之引言；最後做小結。 | 1. 舉一位受訪者的所有訪問內容為分析過程之舉例 2. 其餘受訪者之描述與分析 3. 綜合描述分析表列核心主題 | 1. 研究對象說明 2. 陳述研究者的自我省察 3. 依研究脈絡之主題，呈現研究者的詮釋及受訪者的訪問內容 |
|---|---|---|---|---|

|  | CTH5 | CTH6 | CTH7 | CTH8 |
|---|---|---|---|---|
| 年份 | 1993 | 1993 | 1994 | 1995 |
| 出處 | 台灣大學<br>護理學研究所<br>碩士論文 | 東吳大學<br>社會工作研究所<br>碩士論文 | 台灣大學<br>社會學研究所<br>碩士論文 | 彰化師範大學<br>輔導研究所<br>碩士論文 |
| 作者 | 周汎澔 | 湯秀雅 | 楊素真 | 陳珍德 |
| 題目 | 準父親於初次陪伴待產及生產過程之經驗及護理需求 | 婚姻暴力中婦女受虐待狀況與其因應過程之初探 | 城鄉移民的困境與解脫──以台北地區為例 | 癌症病人生命意義之研究 |
| 研究目的與理論背景 | 探討準父親於陪伴其配偶待產及生產過程之經驗歷程與護理需求 | 1. 初步分析婚姻暴力之性質<br>2. 了解受虐者在暴力發生當時之反應<br>3. 了解受虐者在暴力後之 coping | 了解城鄉移民的處境，分為早期移民（民國五十年至七十年移進台北者）、後期移民（七十年後移進者） | 探究癌症病人對其生命意義的看法以及影響其生命意義的因素 |
| 研究方法 | 1. 參與觀察法<br>2. 深度訪談法 | 深度訪談法 | 深度訪談法 | 深度訪談法 |
| 研究對象 | 十位<br>立意取樣 | 十二位<br>北婦福利中心 | 十九位 | 十六位<br>（滾雪球） |

（承上表）

| 研究步驟 | 1. 前驅性研究（pilotstudy）：建構訪談指引及資料分析的初步歸類方法<br>2. 正式收集資料 | 1. 依研究者之觀察與文獻，建構研究流程圖及研究問題與訪談大綱<br>2. 收集資料 | 1. 提出研究假設 | 1. 設計訪談大綱<br>2. 前驅性研究 |
|---|---|---|---|---|
| 執行期間 | 1. 前驅期：五個月<br>2. 正式收集資料 | 六個月<br>（二階段會談，各約二至五次） | 一個多月 | |
| 訪談地點 | 特定之會談場所 | | | |
| 資料處理方式 | 資料處理方式<br>敘說分析<br>1. 以條件式的起點規畫資料：預設四個層次<br>2. 詮釋循環：<br>(1)將錄音與觀察記錄轉成敘述體之行為過程記錄<br>(2)了解脈絡與整體概念<br>(3)找出有意義的描述單元 | 1. 將與研究主題有關之部分轉成逐字稿<br>2. 整理相關主題<br>3. 歸納分類<br>4. 抽象化共同特質<br>5. 列舉實例 | | 1. 整理逐字稿<br>2. 進行開放編碼<br>3. 分析歸納<br>4. 比較核心類別之關係及確立架構<br>含信效度 |

（承上表）

| | | | | |
|---|---|---|---|---|
| | (4)歸納主題形成歸類<br>(5)以 Part Whole 的關係來省視所形成之歸類<br>(6)分類決定現象主題　含信效度 | | | |
| 結果呈現方式 | 依歸類之主題呈現，研究者先描述或分析再引用受訪者的話 | 1.呈現相關主題出現次數及內容<br>2.描述及分析研究發現<br>3.表列各個案主在相關主題之重點 | 陳述假設與受訪者的言語及分析 | 描述分析次數與引言 關係圖與對照表 |

| | CTH9 | CTH10 | CTH11 | CTH12 |
|---|---|---|---|---|
| 年份 | 1995 | 1994 | 1995 | 1992 |
| 出處 | 屏東師範學院初等教育研究所碩士論文 | 東吳大學社會工作研究所碩士論文 | 台灣大學社會學研究所碩士論文 | 台灣大學社會學研究所碩士論文 |
| 作者 | 陳國泰 | 蘇娉玉 | 鄭淑麗 | 林淑英 |
| 題目 | 國小低學業成就生的學校經驗之意義形成 | 機構安置之從娼少女對追蹤服務的需求之探究——以台北市為例 | 社會運動與地方社區變遷——以貢寮鄉反核四為例 | 顏面傷殘者自我概念與社會適應之研究 |
| 研究目的與理論背景 | 了解國小低學業成就學生的學校經驗之意義形成及其影響 | 了解台北市從娼少女追蹤服務現況、福利需求 | 了解地方社會動員過程及地方處理公共事務或爭議的機制之轉變 | 了解顏面傷殘者的自我概念與社會適應之狀況 |
| 研究方法 | 個案研究法（含七種方法，包括參與觀察、敘說分析、語意分析及語句完成等） | 深入訪談、文獻參考、參與觀察等 | 個案研究法：<br>1. 參與觀察<br>2. 深度訪談<br>3. 相關文獻資料分析 | 以深度訪談法為主，觀察法為輔 |

（承上表）

| 研究對象 | 六名國小六年級之低學業成就學生（三男三女） | 台北廣慈博愛院長期留置之從娼少女二十九名 | 重要社團或組織幹部、地方自治組織代表、領導菁英及反核組織人士共三十八人 | 顏面傷殘者共二十五位 |
|---|---|---|---|---|
| 研究步驟 | 1.與個案建立關係<br>2.資料收集<br>3.資料互相校正<br>4.資料分析 | 1.參考相關文獻建構訪談大綱<br>2.訪談與觀察以收集資料<br>3.與專業人員討論<br>4.分析資料 | | 1.收集相關資料及試訪，建立訪談綱要<br>2.資料收集<br>3.資料分析 |
| 執行期間 | 一年以上 | | | 約三個月 |
| 訪談地點 | 學校教室 | 廣慈博愛院內 | | 多在受訪者家中，少數於其他地方 |
| 資料處理方式 | 1.獲得資料之初以現象學存而不論的方式來將資料還原 | 1.轉換語句<br>2.簡單的次數統計 | | 1.詳讀資料<br>2.尋找萌芽的主題<br>3.建構類型 |

（承上表）

| | 2.以三角校正法來校正資料 透過詮釋學的方式來整理出資料的脈絡與意義 | | | 4.發展概念與抽象化<br>5.閱讀文獻<br>6.討論與結論<br>7.引證與說明 |
|---|---|---|---|---|
| 結果呈現方式 | | 1.依問題為主，先呈現次數，再將所有相關的答案做分類後悉數呈現，再做討論<br>2.整體討論並列表呈現 | 1.歷史事件及背景介紹<br>2.依循主題做描述，間或插入受訪者的描述，並做簡單的討論 | 依研究問題由資料內容中所找出的主題做呈現，先做簡短的整理說明，再引用受訪者的回答做印證，後做小結 |

|  | CTH13 | CTH14 | CTH15 |
|---|---|---|---|
| 年份 | 1996 | 1997 | 1997 |
| 出處 | 高雄醫學院行為科學研究所 | 中山大學中山學術研究所 | 高雄醫學院護理學研究所 |
| 作者 | 胡百敏 | 黃川舫 | 鄭美玲 |
| 題目 | 急診醫師對自殺病人的態度及處置──以一所醫院為例 | 婦女福利資源整合之研究：以高雄市婦女組織為例 | 青少年癌症患者的住院經驗 |
| 研究目的與理論背景 | 了解急診醫師對自殺及自殺病人的態度及處置傾向 | 了解高雄市相關的婦女福利組織之運作及未來婦女福利資源整合之可能性探討 | 了解青少年癌症患者的住院經驗，以協助他們適應住院時的壓力 |
| 研究方法 | 深度訪談 | 深度訪談 | 現象學之深度訪談 |
| 研究對象 | 立意抽取北部一所醫學中心的急診部門的二十位急診醫師 | 二十四位民間婦女服務機構和四個政府單位的負責人（共十七個機構） | 某醫學中心六位青少年癌症患者 |
| 研究步驟 | 1. 建構訪談大綱：由文獻、指導教授、顧問醫師和急診醫師進行無結構的訪談 | 1. 建構開放性的訪談大綱<br>2. 分六大類型公私立婦女相關服務組織訪談 | 1. 對個案提供直接的護理，協助個案及家庭對住院治療的壓力處理<br>2. 等病患病情穩定， |

（承上表）

| 研究步驟 | 2.正式訪談：先預約時間、地點進行訪談<br>3.整理分析訪談資料 | | 再徵得病患及家屬的同意訪談 |
|---|---|---|---|
| 執行 | 六個月 | 二十五日 | 七個月 |
| 訪談地點 | 隱密安靜的環境，如辦公室、餐廳和休息室 | 到各機構訪談 | 在教學醫院中進行 |
| 資料處理方式 | 1.將訪問錄音帶作成逐字稿，並請受訪者做確認<br>2.重複閱讀逐字稿以及訪談時的日誌，並記錄相關的想法作為參考<br>3.以一位醫師的逐字稿為主，將逐字稿依照研究問題加以組織、分類<br>4.檢視主要概念，並找出概念間的相關<br>5.依上述過程發展之理念為主，依序閱讀其他醫師的逐字稿 | 1.將錄音資料轉成逐字稿<br>2.從逐字稿中依議題描述整理 | 1.將錄音資料轉成逐字稿<br>2.從文字記錄中摘錄出和研究主題有意義的陳述<br>3.從有意義的陳述中找出代表的意義<br>4.重複上述的步驟，將隱含的意義歸類成主題題群<br>5.所有資料的分析結果必須能夠完整地描述住院經驗的主題<br>6.統整主題並進行最後的描述 |

（承上表）

| 資料處理方式 | 6.對尋獲的主要概念架構加以分析與詮釋 | | 7.請研究對象閱讀，以檢視分析結果是否反應他們的經驗 |
|---|---|---|---|
| 結果呈現方式 | 依研究問題加以整理，再引用受訪者的回答加以印證，然後再抽取抽象的概念與探討概念間的關係 | 根據訪談大綱所設計的議題分項加以討論和分析 | 從逐字稿中抽離出抽象的概念，並將這些抽象的概念串連起來，幾達理論建構的層次 |

# 捌、結語

　　在以往深度訪談多半扮演前驅性（exploratory）的角色，即是當研究者對一論題的觀念不是很清楚時，可以用深度訪談來收集訊息，以便進一步設計問卷。但近年來，一般人有感於結構性問卷調查所收集的資料無法深刻地測量出個人較爲深刻的思考，因此愈來愈多的研究開始嘗試結合深度訪談與一般結構性的問卷進行資料收集。由國內近年來質性研究書籍的不斷出現，也顯現學術界對此愈來愈重視，且願意嘗試質性研究的研究者越來越多。

　　任何人都可從事訪談研究（conversational research），但只有在訪談者和受訪者建立某種深度關係後所作的訪談，才爲深度訪

談。深度訪談所收集到的資料是超乎個人想像的豐富、具體和多元。我認為深度訪談之所以吸引人是將研究的場域拉回到真實的情境中。紐曼（Neuman, 1997）提醒我們研究也是一種真實的活動，由真實的人參與，我們應該在真實的情境中和這些真實的人互動，而許多社會中的真實現象也都會影響到這個真實活動的進行。

讀者應該視社會研究為一探索的過程，其中也充滿了人生的戲劇性、不確定性和挫折。整個研究的過程是一個相當富有創造力和想像力的過程，要怎樣在對的時間問對的問題、怎樣抽絲剝繭、怎樣將部分的訊息聚集起來顯現全貌，都是研究者在過程中必須面對的挑戰（Kaufman, 1994）。

要完成一個良好的質性研究不是一項簡單的事，特別是研究者在整個研究中扮演著重要的角色。研究者除了要有敏銳的觀察力，高度的親和力與理論的敏感度外，還要有邏輯思考和組織能力，甚至良好的寫作能力也是相當必要的。好的質性研究應該是一項藝術，讀者必須要讓自己沈浸在質性研究的薰陶中，了解它的精神，才有可能做出一個好的質性研究。未來的質性研究可能不會只發展一種典範，因為多元化似乎就是它的特色。本章的主要目的只是提供讀者有關深度訪談的一些入門原則，最好的學習就是真正從事一實地研究來了解深度訪談，便能真正體會上述的一切。

最後，我們要提醒讀者本文中對質性研究的推崇並非代表其即為量化研究的缺點。其實質性研究和量化研究絕非是對立的兩個研究法，它們的目的都是要了解人類行為，只是所問的問題不同，二者其實是可相輔相成的。研究者應按照研究目的和限制來

選擇最適合的研究方法。許多從事質性研究的學者以前也曾受過
嚴格的量化訓練，因此認知和評斷標準都受到量化典範的影響。
但就如同紐曼（Neuman, 1997）所提，質性和量化的研究二者都
是相當有價值的，雖然二者在本體論和認識論上有所差異，但這
並不表示雙方要彼此劃清界線，老死不相往來。本文希望研究者
對此二者皆採取開放的胸襟，能夠擷取二者之精華，靈活運用，
將知識成長推展到更高境界。

### 參考書目

田聖芳和余玉眉（1992），「母親對其胎兒及新生兒形成觀念之
　　研究」，載於余玉眉、田聖芳、和蔣欣欣所編的**質性研究—
　　田野研究法於護理學之應用**（頁 325-345）。台北：巨流。

吳逸驊（1997），**高雄市 PUB 休閒經驗之研究**。高雄醫學院行為
　　科學研究所碩士論文。

吳惠媛（1994），**疾病的聲音——青年精神分裂病患的疾病經驗
　　之詮釋學研究**。台灣大學護理學研究所碩士論文。

林淑英（1992），**顏面傷殘者自我概念與社會適應研究**。台灣大
　　學社會學研究所碩士論文。

周汎澔（1993），**準父親於初次陪伴待產及生產過程之經驗歷程
　　及護理需求**。台灣大學護理學研究所碩士論文。

范麗娟（1994），「深度訪談簡介」，休閒遊憩研究，7(2): 10-18。

范麗娟（1996），**老年人調適老化過程之分析**。國科會專題研究

計畫。未發表。

胡百敏（1996），急診醫師對自殺病人的態度及處置—以一所醫院為例。高雄醫學院行為科學研究所碩士論文。

徐宗國（1990），「工作之不確定性與大學女教師的工作生活初探」。中興法商學報，24: 154-175。

張青惠（1996），八位離婚女性離婚歷程之分析研究——由依賴婚姻走向獨立生活。台灣師範大學教育心理與輔導研究所碩士論文。

陳珍德（1995），癌症病人生命意義之研究。彰化師範大學輔導研究所碩士論文。

陳國泰（1995），國小低學業成就生的學校經驗之意義形成。屏東師範學院初等教育研究所碩士論文。

張英陣（1995），質性研究設計。質性研究研習班教材，中華民國社會工作專業人員協會，頁 24-30。

黃政傑（1989），「教育研究亟須擺脫量化的支配」，頁 131-140 在中國教育學會主編的教育研究方法論。台北：師大書苑。

黃光國（1985），人情與面子：中國人的權力遊戲。現代化與中國化論集。台北：桂冠。

黃瑞琴（1994），質的教育研究方法。台北：心理。

黃文珍（1994），KTV 使用對個人的意義研究——快感經驗與社會性使用分析。交通大學傳播科技研究所碩士論文。

黃川舫（1997），婦女福利資源整合之研究：以高雄市婦女組織為例。中山大學中山學術研究所碩士論文。

湯琇雅（1993），婚姻暴力中婦女受虐狀況與其因應過程之初探。

東吳大學社會工作研究所碩士論文。

楊素真（1994），城鄉移民的困境與解脫：以台北地區為例。台灣大學社會學研究所碩士論文。

鄭淑麗（1995），社會運動與地方社區變遷——以貢寮鄉反核四為例。台灣大學社會學研究所碩士論文。

鄭美玲（1997），青少年癌症患者之住院經驗。高雄醫學院護理學研究所碩士論文。

蔡叔君（1997），青少年對社會支持的主觀需求與現況探討。國科會八十六年度大專學生參與專題研究。未發表。

蘇娉玉（1994），機構安置之從娼少女對追蹤服務的需求之探究——以台北市為例。東吳大學社會工作研究所碩士論文。

Bainbridge, Williams S. (1989). *Survey research: A computer-assistant introduction*. Belmont, CA: Wadsworth.

Kaufman, Sharon R. (1994). In-depth interviewing. in gubrium Jaber F. and Andrea Sankar (eds.), *Qualitative methods in aging research*. Newbury Park, CA: Sage, pp.123-136.

Fischer Lucy Rose. (1994). In-depth interviewing. In Gubrium, Jaber F. and Andrea Sankar (ed), *Qualitative methods in aging research*. Newbury Park, CA: Sage, pp.3-14.

Henderson, Karla A. (1991). *Dimensions of choice: A aualitative approach to recreation*, Parks, and Leisure Research. Stage College, PA: Venture.

Phillips, Bernard S. (1971). *Social research: Strategy and tactics. second edition*. New York, NY: Macmillan.

Marshall, Catherine and Gretchen B. Rossman (1995). *Designing qualitative research. Second edition*. Newbury Park, CA: Sage.

Neuman, Lawrence W. (1997). *Social research methods-qualitative and quantitative approaches*. Third Editin. Boston, MA: Allyn and Bacon.

Patton, Michael Q. (1990). *Qualitative evaluation and research methods*. Second edition. Newbury Park, CA: Sage.

Schaefer, Richard t. and Robert P. Lamm. (1995). *Sociology*. New York, NY: McGraw-Hill.

Strauss, Anselm and Juliet Corbin. (1990). *Basics of qualitative research: Grounded theory procedures and techniques*. Newbury Park, CA: Sage.

Tesch, Renata. (1990). *Qualitative research: Analysis types and software tools*. New York, NY: Falmer.

Warren, Carol A. B. (1988). Gender Issues in Field Research. *Qualitative research methods series 9*. Newbury Park, CA: Sage.

註：原文發表於戶外遊憩研究，7(2): 25-36, 1984，經過部分改寫與補充成爲本文。表一承蒙研究助理胡百敏之收集資料與整理，謹此致謝。

# 4...

## 行動研究

成虹飛、顧瑜君

# 前　言

在實務工作的領域中，行動研究已經不是陌生的研究形式，很多人都「知道它」，但是它卻不像其他的質性研究法如民族誌或田野工作法等「普遍」的在實務的領域中運用。而坊間的質性研究書籍，大多都會留下一章說明行動研究爲何，這本書就是一個例子。

坊間有關行動研究的書雖然不多，但是對於有心要做行動研究的人應該已經足夠，比較爲人所知的幾本有：黃光雄與簡茂發所著《教育研究法》；賈馥茗與楊深坑的《教育研究法的探討應用》；夏林清所寫的《行動科學──實踐中的探究、由實踐取向到社會實踐》，以及收錄在胡幼慧主編的《質性研究──理論方法及本土女性研究實例》一書中的「實踐取向的研究方法」。陳惠祁所著之《教育行動研究》則是目前最完備的專門著作。

這一章共分兩個部分：第一個部分由成虹飛談「我爲何要作行動研究？──一種研究關係的抉擇」，希望藉著探討爲什麼要作行動研究這樣的問題，做爲起點，從個人的生命基調分析四種研究關係，把四種研究者、研究方式與知識產生差異介紹給讀者，不是從「客觀」的角度，而是從「主觀」的選擇來敘述，讀者可以判斷，哪一種的研究關係符合你自己的生命基調。如果是第四種分享的研究關係，行動研究才可能是你的選擇。當然前提是你

也必須了解行動研究的限制以及爭議，並願意承擔。

　　如果你的生命情調不適合分享的研究關係，你應該可以在這本書中其他的質性研究法裡找到適合的方法，也不一定要把本章的第二部分唸完。

　　第二個部分是顧瑜君談「專業工作者與行動研究」，以實務為出發，簡要的介紹行動研究方法中的一種基本工作步驟──社會學家柯特‧拉溫（Kurt Lewin, 1946）的行動研究循環模型，取材自澳洲的行動研究學者科米斯和麥塔加特（R. Kemmis, and R. McTaggart）所著的《行動研究計畫手冊》（The Action Research Planner），對於想嘗試行動研究的讀者，可提供按圖索驥的幫助。

# 寫於出版前

　　本文撰寫完成於一九九七年六月間，當時台灣對行動研究的認識與了解與此時迴異。相隔多年，本文所載之部分內容或許已經顯得古舊而與時代脫節。在這過去的五年內，行動研究在台灣教育界有著極為劇烈、快速的轉變，從對行動研究陌生到各縣市開始大力推動與獎勵教師進行行動研究，台灣的教育界也開始進入反省行動研究與基層教育現場的關係，礙於出版的種種限制已經無法對本文做大幅度的修正以配合目前的現狀，對讀者致歉並在此特別說明。

# 壹、我為何要作行動研究？──一種研究關係的抉擇（註一）

成虹飛

## 一、楔子

從學術的角度，討論為什麼要作行動研究這樣的問題，一般可以從研究方法論或者知識論的角度切入，也就是說可以去論證行動研究作為一種研究方法或知識生產方式的價值與合法性。

不過我在這裡不打算這樣作，因為過去數十年來關於實證論知識觀點的質疑已經有豐富的討論，譬如批判理論者對於科技理性的反思以及後現代思想家對於知識一元論的解構，所以我不想在此用有限的篇幅去回顧這些有關知識的論述，而想換一個角度，從研究中所規範的人與人的關係切入，並且用比較直接的、自省的寫法來表達我選擇進行行動研究的理由。

註一：本文的原始版本，最初是發表在民國八十五年成虹飛的國科會研究成果報告中。該研究計畫的標題是〈以行動研究作為師資培育模式的策略與反省〉。NSC85-2745-H-134-001。本文已作了若干修改。

　　首先，什麼是行動研究？我的定義是：把「研究」作為一種知識生產方式和「行動」作為一種生活實踐的方式相結合的活動過程。行動研究包含雙重的目的：一個是「了解」（作為研究的目的），一個是「改變」（作為實踐的目的）。只要是一種為了追求了解與改變而做的持續探究努力，再將此努力的經驗加以分析、統整，賦予深刻的意義，並能與他人分享，便符合我對於行動研究的定義。

　　在這樣的定義下，行動研究可以包含的範圍與可選擇的進行方式，變得頗為寬廣有彈性。我較不傾向於卡爾和科米斯（Carr and Kemmis, 1986）所界定的以「計畫、行動、觀察、反省」四個循環步驟作為行動研究「必要遵循」（minimal requirement）的方式（p. 165）。我覺得這樣的循環步驟固然可能使得研究過程比較系統化和有效率，但是我懷疑「行動」和「反省」是否真的能夠被區隔為兩種先後不同的「步驟」。一方面，在行動當下的反省（reflection-in-action）──而不僅是行動完成後的反省──原本就極為重要（Schön, 1983），硬把反省置於行動之後，反而是遺忘了兩者之間內在的同步性。

　　另一方面，反省本身也該被視為某種行動，而不是將反省化約為純粹認知的思維過程而已，因為反省本身就可能帶來某種改變──比如原本不反省的人開始反省了，因而改變意識的狀態，獲得了解放的契機。我們與其去假定「行動─反省」的身心二元對立，倒不如去體會王陽明的知行合一（註二）。經過這樣的思考，行動與反省之間的區隔就不是那麼必然的了，所以我對於把行動研究視為一套必須遵循的步驟持保留態度。那樣的思維對我

而言似乎太理性、太「現代」了。

　　行動研究可以是一個人單獨進行，也可以採群體合作方式。下文所談到的行動研究，主要是以我所從事過的群體合作的行動研究作爲討論的對象。

## 二、生命的情調

　　我爲什麼要作行動研究？理由很簡單，不是因爲行動研究多有價值，而是因爲我喜歡；其他的研究方式未必沒有價值，只是我不那麼喜歡。

　　爲什麼我會喜歡作行動研究？因爲這種研究方式比較能切合我個人的生命情調，其他的研究方式給我的感覺就不那麼切合。

　　我的生命情調是怎樣呢？我是一個靠著熱情過活的人，我不能忍受沒有熱情的生活方式。如果有一天我發現自己已經沒有熱情地活著，那我會如何呢？大概會天天酒醉吧！也許酒醉的時候，還比清醒的時候有熱情。或許，我算是尼采筆下的酒神之信徒吧！

─────────────────

註二：王陽明在《傳習錄》中曾說：「知是行之始，行是知之成。」
　　又說：「只說一個知，已自有行在，只說一個行，已自有知在。若
　　識此宗旨，說知行做兩個，亦不妨，亦只是一個；否則，便說做一
　　個，亦有甚用，只是在說閒話。」另外又說：知行之所以被「隔
　　斷」，乃是基於「私慾」，或是「不曾知」。以上均轉引自蔡仁厚
　　（1983）。《王陽明哲學》，台北：三民。

（Nietzsche, 1968）

　　原本，有熱情地活著未必需要進行行動研究，因為有太多太多的方式可以實現一種熱情的生命方式，比如去從事藝術創作，去當義工，或當個熱情的老師。但是，當我身為教育研究者，必須在既有的教育研究方式中作選擇的時候，我的空間就非常有限了。對我而言，行動研究似乎是最切合的選擇。

　　切合的原因，倒未必因為行動研究所生產的知識最真實有價值，而是因為在行動研究當中，我的熱情比較不受壓抑或割裂；不但如此，好像還能夠進一步讓熱情延續和茁長。因為在行動研究中，所有參與的人，包括我自己，都有機會把自己的全部──而不是部分──投在其中；也就是說，作這樣的研究，我覺得比較可以完整地面對其他伙伴，也面對自己。我相信熱情是無法被割裂、被壓抑的，它有股內在的衝力，要求奔放、要求全部。

　　難道其他研究方式就做不到這樣嗎？就必須割裂彼此？就必須扭曲自己的整體性？就必須冰冷無情？我不敢狂妄地下斷語。我只是說，行動研究對我而言，所允許的完整性和熱情，相對來說是比較大的。因為，不同的研究方式，規定了對待自己和對待別人的不同方式。這種對待方式我簡稱做研究關係，選擇一種特定的研究方式，其實也就選擇了一種特定的研究關係。我既然喜歡熱情，自然會選擇比較容許熱情奔放的研究關係，而這樣的研究關係，必須容許人的整體性得到伸展。

# 三、四種研究關係

研究關係有幾種？我想約可粗分為四種（註三），分別是主客對立的關係、傳譯的關係、啓蒙的關係，以及分享的關係。這四種關係假定了不同的待人方式和自處方式，對於熱情和整體性的接納程度也各不相同。

## ㈠主客對立的關係

主客對立的方式應該是大家所熟悉的，它最不容許人的熱情和整體性在研究過程中展現。在這種研究關係中，研究者必須透過實證方法掌握絕對的知識生產權，也就是說，被研究者不應該影響研究者的判斷，研究者個人也不應該去影響被研究者的反應，而應該透過一套標準化的實證科學方法與程序，去導致研究的發現，這種發現才被認為是「客觀的」、「可普遍的」知識。研究者或許是很有熱情的人，但是既然選擇了這種研究方式，就必須在研究過程中有效壓制自己的熱情，只能展露出自己最「理性」

---

註三：關於研究關係的分類，靈感來自 Elliot, J. (1988). Educational research and outsider-insider relations. *Qualitative Studies in Education,* 1 (2): 155-166. 但是我的分類觀點已經與 Elliot 有若干出入。

的那一部分，以保持「價值中立」，千萬不能把自己「理性」之外的其他部分流露出來，否則將可能破壞了研究的「信度」與「效度」。

在這樣的對待方式之下，研究者與被研究者的主體性都是被刻意分割的，也就是說，研究者選擇以其自身的某一部分（以其「理性」經由「客觀」的方法操弄預先設定的變項），也選擇被研究者的某一部分（針對被研究者某種特定的行為或某種特定的反應），來進行某種知識的生產。被研究者可能也是個很熱情的人，但那是與研究無關的，在研究過程中，他的意義，在於他被研究者選來做為研究項目的那一部分，不是這個人的全部。

這樣的研究關係有其必要性，比如醫學上對於人體的研究，是不容貶抑抹煞的。但是我並非是個從事醫學研究的人，而自認為是個熱情的教育工作者，喜愛直接去擁抱生命。像我這樣的人，若要以這種方式從事教育研究，會覺得很不自在。當然，主客對立的研究方式對於教育知識的累積也不可缺，也不容否定。只是這類的研究未必需要由教育工作者親身來做，由心理學家、社會學家一樣可以做，我完全沒有義務非做這種研究不可，反倒覺得該去開發和教育工作者本身的經驗情境更貼近的研究方式。

## (二)傳譯的關係

另一種研究關係我稱之為傳譯的方式。這種關係常見於民俗誌或參與觀察的研究方法，研究者的任務是將田野中當地人的聲音向外界作二度的呈現，例如吉爾茲（Clifford Geertz）所說的

「From the native's point of view」（Geertz, 1983）。研究者必須親身進入田野，熟悉當地人生活的脈絡，並且要獲得他們的信任，方能去把握當地人如何看待他們自己和周遭的世界，然後研究者透過自己的詮釋，將所了解的當地人觀點，轉譯爲外界所能理會的語言。

　　比起主客對立的研究關係，這樣的研究方式或許較能容許熱情和整體性的展現，雖然也有若干限制。它要求研究者親身投入田野和當地人長時間相處，這就在某種程度上隱含了對於熱情和整體性的接納，因爲研究者試圖走入當地人的生活世界，讓當地人告訴研究者他們自己的故事。研究者努力想從整體的觀點了解當地人如何對周遭的人事物賦予意義，他必須能設身處地，耐心地關注與傾聽，才能產生深刻的理解。就當地人而言，他們的觀點被尊重，他們的聲音被呈現，不再是任研究者分割的研究對象。

　　我喜歡作這樣的研究，每次的田野經驗就像一次旅行，讓我有機會去體驗另一種生活世界。而且每當我更誠懇關心當地人的感受與想法時，我就愈覺得能了解他們，同時也發現更了解自己。這樣的研究關係，可以讓自己的生命經驗豐富許多，所獲得的知識是經由實地的體會、交談和詮釋而得，這種了解不是經由測量工具和統計數字所能傳達的。我的田野經驗會讓我自己改變，因爲那對我而言是個學習的歷程。而當地人也曾告訴我，他們因爲參與了田野研究，變得更了解自己，因爲有人願意傾聽他們訴說，就在訴說的過程中，他們獲得了自我澄清和反省的機會。

　　但是這樣的研究方式是否能讓熱情與完整性充分展現，也有值得反省之處，主要讓人困惑的在於「傳譯者」的角色。爲了扮

演這樣的角色，我無可避免地把自己工具化了，也依然把當地人在某種程度上對象化了。為了要作一位成功的傳譯者，我常常必須壓抑自己的情感與信念，好去充分把握當地人的觀點。最終的目的，卻是準確地把當地人的觀點描述給外界知道，這時候，當地人就退化成我描述的對象了。而我的描述究竟有多「準確」呢？這更難找到明白的答案。雖然我肯定人與人可以相互達到某種了解，但是我懷疑自己究竟有多少「資格」去替當地人宣稱，說他們是如何如何。我覺得自己最有資格去陳述的還是對自己的感覺，雖然也不見得準確，但至少我有權利表達自己（註四）。

　　還有一點，由於傳譯者的角色定位，當我發現當地人需要幫助或改變的時候，我會裹足不前，深怕逾越了自己的角色。可是當研究作完了，我便離開田野，只有默默祝福當地人能夠早日改變，或有朝一日，得到其他人的幫助。然而，倘若我當初可以提供幫助或支持他們改變，我為什麼不能熱情一點呢？（註五）為

---

註四：我在這裡指的是自傳式的研究方法，在社會科學研究中已有先
　　　例，相關文獻譬如 Church, K. (1995). *Forbidden narratives: Critical autobi-ography as social science.* Luxembourg: Gordon and Breach Science Publishers; Denzin, N. K. *Interpretive biography.* London: Sage; Jackson, D. (1990). *Unmasking masculinity: A critical autobiography.* London: Unwin Hyman; 以及 Okely, J. and Callaway, H. (Eds.). (1992). *Anthropology and autobiography.* London: Routledge.

註五：類似的觀點，可參閱 Cazden, C. B. (1983). Can ethnographic research go beyond the status quo? *Anthropology and Education Quarterly, 14*(1), pp. 33-41.

什麼要壓抑自己呢？就當地人而言，事後會不會覺得我已經得到
了所要的資料，就一走了之，實際上不曾真心關切過他們？（註
六）原來我長期的參與和積極的傾聽不過是一種博取信任和收集
資料的手段而已？（註七）

## (三)啟蒙的關係

　　第三種研究關係我稱之為啟蒙的研究關係。研究者希望透過
研究的過程，使得被壓迫的群體從中獲得自我解放的知識。這種
研究方式可以佛爾瑞（Freire, 1973）和哈柏馬斯（Jurgen Haber-
mas）（引自 Elliot, 1988）為代表。經由對話，研究者提供被壓迫
的群體一種重新認識自身處境的批判觀點，使其了解自己如何在
意識上遭到支配扭曲，從而發展出解放的論述以及社會實踐的策略。
　　這種研究方式吸引我的地方，在於它本身濃厚的教育色彩和
社會理想性。這是前面兩種研究關係中所沒有的。作為一個教育
工作者，我一直盼望能把教育的熱情和社會的理想融入教學與研
究之中，而不是將理性與感性分割，理論與實踐隔離。研究本身

---

註六：這種來自當地人的抱怨，可參看 Goswami, D. and Stillman, P. R.
　　　(1987). *Reclaiming the classroom: Teacher research as an agency for change.* Up-
　　　per Montclair, NJ: Boynton.
註七：而田野工作者的招認，更以人類學大師馬凌諾斯基（Bronislaw
　　　Malinowski）死後發表的日記 *A Diary in the Strict Sense of the Term* 為最尖
　　　銳露骨。引自 Geertz (1983). Local Knowledge.

就應該是一種實踐（praxis）、一種行動（註八），同時也可以是一種教育，一種課程的發展和體現（註九）。這樣的研究，本身就是一種目的，重要的是研究者是否讓其他參與者在研究過程中得到自我解放的力量與知識，而不是等研究作完後才由外界根據其「研究發現」來評斷其知識上的價值。在這樣的研究關係當中，我身為教育工作者的熱情，以及作為研究者生產知識的任務，終於有了相連的可能。

然而，對於這種研究關係，我仍有些許保留。讓別人獲得啓蒙，固然是教育工作的最大滿足，但是我無法確定以自己有限的智慧和能力，有多少資格去啓蒙別人？僅僅因為我擁有學者的頭銜或研究者的身分，或是學習過批判理論，我的觀點就比較優越嗎？若是其他的參與者在研究過程中始終不同意我的觀點，那這個研究還有價值嗎？假如我的觀點是謬誤的、不適切的，怎麼辦？我會不會被自己的熱情蒙蔽了呢？到頭來別人的主體性會不會被

---

註八：具有批判理論取向的行動研究，譬如Carr, W. and Kemmis, S. (1983). *Becoming critical: Knowing through action research.* Philadelphia: Falmer Press; Noffke, S. E. and Stevenson, R. B. (Eds.). (1995). *Educational action research: Becoming practically critical.* New York: Teachers College Press. 還有具後現代女性主義取向的研究，比如 Lather, P. (1991). *Getting smart: Feminist research and pedagogy with/in the postmodern.* New York: Routledge.

註九：研究本身作為一種課程發展，可參閱Slattery, P. (1995). *Curriculum development in the postmodern era.* New York: Garland Publishing.

我特定的價值信念所扭曲，變成我實現個人意志的手段？（註十）

## 四分享的關係

　　第四種研究關係我稱之為分享的關係。這樣的研究取向可以迦德瑪（Hans-Georg Gadamer）的哲學詮釋學為基礎（Gadamer, 1991）。它尋求的是一種主體與主體之間生命經驗的共同分享與了解。也就是因為這個緣故，我把這種研究關係和群體合作的行動研究連在一起。在這種關係之中，研究者和被研究者的界限被打破了，原本的「我—他」的主客關係，轉化成布柏（Martin Buber）所說的「我—你」（I-Thou）的相互主體關係（intersubjectivity）（Buber, 1965），彼此都成了研究者，也是被研究者，既是行動者，也是反省者。和啟蒙的研究關係類似，這種分享關係帶有濃厚的教育性以及內在的目的性，但是它不假定任何一種特定觀點的優越性，因為每一種觀點都是從屬於各自的歷史條件、社會脈絡和知識傳統。因此，真正的了解應是嘗試去和不同的觀點對話，透過開放的對話，尋求迦德瑪所說的「視界的交融（fusion of horizons）」。

　　這是我最愛的一種研究方式。在這種研究關係中，我可以獲

---

註十：關於這一點，Patti Lather (1991)在Getting Smart 一書的第七章Staying Dumb? Student resistance to liberatory curriculum 當中提供了自己的經驗和反省。

得最大的成全，因為我不但可以熱情地去擁抱伙伴，同時也被伙伴們擁抱；我會去傾聽別人，同時也被別人傾聽。更重要的是，我可以結合一群志同道合的伙伴，共同以實踐、反省和對話的方式，去探究我們關切的問題。另外，在研究報告的撰寫上，我不必再像傳譯者一樣，要去煩惱有沒有資格替別人發言；我寫的就是我們自己，是我的自傳（autobiography）或是我們共同執筆的的集體傳記（collective biography），是關於我們追求實踐與自我了解的學習紀錄（註十一）。在這樣的研究方式中，我覺得我可以是最熱情的，也是最完整的，我可以不必為了「研究」戴上面具去隱藏真實的自己，其他伙伴也是一樣。

# 四、限制與爭議

　　這樣的研究方式有沒有限制呢？可惜我感受到有很大的限制。首先，許多學術界人士無法認可它是合法的「研究」。除了知識論上的爭議很難化解（比如實證論與批判理論和後現代論之間的辯論），最根本的癥結在於這種研究關係顛覆了「以來自學術界的研究者為主宰」的知識生產關係。因為在此種研究關係下，參與者都獲得了知識的發言權，可以共同界定要作什麼研究，以何

---

註十一：就如同 William Pinar 所提出的「currere」的概念，就是把課程視為一種自傳式追求。詳見 Pinar, W. F. and Grumet, M. R. (1976). *Toward a poor curriculum*. Dubuque, IA:Kendall/Hunt.

種方式作研究，以及如何使用研究的發現，不再是由「來自學術界的研究者」壟斷整個知識生產過程。所以這樣的研究方式，無可避免地牴觸到學術體制所代表的知識權威，勢將受到重重的批判與質疑。

第二個限制來自於參與研究的人本身。因為這種研究關係必定要求一個願意追求、開放的自我。每位參與者必須先跨出追求與開放的第一步，才能啟動其他的研究環節。當一個人已經失去了追求的熱情與開放的勇氣，這種研究關係將很難建立。不幸的是，最需要成長與改變的人往往欠缺追求與開放的動力，以至於很難參與這種分享的關係。我不安的是，這種研究關係可能要求一些特定的人格條件，而真正需要的人未必享受得到。

其次，有了願意追求與開放的自我，還需要志同道合的伙伴。要形成這樣的研究群體，需要眾多的主客觀條件。在主觀上，需要能夠互相溝通、信賴，凝聚出基本的共識，甚至可能需要適當的領導人才來帶領群體的方向；在客觀上，需要充分的時間與空間來發展彼此的關係，在這樣的基礎上來進行實踐、反省與對話。這些條件對於資源匱乏或環境不利的人來說，其實是一種奢求。

從這些限制來看，似乎這樣的研究關係只適用於少數具備了若干特定條件的人，而有菁英主義的傾向。

就以上四種研究關係的討論來看，似乎沒有一種研究關係是完美的。或許原本我們就該醒悟：知識原本就是不同限制條件下的產物；透過不同的研究方式與研究關係產生的知識，原本就帶有各自的侷限性。只是作為一個研究者，我們不得不根據自己的條件和傾向去作選擇罷了。由於我個人在意是否熱情地活著，並

渴望去維持自己的整體性，因此最想選擇的是分享的研究關係。
我知道這樣的選擇是不完美的，也未必就能產生最有價值的知識。
我只是要先選擇作個什麼樣的人，而不是先選擇要生產什麼樣的
知識。

　　這就是我為什麼要選擇作群體合作的行動研究。

# 貳、專業工作者與行動研究

## 顧瑜君

　　行動研究包含雙重的目的：一個是「了解」，一個是「轉變」。

　　在《質性研究方法論》一書中，高進文（1996）形容做質性研究像一個聽故事、寫故事的過程——「質性研究者就是以聽、講別人的故事為專業的人」，我想這大概是多數從事質性研究者的心聲，行動研究當然也不例外，同時行動研究的故事都有一個通性——變（change），企圖改變或轉變是故事的主線。在這一章的第二部分裡，你將了解如何做行動研究的基礎方法，但是在進入如何做的主題前，讓我們從個人的故事開始說起。

　　以下的兩個故事，都是真實的人與事，為了精簡篇幅與易於了解，故事裡簡化了過程與細節，但請不要用過於簡化的邏輯去解讀。

## 一、M 的「主動談話策略」

　　一個幼稚園老師 M，調職到一個公立幼稚園後發現，有很多那裡的家長把幼稚園老師當保姆，特別是接近放學的時候，家長

們會無視於正在上課的老師，隨時進到教室內將孩子帶回家，或作任何他們當時想做的事，不但不詢問老師的許可進入，帶走孩子時，連再見都不說一聲。

　　M 很困擾，當然也很不舒服，M 問同事有沒有辦法可以改善？同事「勸」他要想開一點，他們說：「家長們認爲我們是什麼不重要，不要把自己想成是保姆就可以了」；可是M覺得這是被動的想法，他有很多關於孩子學習的想法，很想與家長溝通，希望家長可以在家配合，但是家長認定他的角色只是保姆，對於M的建議，家長明顯的沒有當一回事，甚至覺得M多事。M問園長有沒有什麼好的建議，園長「感嘆」說這種現象是因爲這裡的父母社經地位太低，不懂得尊重老師。M起初覺得這個答案很合理，那些「目無尊長」的家長從言行舉止到穿著都明顯地符合園長的描述。但是M想起以前服務過的學校，社經地位低的父母反而比一般人更「尊敬」老師，M認爲如果是社經地位決定了這一切，作爲一個教育工作者除了認命，不是一點改變的可能都沒有了嗎？M回學校去找昔日的老師協助，教授同情他的處境，也同意他的觀點，認爲絕對有改善的空間。與老師討論過後，「診斷」M的處境是要如何在家長心中建立教師專業角色的問題，教授建議M多讀一些新的書籍和研究報告，或參加各種訓練，精進自己的教學知能、提高專業水準，並鼓勵M只要他努力，一定可以改變的。M很高興能得到老師的指點，也去找了許多書籍、研究報告來讀，更積極的參加各種訓練、工作坊。但是M發現，除了在原本已經夠忙的家庭與工作之上增添了負擔外，這些「知識與訓練」，卻沒有明顯地改變每天在眼前上演的戲碼：

張浩明的媽媽每天都「目中無人」地走進教室，大聲的
對浩明發號司令：「叫你早一點收好東西，不要等我來
了弄半天，……」邊說邊抓著浩明的東西、拖著浩明出
教室。M很想告訴張太太，浩明在學校的表現很好，他
喜歡閱讀，回家後不知道家裡有沒有讀物，要不要從學
校借回去……。

黃梅玲的爸爸每天來，就站在教室窗邊大叫：「快點，
車子沒熄火！」梅玲一急就會跌倒，跌倒不打緊，又會
招來爸爸一陣叫罵或是身體上輕微的處罰。M很想告訴
黃先生，梅玲的很多情況都反映她的眼睛可能有視力的
問題，應該去檢查一下。上次M匆匆的對黃先生說梅玲
的情形，話還沒講清，黃先生就繃著臉說：小孩子粗心
才會常跌倒，請M不要「詛咒」自己的孩子！……。

有一次同學會，M對同學訴苦，他們多說理論就是理論，救
不了實務的忙，有人告訴他「求人不如求己」，最好自己想辦法
解決。M開始觀察家長的互動以及教學環境，M發現自己每次在
接近下課的時間，都處在情緒低迷的狀態，對於行為「魯莽」的
家長採取被動與敵意的反應，M覺得第一步必須先改變自己的態
度，減低惡性循環的狀況。另外他發現每次接近下課時，他會無
意識的讓教室處在「教學狀態」，以為這樣會讓家長明白「有老
師在上課」而懂得分寸。M想：家長來接孩子時，總是來去匆
匆，感覺上好像老師和家長在「搶」小孩、搶時間，所以M決定
調整快下課時的教學活動，反而讓老師的角色淡化。只要有這類

家長出現時，他就主動趨前與家長講話，不管家長聽不聽。當這些改變進行後，家長的反應不一；以張太太來說，M 剛開始主動與她交談時，M 發現她企圖閃躲，而且更快的把張浩明拖走，當然也罵孩子罵得更大聲。起初 M 很沮喪，認為不但沒幫上忙，還害孩子被罵，但他仔細的想想，如果他的「主動交談策略」對家長只是「保姆」的囉唆，張太太應該沒有必要躲，M 想通後反而開心起來。經過幾次觀察自己與家長的互動，M 調整了主動交談趨進策略，M 先確定浩明在媽媽來之前整理好東西「等」媽媽，並且將現場主動談話的內容簡化，以節省時間，有時候還把想告訴張太太的話寫下交給她，請她回去後再慢慢看，不耽誤她接孩子的時間。十幾天下來，張太太不再長驅直入的進教室拉孩子，有時候會有點不好意思的站在教室門外等，因為 M 一看見張太太，就對浩明說：「浩明，媽媽來了！」在浩明從座位上走到門口的這段時間，剛好可以讓 M 告訴張太太她的孩子今天在學校的情況，請她回家後可以做哪些配合，奇妙的是，後來張太太會主動的與 M 討論孩子的事，請「老師給一點意見」，也會將孩子在家的一些改變的情況與老師分享。接下來，M 開始計畫要如何解決黃梅玲的問題。

# 二、K 的意外人生

　　K 是一個大學社會工作系四年級的學生，課餘時間擔任少年法庭義工，協助觀護人輔導保護管束少年。K 的工作是每月與輔

導的少年「晤談」兩次。觀護人說，目標是能讓誤入歧途的孩子正常就學或就業。第一次與因為竊盜受保護管束的少年王國強見面時，正在念國三的國強就告訴 K：「老師，你不必浪費時間套我的話，我什麼都不會告訴你的！隨便你怎麼寫報告！」K發現，經歷兩任輔導員的國強，對「輔導」的工作有明顯的排斥，把所謂的輔導紀錄視為「報告」，也就是向觀護人告狀。幾次晤談下來，不管是個別談話或到學校做校訪、或是家訪，果真一無所獲。K向觀護人尋求幫助，閱讀青少年心理、犯罪青少年的書，參加提升晤談技巧的短期工作坊，希望能改變自己輔導工作的困境，但是情況不但沒有進展，反而每次晤談紀錄交出去後，根據國強的描述，觀護人就會對國強「找麻煩」，告誡他要與輔導員「配合」！否則就要對他……。

　　兩個月過去了，專業的訓練加上愛心與耐心似乎對這個誤觸法網的少年，沒有一點幫助。學校老師告訴 K，只要國強「平平安安」的畢業，其實大家就會覺得輔導有效了，還說大學生不要「理想太高」；至於是不是會繼續升學？不要作夢了，國強的功課連小學的程度都沒有，就算程度沒問題，經濟也是問題；就業呢？老師留下一句：「再看吧！」

　　國強也看出K的挫敗，他還安慰K說：「老師，我只剩下這一年了，我們隨便啦，誰沒偷過東西？我們只是比較久被抓到，你繼續報告、我繼續被找麻煩，我習慣了，我們和你們是不同種的人。」K看著坐在眼前這個清秀的男孩，想著他說出來的這番道理，不明白觀護和輔導究竟可以為他做什麼？

　　但從國強僅有的隻字片語中，反覆透露一個訊息：「請像其

他人一樣『放棄』我，我的生活裡少了你們這種人叫我做這做那的話，日子反而會好過一些。」其實國強對 K 的世界的了解遠超過 K 對他們的了解。K 反省所有對國強行為的認識，只不過是照書本上的描述「套招」罷了──破碎家庭中的不良青少年，檔案紀錄中知道他是第一次偷竊，父親是黑手，連溫飽都顧不及，母親從國強小的時候就下落不明，學校裡的老師似乎已經放棄他，國強連自己是怎麼被「抓」的，都可以說出三個以上的版本！對於這樣一個孩子，他是誰、他的喜怒哀樂、他對未來的期許、他的夢想，我們究竟了解多少？ K 決定：既然自己原先會的輔導方式產生不了作用，何不先放下輔導的念頭，先了解他，和他作朋友吧！

　　K 告訴國強，為了避免一個月兩次兩人見面的無聊與無奈，不如由國強來決定這兩次見面要做什麼他有興趣的事，連報告的內容也由國強決定要「告」什麼，「不告」什麼。起初國強不相信 K 是認真的，所以提出試探和挑釁的主意：我們去喝咖啡、去打電動、撞球！結果 K 帶國強到希爾頓喝咖啡聊天，K 不再問國強問題（被認為是套話），反而告訴國強有關自己的事，雖然 K 明白這種作法可能不符合專業倫理。有一次談話裡國強問 K 有沒有追過女朋友、寫過情書？ K 據實以答──當然有。國強說：「可不可以幫忙寫情書？」K 答應寫情書是下次見面的工作。K 開始知道國強喜歡同校的一個女孩，但覺得字太醜怕寫出來的情書丟臉。K 答應代為抄寫，但不替他寫，因為情書是要表達個人情感的，國強說不會寫，於是他們討論要如何解決學寫情書的事，後來國強決定從情書大全找寫情書的點子，到書店去選書又成了

下一階段「晤談」的現場。在書店裡，K 也推薦有關愛情的書給
國強——看這種書對了解女生有幫助，國強半開玩笑的老實告訴
K，他不曾讀完這麼厚的書（小說）。後來討論書中的主角與情
節，成爲那一陣子會談的話題，從談話中，K 漸漸的了解國強，
國強則讚美 K 是「上道」的輔導員。

「晤談」的形式從喝咖啡、逛書店到參觀資訊展，只要在合
理的範圍內，K 一定遵守原來的約定——由國強設計。後來國強
提出新的要求：「老師，我沒去過大學，下次我們在你的學校見
面！」K 帶國強參觀學校，並在學生活動中心的餐廳吃飯，結果
學校活動中心的餐廳成爲那兩個月國強指定的見面地點，國強說
他喜歡看大學生講話的樣子。

半年多來「沒有晤談」的會面，K 交給觀護人的晤談報告都
是在國強的「討論與同意」下完成的，國強說「找麻煩」的次數
明顯的少了，但是觀護人偶爾會好奇的問他：「真的有像輔導員
寫得那樣嗎？」國強說：「老師你看，我們變好是不會有人相信
的！」

三年級下學期，國強告訴 K：「我報名建教合作班了。」K
不明白不喜歡學校的國強居然有想再唸書的打算，以前每次 K 將
各種升學管道的資料給國強時，他總是一副沒興趣的模樣。問他
爲什麼要唸書？他說：「老師，你們大學生連講話都很有『氣
質』，進大學，我是連門都沒有，但是至少我可以念高中，在我
女朋友面前也比較有氣質。我爸不給我錢念也沒關係，去工廠做
工還可以賺錢……。」

國強進了建教合作學校，母校在他離校前，還頒了一個獎給

他，他調侃的描述那天的情況說：「居然在我身上別上一朵花和紅牌子，亂畸型的！好像好學生一樣！」K 不知道這無心插柳的結局是怎麼回事，但無法釋懷的是，為什麼必須默默的背負著違背工作倫理的罪惡感。

　　一個靠著熱情過活的人，行動研究似乎是最切合的選擇，行動研究所生產的知識最真實且有價值。

　　如果你的工作現場有幾分類似 M 與 K，想解決工作中的困境，卻沒有人可以真的替你使得上勁，而所謂「理論」的東西又不能對你工作現場的特殊性產生幫助，那麼你可能需要的是行動研究。

　　M 與 K 也許並不知道什麼是行動研究，推動著他們往前走的是一股熱情，一份鍥而不捨；也許是為了建立專業角色，也許是挑戰自己所受的專業訓練，或者只是簡單的想把眼前的問題理出頭緒。他們在解決問題的過程中，不但對「問題」重新的認識與界定，更對自己、工作的對象、專業的性質有全然不同的了解。雖然 M 與 K 並沒有做一個行動研究，但是在他們的工作現場，他們卻完成了一個行動研究者會完成的任務。一如成虹飛對行動研究的界定：「只要是一種為了追求了解與改變而作的持續探究努力，再將此努力的經驗加以分析、統整，賦予深刻的意義，並能與他人分享，便符合我對於行動研究的定義。」

　　科米斯和麥塔加特認為：行動研究是想改善工作狀況的實務工作者所需要的研究法。它提供系統化的思考方式，以便了解自己所處的工作現場裡發生了什麼，它提供採取行動的方式，幫助你有可能改變的地方進行探索與行動，並且以持續改善為前提，

觀察並評估行動的成效。最重要的，藉著行動研究的進行，從事行動研究者與其工作周遭的人，不僅能改善他們的現狀，還可以使他們對自己更為了解。

# 三、拉溫的模型

　　接下來所介紹的行動研究方法，主要是社會學家柯特‧拉溫（Kurt Lewin, 1946）的行動研究循環模型：一個如何進行行動研究的入門法。之所以選擇拉溫的模型，主要因為它簡單而清楚。但是一如成虹飛在前文所說，行動研究的進行不應該有截然劃分的步驟，雖然以下的介紹必須以一種順序呈現的方式說明，但並不表示它們是可以被切割或區分開來的步驟。

　　行動研究法，如同其名所示意的，結合「行動」和「研究」兩個部分中重要的特質：透過將理想實踐來改善實務工作，並且增加對自己、同僚、工作環境與工作方法的認識。透過「行動」與「研究」，工作的困境與瓶頸獲得改善，更能將相關的理論與理念更清楚、更明確的落實在日常的例行工作中。

　　拉溫形容行動研究如同循環進行的步驟，每一個過程都包括計畫、行動、觀察以及對行動成果的評估。在實務上，整個過程從意欲改變或改善的概念開始，要決定在哪兒來作改善，你必須先決定行動的環境或範圍——戰役要在哪裡打，也就是決定哪裡會有效果顯現。這個概念促使對現場環境的勘察，以及對事實進行必要了解。決定現場並完成初步勘察之後，行動研究者就可以

設定行動的初步計畫，再把計畫分解成可達成的具體步驟。行動研究者先決定將採取的第一步行動，它是一種策略上的轉變，不僅要達到改善現況的目的，而且也要了解未來可能達成的目標。

在採取第一步行動之前，行動研究者要特別的謹慎，設計出一套方法來觀察第一步行動引發出的效應、第一步行動進行時環境產生的變化，以及執行的策略是否產生效果。如果觀察可以讓行動研究者對所處環境有真實的了解，那就算是成熟到可以採取行動，當M發現父母親的閃躲時，就是觀察成熟的例子。一旦行動實施了，新的資訊會進來，而我們就能描述並評估環境、行動和成效。這個評估過程促成新的勘察階段，為新的計畫作準備。初步計畫靠新的資訊來作修正，而第二步行動和適當的觀察程序可以繼續。第二步實施之後，觀察、評估；然後計畫、觀察、評估、重新計畫的循環持續不斷。

從拉溫的行動研究周期模型圖中可以了解到，行動計畫必須非常有彈性。在複雜的社會情況裡，不可能預測在計畫中所有必須完成的事將會如何的發展。拉溫刻意讓行動和省思重疊，是要讓參與研究或行動有關的人們，從自己的經驗裡學習，然後修改計畫。簡單來說，行動研究是一種方法，可以讓一群人自行組織他們的環境，他們從環境裡學得經驗，並且讓別人也能獲得這寶貴的經驗。行動研究的過程可由下圖簡單而清楚的描述。

表 4-1　行動研究簡圖（註十二）

（Kemmis and McTaggart, 1982: 11）

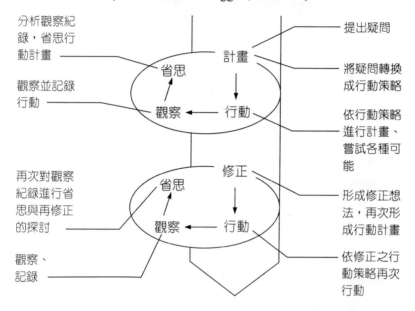

分析觀察紀錄，省思行動計畫

觀察並記錄行動

省思
計畫
觀察
行動

提出疑問

將疑問轉換成行動策略

依行動策略進行計畫、嘗試各種可能

再次對觀察紀錄進行省思與再修正的探討

觀察、記錄

修正
省思
觀察
行動

形成修正想法，再次形成行動計畫

依修正之行動策略再次行動

註十二：本文四、五、六節中介紹的行動研究主要概念與工作方法，主要引用 Kemmis, S. and McTaggart, R. 於 *The Action Research Planner* 一書中所倡導之行動研究工作模式與理念。

# 四、行動研究的四個流動的環節
（The four moments of action research）

首先我們要認識行動研究過程的「四個流動的環節」（four moments），以及連結它們的動力。從事行動研究，你必須：

· **發展出一套計畫**，改善現在正在進行的狀況。
· **要行動**，以實施計畫。
· **觀察**行動發生的環境裡有什麼效應。
· 針對效果做**省思**，以發展下一步的計畫，後續行動以及其他事項，完成周期。

但這不就是每個實務工作者在做的事嗎？在某種程度上來說，的確是的，一如前面提到的 M 與 K，他們各自為自己的工作現場完成計畫、行動、觀察與省思。但行動研究是比一個人的日常生活習性更小心，更有系統地去作計畫、觀察和省思；而且在行動的過程中，可以同時促進現況的改善和了解。必須注意的是「流動的環節」與步驟是不同的，步驟是有順序性的，一個步驟做完再做另一個步驟，而計畫、行動、觀察、省思雖然是完成行動研究必須一一走過的步驟，但卻不只是「步驟」。一個計畫常常是在對一個希望改變的現象（省思）中形成，而計畫形成的過程又有許多嘗試性的探索（行動）默默的完成，並且在探索中的行動者會很仔細的「觀察」行動的結果，並且分析自己的探索是否有效（省思），進而使原來的想法（計畫）產生更具體的概

念。例如：一個老師想改變自己教書的模式，於是打算嘗試新的
教學法，他的「打算」可以算是初步的計畫，而產生這個計畫的
動力來自他對學生學習興趣低落的觀察，可以說計畫的形成與觀
察、省思是幾乎同步的，而他之所以打算改變教學方式──想採
取的行動，可能是從學生身上發現上某些課時他們的興趣是高昂
的，或是來自他無心的使用了一個新的教學方式，引發了他對教
學現場的省思。因此，我們以四個流動的環節，而不用步驟，來
稱呼計畫、行動、觀察、省思，希望行動研究的循環與同步的特
質，不因為「步驟」的區隔，而被抹殺。

　　接下來我們將分別探討這四個階段，為了讓說明更清楚，下
文裡我們會引用教師教學作為例子，以便說明研究者、現場與理
論的關係。

## 計畫

　　計畫是被架構的行動，在能夠採取行動之前，必須先有富遠
見的計畫。這個計畫必須顧及一個事實：所有的社會行動在某種
程度都是不可捉摸的，所以所有的計畫與行動都具有冒險性。通
常我們會先有一個「總體計畫」，而總體計畫必須非常有彈性，
足夠因應未知的因素，以及對於無法察覺到的限制作適當的調整。
進行行動研究時，一定要記得研究的目的是為了解決實際的問題，
只要有利於問題的解決，一切「預定」的計畫都是可以調整的，
如果固著於計畫的完成而忽略了實際情況的需要，就違背了「四
個流動循環」中觀察與省思的意念。對現場的敏銳觀察與反省，

常常能夠提供行動研究者修正計畫的資訊與方法。

　　另外，計畫必須是具有策略性的，它的策略性可以從兩方面來說明：第一，它必須考慮社會變化的影響，認知環境真實的限制，包括物質和人事方面；第二，選擇策略性的行動是因為它能使行動研究者在大環境下更有效、更明智、更謹慎地行動。它應該幫助研究者超越現有的限制，而能使他們在環境裡舉措合宜。

## 行動

　　行動研究基本上是不斷的在行動中發現問題、探索解決方案，「行動」在這裡的意義是謹慎而小心的實際行動。

　　行動不是盲目的，是被計畫所導引的，往回看才能找到根據。但行動並非完全由計畫控制，它在真實的時間裡發生，會遇到真正的人事或物力上的限制，有些因為環境的、社會的、或人事變化突然而不可預期地發生。於是，行動計畫必須採取試驗性和隨時修正的本質；行動計畫必須很有彈性，可以因為環境而作改變，行動也會因為過去的教學經驗而受限（過去是怎麼做的、過去工作的方式），不過過去對現在的情況也只能試驗性地操控。所以行動是動態的、流動的，需要立即決定應該做些什麼，並且運用實務判斷力。行動的實施會為了走向更好的情況而必須與物力、社會限制及人事進行搏鬥。

　　協商和妥協常常是必要的，不過妥協也必須肩負策略上的意義。眼前只要有中等的收穫也就可以了，稍後的行動可以過去的收穫為基礎。以 K 為例，他為了與輔導的對象建立關係，希望從

了解中找到幫助他的方法，所以 K 與國強協商會面的方式，並遵從國強所提出的要求，這樣的妥協有其策略性：在等待的同時，尋找輔導的機會，例如，帶國強逛書店，進而讀書、討論書。雖然愛情小說對很多人來說，並沒有閱讀的價值，但是對國強而言，他經歷了未曾有的經驗，至於是不是對日後繼續升學有影響則並不重要。

　　通常行動的收穫可以從幾個方面來看：問題本身的改善、認知的改善（個人或群體的），以及發生行動的環境的改善。行動研究過程裡的行動階段，使實務工作者更深思熟慮、更有建設性。

# 觀察

　　觀察的目的是彙整行動效應的功能──它是前瞻性的，奠定省思的基礎，對行動研究的循環周期而言，它對行動之後的貢獻有決定性的影響。因為任何意圖改變現狀的行動，都會受到現實的限制，這些限制常常不會預先顯現，所以謹慎而仔細的觀察是非常必要的。觀察有時候需要經過事前的規畫，才能提供往後省思的記錄，作為修正計畫或行動的判斷基準。

　　雖然有規畫的觀察有助於回饋與資料的收集，但是行動研究的觀察不可太狹隘，不應侷限在預定的範圍內，它必須具有高度的反省性，保持心胸開放，觀看行動現場的各種反應，並且不斷挑戰研究者自己預設的想法，「在不疑處有疑」是一個很好的提醒，對於不起眼的反應與回饋多付出一些注意力，觀察的意念一直圍繞在追問：「為什麼會這樣？」「還有什麼其他的可能？」

以M來說，他身邊的人都不認為改變現狀有什麼必要或可能，但M執意嘗試各種方式（行動），並且謹慎的觀察行動的情況、環境的變化。M注意那些視自己為保姆的家長的態度、留意家長們對他採取行動的細微反應，諸多的觀察提供了M省思與修正行動的基礎。

所以，觀察雖然需要事先的計畫，然而觀察的過程中，必須時時注意事先計畫好的觀察種類是否充分，觀察的特質與行動是一致的，觀察的過程、種類必須是有彈性的，能夠適應超乎預期的事項。我們必須觀察行動的過程、行動的成效（預期和不預期的）、行動的環境和限制、環境和限制影響行動及其成效的方式，以及其他發生的事項。

觀察是以提供完整的資料基礎，供嚴格的自我省思之用為標的。從這個方面來看，觀察透過較深刻的認識以及對策略性行動的了解，可以對實務工作的改善有貢獻。無論如何，它的主題永遠都是行動、行動的成效，以及行動發生的環境。

## 省思

如果你已經明白前面三個行動環節的性質，你應該了解省思其實是內含在前三個環節中的，你可以把省思當作一種抽象（不一定要寫下）的記錄，它同時記錄了行動者的察覺，以及未察覺的行動。因此，省思使行動的過程、問題、主題和策略性行動所遭遇的限制有意義：M發現自己快放學時的情緒低迷可能影響了他與家長交談時的品質，畢竟誰會想要跟一個愁眉苦臉的人交談？

K 從國強不斷暗示他應該「放棄」自己的言語中，找到一點有用的訊息：國強很了解輔導人員與他所處的觀護系統，但是 K 對國強這樣的孩子有多少了解？

　　省思讓行動者考慮社會環境裡的各種觀點，並了解衍生這些觀點的議題和環境。省思常是靠參與者的討論而得，經過討論，省思可以重建社會情況的意義，並為將來修正計畫提供基礎。省思也有評估性的作用，要求行動者衡量自己的經驗——判斷成效（或者是衍生的議題是否如先前所期待，並建議後續的方法）。不過，也有一種說法，認為省思像繪圖，讓觀察能夠繪出在環境中生活與工作栩栩如生的圖案，更重要的是，省思繪出了行動所受的限制。

　　行動研究是一種動態的過程，這四個階段不應該被理解為靜態的步驟，各自獨立。它們是行動研究——計畫、行動、省思、觀察——循環歷程裡的一個流動環節。這個過程的目標，是經由互動，也就是會談和執行（在一個面向），以及建設和重建（另一個面向），以有系統、有回應、有省思性的方式，來達成改善教學和認知的目的。

## 五、行動特質：實務、彈性、參與

　　在我們進入實際的步驟前，先整理一下行動研究的三個重要特質。第一，行動研究所研究與關心的是實際的議題，也就是說，對於一個正在面臨並急欲尋求解答的問題，只有從實際的改變著

手，去實際的參與及嘗試。例如，在我的課堂上，我發現「開放式教學」的實務和理想之間有一些距離，在意識到有這種差異的存在時，我必須發展出一套行動策略，以便改善僵化與沈悶的教學狀況。意識到實務與理想間的差異，成為我工作的困擾或疑惑，並且對學生的學習效果也產生影響。於是我想「我可能有必要去改變這個現狀」，也就是開始探索與發掘可能的解決之道，當我這麼思考時，我事實上已經界定行動的問題以及該採取行動的環境了。同樣地，我可以先從目前教室裡的狀況開始收集資料（省思和觀察），不管是定義行動環境或收集資料，計畫都已開始浮現了。

如同學習其他的事物，萬事起頭難，這個行動研究的起步過程在你從事的初期時，總是會經歷一些嘗試錯誤的手忙腳亂與反覆修正的冤枉路。行動研究珍貴的地方正是它比其他的研究方式對於錯誤的容忍度更高；具體的說，行動研究的過程是從嘗試錯誤中反省而找到有效的改變策略。對於行動研究的新手，小心進行、策略性思考、記錄成效、常反省要點，就會漸漸的領略出其中的道理而日益駕輕就熟。當理想的概念（如一個教學法、有關工作的理論）與現實世界接觸後（你的工作現場），你必須判斷有哪些事情是可行的，又有哪些是不可行的，如此才能在自己的工作現場內將理念轉變成實務。

## 開始與結盟

通常，人們會投身開始進行行動研究，常常起始於「苦惱與

困惑」，M苦於擺脫保姆的角色，K試圖找到了解國強的方法，一種隱隱約約的動力已經開始醞釀，這樣的醞釀其實也就是**計畫**，而因爲有了無形的計畫在推動著朝某個方向邁進，我們會開始留意身邊的各種變化，找尋並嘗試脫離苦惱與困惑的機會和行動，這就是**觀察**與**行動**，然而，行動往往不會立即有效的改善我們的處境，我們會**修正**原先的行動計畫，持續的嘗試，但是，行動逐漸的鬆動我們的處境是爲必然，微小且奇妙的轉變已經在累積了，這樣的歷程，使我們產生與自己對話的可能，以理解自身的處境究竟發生了什麼事情。就像M發現其實問題不全在家長身上，自己也是問題的一部分，進而察覺家長的「閃躲」，於是形成策略性的探索，以找到與家長溝通的管道。K原本以爲國強什麼也不在乎，但當K察覺國強的渴望與企圖：說服輔導員「請放棄我」後，進而解析出應該先將輔導國強的想法緩一緩，先從全新的角度了解國強開始。這樣的發現源於**省思**的過程，行動者與自己、與觀察到的事物持續的對話，進而形成下個**行動計畫**，而四個流動環節的循環也自然的形成。

　　所以，一個行動研究的開始往往是這麼來的，我們會這麼想：

　　「我想做X，以便改善Y」。

　　當我們產生這樣的問句時，是反映出我們對自己目前的處境已經有了相當的了解，而且可以隱約的推測我們想做的（**計畫**）應該會有所成效，但是重要的是，在實施計畫的行動時，我們會時時觀察與修正，這麼做的同時，一方面對於我們自身處境日漸了解，另一方面，在了解的過程中我們的苦惱與困惑已經在改善了。

　　在行動的過程中，通常我們會發現行動環境裡實際的狀況、

關注的焦點或者問題的重心,會隨著距離拉近或者行動策略生效而有所改變。雖然初步計畫非常重要,而後續步驟會依照過去的經驗獲得修正。每一個行動策略都會保留前者的成果,更靠近改善及了解的目標。

　　一般來說,行動研究的目的、方法都相當的簡單,但是,除非我們真正的採取第一個行動──開始去做、去嘗試、去修正錯誤,否則我們無法體會行動研究給人帶來的轉變與成長。

　　在我們思考「我想做 X,以便改善 Y」的時候,需要注意有沒有人會被牽扯在我們的行動計畫中?有誰會受到我們計畫的影響?換句話說,因為行動研究進行的時候,是在真實的社會情境中推展,我們必須特別留意身邊的人是否與我們的計畫有關係。

　　行動研究者通常需要邀請在行動研究過程裡受影響的人加入,合力執行;也就是說,行動研究常常是一種一群人共同進行完成的經驗。在行動過程中,所有參與行動的人應該要給予機會討論「行動的概念」:充分參與討論,才能架構計畫,並反省行動策略的成效。拉溫充分體認這一點,所以他鼓勵一整組人協力解決互相關注及互相影響的問題。值得一提的是:計畫的參與者應該合力在行動過程中(理論或實務)建立屬於他們自己的語言,如此他們才能充分的以自己的語言,對環境分析和改善,進而掌握適當的行動。

　　共同進行行動研究的人們,為什麼需要充分的互相溝通呢?因為:

　　‧它促使理論在大家的檢視下健全發展。

　　‧它可以使行動計畫變成一個大家的計畫,不只是個人內省

的過程。

- 它有助於澄清該項計畫未知的後果以及影響。
- 它會促使主題愈來愈明確，因為解釋給別人聽之前，自己需要先弄清楚。
- 它有助於爭取精神支持，或者了解支持的限度（別人也許不會像自己對計畫那麼投入）。
- 給別人幫忙的機會，並且以建設性的方法參與。
- 藉著對於行動成效及限制的不同觀點來加強省思。

## 行動研究所需要的時間

如果你問行動研究通常需要進行多久？其實沒有答案，也沒有必要，因為，行動研究是計畫、行動、觀察和省思的不斷循環過程。藉由第一步行動產生疑問，觀察成果，評估行動，修改初步計畫，並形成下一步行動，每一個周期需時多久並未經過事前的估算。預估周期的時間是不可能的，這顯然得視行動概念的本質來決定。小型的行動研究，所需的周期可能短到一個星期或十天，可能分析過錄音帶後就有變化，一個星期左右就完成省思並重新計畫下一步行動。然而，有些行動概念的周期卻要花相當長的時間。

基本上，時間的長或短應沒有對錯之分；在觀察行動和成效、加以省思，並且計畫未來方面有很多事要做的情形下，就算花了很長的時間來進行，也是值得的。但是行動研究的新手最好還是不要採用這種「長程」的行動概念。那麼長的周期，讓人很難堅

持到底，看到成果。「短程」的行動概念提供每一個步驟較容易
達成的目標，讓你感覺得到進步和前進，並且能充分練習計畫、
策略性行動、觀察和省思。大約一個月左右的周期對於流程的學
習最有成效，即使你所選擇的「短程」，是一個大計畫的一部分。

## 行動研究主題的選擇

　　選擇行動研究的主題與範圍時，要避免那些你無能為力的議
題，諸如社會－經濟地位與成就的關係、能力和性向之間的關係，
雖然可能都是實務工作中有趣的問題，但與那類的主題行動的關
係淡薄。緊守那些經由你的努力會使情況改善的議題，例如M與
K 的例子中，家長的社會經濟地位、破碎家庭與不良青少年的關
聯，都是實務工作者「無能為力」的問題：你不能改變家長的社
經地位，也無法修護一個破碎的家庭，但是你必須找出努力之後
可以改變的議題，M 與 K 都選擇先建立關係，從建立關係中聚
焦，再訂出可以工作的範圍。

　　為什麼不建議你選擇「關聯性」的議題作為行動研究的問題
呢？從上面的說明你可以發現，就算你了解了變數之間的關聯性，
你頂多知道了答案，但是對於改善問題的處境，可能產生不了太
大的作用。動機也好，能力也好，對於實務工作者來說，要界定
清楚這類的變項常常是困難而費時的，對於行動者來說，那些極
可能都是模糊而無用的觀念。如果說你相信能力和動機是學生表
現優劣的因素，就算研究動機和能力的觀念時，也不能把它們當
作學生身上固定不變的實體，而是隨時可以改變的東西，這麼一

來，不管學生的動機有多強或多弱，對於行動研究者而言，在教學的現場我們只剩下一種行動的方向：增強每個學生的學習動機。我們會發覺學生在某種活動中工作起勁而且學得更多，在這個情況下找尋行動計畫的切入點，不會執著於釐清他們在何種情況下動機有多強。

　　行動研究者選擇將重點放在行動上，因為它是改善實務工作並增進對自己與工作現場了解的基礎。你可以發現行動研究的特性使得它只適用於某些情況，並不是所有的問題都可以透過行動研究來獲得改善。前面我們已經提到，你的工作中使你感到興趣或有所困擾的主題；或者是你的企圖、希望能因為你做了些什麼能帶來改變和進步。

　　教師做的行動研究會提出類似下列問題：

- **我怎樣能把其他的活動辦得像這個能激勵學生的活動？**
- **怎麼做會使我的學生更有自信、喜歡學習？**

　　行政人員也可以問類似的問題：

- **我怎樣能增強每天晨會中教師積極參與討論的可能？**

　　也許經驗就能告訴你，某些教職員會議比其他場次成功。你可以問是什麼帶來正面的效果：

- **怎樣做可以讓教職員會議更像過去那樣有效率，為大多數教職員所滿意？**

　　總而言之，要如何做好行動研究主題的選擇，只要你將思考聚焦在：行動可以帶來改善、行動的結果是期望對環境有實質的影響，而遠離你無能為力的關聯性問題，你會發現，你的工作中隨手可及的主題處處都是。

# 六、怎麼開始呢？

你不必從「問題」著手。只需要一個「有些事可以獲得改善」的概念，這個概念可以源自一個新的想法，或者是一種認知，我們可以從以下的練習熟悉行動研究的開始：

| 你可以問： | 需要澄清的問題有： |
|---|---|
| 發生了什麼事？ | ◇現在事情進展到什麼樣的情況？<br>◇發生了什麼事？<br>◇哪裡不對勁？ |
| 為什麼這樣會出問題？ | ◇為什麼會演變到目前這種狀況？<br>◇怎麼會這樣呢？<br>◇什麼地方沒弄好？ |
| 我可以做什麼？ | ◇有什麼方法可以改變、扭轉這種情形？<br>◇目前我最迫切應該做的是什麼？<br>◇我該怎麼做？<br>◇該找誰一起面對？ |

通常，行動研究一般的起點如下——

· 我想改善……

· 有些人對……很感冒，我可以做些什麼來改變情況？

· 我對……很感困惑，……是煩惱的來源，我能做些什麼？

· 我有一個想在班上試一試的構想

· ……的經驗要怎樣應用到……？

· 關於……我做了什麼？

　　以下是老師們以他們的工作現場為例，運用拉溫的模式，列出可以改善他們教學工作現場的主題：

## · 我想改善……

1. 我想改善家長和老師之間的關係。
2. 我想改善和同班老師之間的關係。
3. 我想改善小一小二老師對孩子的態度。
4. 我想改善孩子上課吵鬧的情況。

## · 有些人對……很感冒，我可以做些什麼來改變情況？

1. 有些人對廚工很感冒，我可以做些什麼來改變情況？
2. 有些人對學校交通車的司機很感冒，我可以做些什麼來改變情況？
3. 有些人對「家長漠視老師」很感冒，我可以做些什麼來改變情況？
4. 有些人對同班老師對待孩子的態度很感冒，我可以做些什麼來改變情況？

- 我對……很感困惑，……是煩惱的來源，我能做些
  什麼？

  1. 我對班級經營很感困惑，小朋友吵架、愛告狀是我煩惱的來
     源，我能做些什麼？
  2. 我對孩子的問題行為很感困惑，小朋友說謊是我煩惱的來源，
     我能做些什麼？

- 我有一個想在班上試一試的構想

  1. 我想改變慶生會舉辦的模式、小組長的選舉方法。
  2. 我想跟孩子一起討論課程內容，讓孩子們自己做計畫。
  3. 我想運用家長資源，改善老師忙不過來的事實。

- ……的經驗要怎樣應用到……？

  校外研習成果的經驗要怎樣應用到教學上？

- 關於……我做了什麼？

  1. 關於幼兒安全方面，我做了些什麼？
  2. 關於親職教育的推展、家園溝通方面，我做了些什麼？
     除了以簡單的問句來呈現，你也可以選擇以描述的方式來陳

述你的行動研究主題：

- 最近大家都在談統整課程，熱中於以大單元主題的方式來重組課程，究竟現在的課程與教學出了什麼問題？我要怎麼面對這樣的改變？要如何提升學生的學習興趣、增加他們的能力？

- 班會時幹部上台報告的內容幾乎每週都一樣，學生們對於班會似乎都興趣缺缺，班會的功能要如何才能發揮呢？如何才能增進同學參與班會的情況？有沒有轉換班會形式的可能？

- 學校的公物被破壞得愈來愈厲害，愛護公物的標語貼得到處都是，但顯然沒有發揮太大的作用，我想學生應該不是不知道應當要愛惜公物，總務主任說是認知與行為的差距，我該如何重新理解校內破壞公物的現象、找到切入點設法轉變它？

- 下課的時間好像永遠不夠，學生剛上課時總是很吵、繼續說話，我總要花很大的力氣與過長的時間來安定班上的秩序，這種情況既影響我的教學心情，又浪費教學時間，我可以做些什麼來改變它嗎？

- 朝會的時候，學生唱國歌的聲音愈來愈小聲了，這個現象的意義是什麼呢？我可以做些什麼呢？其他的老師對這樣的現象有沒有什麼想法，對於學校各種儀式活動，有沒有可能轉變成不是那麼的「形式化」呢？

- 家長反對我以小組的方式進行回家作業，理由是浪費時間、會的幫不會的不公平……，為什麼會有這種情況呢？我可

以怎麼緩和家長的反對，讓學生與家長真正的了解分組作業的學習意義？

你應該發現，以上的例子都有兩個特色：從眼前的情況開始思考，重點在於找到可以「做點什麼」的著力點；換句話說，行動者從思考中觀察找尋可以改善的起點，並發展行動策略來實際的轉變處境。

對於開始著手的主題，請你先將主題的範圍定得小一點，不要選擇太龐大的主題，或許小的主題看來有些微不足道，但是請相信，你的行動一旦展開，不管你做什麼，都會牽引出比預期更大的效應，等到你逐漸能夠掌握行動的現場、並且與你一起進行的同伴也建立起自己的語言、溝通模式後，你們可以知道什麼時候是「成熟的時機」來擴展計畫的範圍。

向外擴張計畫一方面會比一開始就處理一個超大的計畫容易起步；另一方面，在你們愈來愈熟悉行動研究的四個環節後，能力也使你們更能處理較大的問題。別忘了行動研究是一個不斷循環的歷程，不需要急著讓所有的問題在初期的行動中獲得改善，事實上，對於從事行動研究的人來說，行動的歷程本身就是一種最大的成長與收穫。

# 結語

好了，故事說完了，簡要的步驟也介紹給你了，你是不是願

意試一試呢？

　　如果是，你現在的任務是從你的工作中開始尋找構想，從困擾你、使你不舒服的地方開始找，或是從你好奇的、覺得有趣的事情也可以，選擇的時候應該注意，仔細的問問自己以下的問題：

- 這個主題對你有多重要？
- 這個主題對你的學生（計畫的對象）有多重要？
- 描述一下問題的現狀，有沒有落入「相關性」的危險？
- 有什麼樣的機會可以較爲深入的理解問題的處境？
- 誰牽扯在裡面，誰受到影響，有誰會願意幫忙？
- 現有的環境裡有哪些限制，現實的問題是什麼？
- 可能有個困難與阻礙，任務的艱鉅程度如何？
- 有哪些隱藏的資源可以運用？

　　問完這些問題後，決定主題，就可以開始行動了，但是請切記，不要追求急劇的改變，任何程度的轉變與進步都應該給自己鼓勵，不因爲改變得太慢或是挫折而放棄。不斷的訓練自己熟習四個流動環節，並堅持的做，持續行動研究的循環，你會有意想不到的收穫。你會發現，困擾你的處境或問題在漸漸的轉變，更重要的是：你——行動者也在改變，變得比以前對工作更有信心，不再總是落入無力感的深淵中，變得更有能力，變成一個快樂的實務工作者。

　　實踐取向的行動研究，對於專業工作者來說，應該是能夠改善工作現場最貼切的方法，因爲行動研究可以施展實務者即是研究者的特性，使實務工作者可以在工作的現場靠自己來改善困境，同時在行動的過程中獲得專業成長，更能協助其他工作者一起成

長。雖然本章介紹了行動研究的工作方法，請記得，不拘泥於研究程序與步驟、不受既有計畫的限制而行動，是做行動研究的唯一準則。

## 參考書目

長。雖然本章介紹了行動研究的工作方法，請記得，不拘泥於研究程序與步驟、不受既有計畫的限制而行動，是做行動研究的唯一準則。

## 參考書目

quo? *Anthropology and Education Quarterly, 14* (1), pp. 33-41.

Church, K. (1995). *Forbidden narratives: Critical autobiography as so cial science*. Luxembourg: Gordon and Breach Science Publishers;

Corey, S. M. (1949). Action research, fundamental research, and educational practice, *Teachers college record*, vol.50, pp.509.

Corey, S. M. (1949). Curriculum development through action research, *Educational leadership*, vol.7, pp.147-53.

Corey, S. M. (1953) *Action research and improved school practices*, NY: Columbia Teachers College.

Denzin, N. K. *Interpretive biography*. London: Sage.

Elliot, J. (1988). Educational research and outsider-insider relations. *Qualitative Studies in Education, 1* (2): 155-166.

Elliott, J. (1976-7) Developing hypotheses about classroom from teachers' practical constructs: An account of the work of the Ford Teaching project. *Interchange*, vol. 7 (2), pp.2-22.

Freire, P. (1973). *Pedagogy of the oppressed*. New York: Seabury.

Gadamer, H. (1991). *Truth and method. (second revised edition)*. New York: Crossroad Publishing.

Geertz, C. (1983). *Local knowledge: Further essays in interpretive anthropology*. New York: Basic Books

Goswami, D. & Stillman, P. (eds.). (1987). *Reclaiming the classroom: Teacher research as an agency for change*. Upper Montclair, NJ: Boynton/Cook.

Jackson, D. (1990). *Unmasking masculinity: A critical autobiography*. London: Unwin Hyman.

Kemmis, S & McTaggart, R. (1982). *The Action Research Planner*. Victoria, Australia: Deakin University.

Lather, P. (1991). *Getting smart: Feminist research and pedagogy with/ in the postmodern*. New York: Routledge.

Levin, K. (1946) Action research and minority problems, *Journal of Social Issues*, vol.2, pp.34-46.

Nietzsche, F. (1968). The birth of tragedy. In Walter Kaufmann (Trans. and Ed.), *Basic writings of Nietzche* (3rd ed. ) . New York: Modern Library.

Noffke, S. E., & Stevenson, R. B. (eds.). (1995). *Educational action research: Becoming practically critical*. New York: Teachers College Press.

Okely, J., & Callaway, H. (eds.). (1992). *Anthropology and autobiography*. London: Routledge.

Pinar, W. F., & Grumet, M. R. (1976). *Toward a poor curriculum*. Dubuque, IA: Kendall/Hunt.

Schon, D. A. (1983). *The reflective practitioner: How professionals think in action*. New York: Basic Books.

Slattery, P. (1995). *Curriculum development in the postmodern era*. New York: Garland Publishing.

# 5

## 民族誌

吳天泰

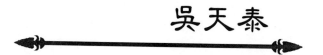

# 壹、民族誌的背景介紹

　　民族誌的基本前提是：人為生活在一張意義網中的動物。這張網乃由人在其生長環境與過程中不斷羅織起來的。文化則是由群體所有成員意義網相互交流影響所形成。文化脈絡裡包含了成員間的基本共識，並賦與其行為語言特殊的、只有成員才了解的意涵。民族誌的目的即在探討人類的行為並詮釋行為的意義，以找尋文化脈絡中的背景及知識。研究者為了要以主位的觀點（emic view）來了解特定行為的意義，需要進入一個自然的現場，和研究對象長期相處，描述現場的人們如何觀看、傾聽、說話、思考和行動，以了解他們如何組織行為和解釋經驗。同時研究者還要發掘研究對象常用而不自覺的行為規範和符號意義，並進一步探討明顯的（explicit）和隱諱的（implicit）價值觀及行為規範之間的關係，從而認識文化的深層意義結構（謝小芩，1988）。

　　經過長期密集的參與觀察、訪談和廣泛的資料收集後，進入民族誌書寫階段。厚實的描述（thick description）是民族誌最重要的工作。由於在特殊文化脈絡中，許多局內人習以為常的事情，局外人卻莫名其妙。民族誌的書寫，即是透過研究者觀察被研究者所顯現的文化行為、物質文化及口語訊息等，提出主觀的見解與分析，向讀者推論及解說各種文化現象的意義（圖5-1）。研究者在進入現場前要能釐清理論架構與觀點，在進入現場及研究進

行時，能誠實呈現並保持「是我」的清醒，在報告中能清楚地描繪出整個意義建構的脈絡。行動者、研究者與讀者都在意義之網中，彼此之間都需要在脈絡中理解彼此的意圖目標與生活的意義（蔡敏玲，1994）。因此民族誌的研究可以透過對各種文化脈絡意義之網的認識，幫助我們了解與我們不同的人群與團體，經過不同文化的比較後更能了解自我及人性（謝小芩，1988）。

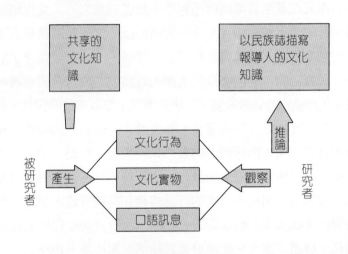

圖5-1　文化推論過程（Spradley，1980）

　　民族誌資料強調描述研究者進行觀察和收集資料的過程。正如畫一條線，線的一端是直接觀察的結果和被研究者的自我陳述、自我解釋的結果，另一邊是研究者本著常識和洞察力所做的推論。研究方法是主動、積極的真正與被研究者接觸，鉅細靡遺地研究文化的每一面，以求整體面貌的呈現。因為有一些文化現象無法

用詢問或查閱文獻的方式取得，須在完全真實的情況下觀察，讓事實來自我辨明，研究者須親自參與感受。因此專業研究者並非如業餘工作者只能登錄細節或只做感性和生動描述，而是一個受過完整研究訓練的觀察者、分析者與寫作者。民族誌工作者一方面能夠掌握被研究者的觀點，找出典型的思考和感受方式，了解被研究者對自己世界的認識。另一方面，能以最具說服力的方式來陳述成果，即是學會被研究者的語言，以第一手的田野資料，來描繪被研究者的思想語廓（verbal contour）。民族誌工作的最終目標，在於與人類爲伴，研究人與生活的關係（于嘉雲譯，1991）。

# 貳、研究步驟

史培德利（Spradley, 1980）指出民族誌的研究是一個循環的過程，由題目的產生、收集資料、記錄至寫作，隨著對問題的了解，繼續找尋相關的資料，重複研究的過程。因此對研究問題能長期投入，有深入的了解，進而擴大研究範疇，增加全面的、整體性的了解（圖5-2）。民族誌的研究設計是彈性的，並無標準化的研究程序，所有的研究步驟僅供參考，研究問題可隨時形成與修正，資料收集與分析可同時並行。另一方面，研究者即參與者，企圖透過參與者的文化敏感度與自省的批判，來了解社會的現象與文化的脈絡，建構出多元真相的社會（王文科，1990）。研究

過程理想上要能明確陳述一個問題，選擇適當的現場及研究法，收集並分析資料，進而回答待答問題，印證相關理論。實際上運作時，則須考量研究題目是否有趣或有意義，掌握研究問題的性質，找尋適當可用的資源，如時間、經費與人員，以及檢討研究倫理，創造新理論，支持或推翻相關理論等（Bernard, 1994）。

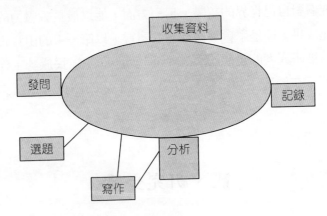

圖5-2　民族誌研究循環圖（Spradley，1980:29）

偉拿（Werner, 1987:375-384）將民族誌的研究步驟細分如下：

# 一、選擇一個適合研究典範的問題

㈠得到委託人的要求。

㈡判斷要求的合適性：

　1.選擇需要個人資料及自然行為觀察的問題。

2.選擇經由發現模式而可以回答的問題：

　(1)接受症狀型的問題，例如研究影響行為的價值與假設。

　(2)接受評估的問題，例如追查模式發展的情形、成果是否符合當初的期望等。

3.拒絕其他類型的問題。

㈢形成研究問題：

　1.選擇研究取向：

　　選擇一個開放的取向。

　2.形成一些嘗試性的研究問題。

　3.做背景研究：

　　(1)與社會科學理論相關的研究。

　　(2)與民族誌研究相關的研究。

　　(3)合用的田野技巧和方法的研究：

　　　①參與觀察。

　　　②報導人的使用。

　　　③局內人或認知的方法——民族科學、語意分化等。

　　　④發現結構的方法——事件分析、系譜法等。

　　　⑤非口語技巧——攝影、照相等。

　　　⑥檔案記錄分析。

　　　⑦系統的觀察或樣本化。

　　　⑧學習當地語言或術語。

　　(4)輔助研究法：

　　　①問卷調查。

　　　②心理測驗。

③互動分析。

(5)回顧適合的理論取向和重述問題。

㈣設計符合研究倫理的研究。

# 二、寫研究計畫

㈠訂定研究目的。

㈡找尋與研究目的相關的先備知識。

㈢與委託人比較理論、方法和技巧。

㈣分析研究成分：

    *1.*將研究目標分成最小的組成部分。

    2.儘量列舉成分。

    3.列表以便選取研究技巧。

㈤選擇合適的研究法：

    1.考慮認知方法。

    2.考慮結構性方法。

    3.考慮溝通性方法。

    4.考慮多元目標的方法。

    5.考慮密集確定的技巧。

㈥包括基本的方法：

    *1.*普查法。

    2.行事曆研究法。

    3.地圖法。

(七)考慮方法上的調整以順應決定性的限制：

　　1. 認清經費的限制。

　　2. 認清時間的限制。

　　3. 認清人員的限制。

(八)討論分析的過程。

(九)討論推薦呈現的形式。

(十)考慮使用方法在倫理的可行性：

　　1. 調整研究法以符合專業的標準。

　　2. 討論批判式的議題：

　　　(1)機密的，保護受訪者及受訪現場。

　　　(2)資料的接近性。

　　　(3)可能的利益衝突。

# 三、收集資料

(一)記錄：

　　1. 選擇研究所需的資料和細節程度：

　　　(1)完全的細節，須逐字記錄：

　　　　① 使用錄音機。

　　　　② 使用錄影機。

　　　(2)中度的細節：

　　　　① 使用關鍵字重建資料。

　　　　② 採用事後記憶的資料。

③使用樣本。

④列出範疇或標題。

2.使用正確的記錄形式。

3.建立和維持資料的品質：

　(1)查明合適的細節程度。

　(2)觀察採巨觀或微視法。

　(3)移去隱藏式的推論。

　(4)在田野筆記完成後，盡快修改。

　(5)每天記載日期、時間和目錄。

　(6)保存最新的備份。

　(7)在每一個筆記中，記載著觀察者的陳述。

　(8)記載資料的弱點，如遺失的材料或觀點。

　(9)記載在訪問時得到的見解及推論。

　⑩研究者有工作的限度，不要過度疲勞。

4.若有需要，重新設計或修正。

㈡有效的資料：

1.透過品質控制，建立精確的筆記記錄法。

2.發掘和陳述研究者的偏見。

3.檢查使用的邏輯和資料的一致性：

　(1)查對其他觀察者的資料和報告。

　(2)查對其他報導人的資料：

　　①區分時間的差異。

　　②將陳述與實際行動比對。

　(3)所有報導人的陳述都是資料：

　　　①確定報導人社會地位的影響。

　　　②確定報導人個人人格的影響。

　　4.發現不一致性的診斷理由：

　　　⑴是否研究者和報導人概念不一致？

　　　⑵是否理想與事實間存在差距？

　　　⑶是否報導人沒有能力去找到一個模式？

　　　⑷是否報導人不能將研究課題概念化？

　　　⑸是否報導人由不充分的資料中做出推論？

　　　⑹是否報導人無法提供本人不在場的資訊？

　　　⑺是否來自觀察者不確實的記憶？

㈢執行初步的資料分析：

　　1.匆匆記下探討的想法。

　　2.找尋資料的縫隙。

　　3.若有需要，重新設計和修正。


# 四、分析和組織資料


㈠分析是為了成就民族誌的目的：

　　1.焦點在於社會文化的解釋。

　　2.分析模式的形式和內容、正式和非正式結構、明顯的和隱諱
　　　的意義。

　　3.解釋發現的模式如何及為什麼對文化的參與者有意義。

㈡選擇適合的分析工具：

*1.* 選擇使用一般自然歷史過程：

(1)按研究計畫收集資料。

(2)運用背景研究和資料收集技巧去發展概念系統。

(3)將範圍內的資料放入概念系統中以回答研究問題。

(4)使用不規則的資料去修正或排除若干概念。

(5)透過關係和過程將範圍化的資料整合入更高層的範圍。

(6)回到觀察和／或資料，去確定和／或修正概念系統。

2.使用民族科學的過程去檢驗文化成員的認知資料：

(1)找尋局內人的分類範圍。

(2)透過包括及排除原則找尋分類範圍。

(3)透過比較和對比解釋重要範圍和分類的邏輯。

(4)用更多的資料確認分類和解釋。

(5)將結果放入文化和泛文化的內容中。

3.使用事件分析：

(1)描述現場和歷史。

(2)描寫分支群體的發啓和參與／不參與的情形。

(3)將事件合法性及參與責任文件化。

(4)將規則綱要化。

(5)使用上述方法解剖事件的過程、連接點、溝通和堵塞管道。

(6)解釋事件爲何確定或改變。

4.使用網絡分析：

(1)由自我向外擴張，由內容、功能、角色和地位等來檢驗連繫關係。

(2)認清連續性的網絡和界溝。

　　⑶重複每一個相關的新的自我。

　　⑷對整體圖像產生理論、概念、功能／結構的解釋。

㈢選擇額外的分析工具：

　　1. 透過現象的重疊、融合和補充來連結進而建構模式。

　　2. 做結構分析。

　　3. 做功能分析。

　　4. 做內容分析。

　　5. 使用統計。

　　6. 使用其他技巧。

㈣分析的資料是否已經足夠？若不足，須使用新方法和／或再收集新資料。


# 五、呈現報告


㈠做民族誌的描述：

　　1. 依目的來寫報告：

　　　⑴仔細地連接問題。

　　　⑵將事件簡單化。

　　　⑶將複雜事實合併。

　　2. 選擇人類學式的描述形式：

　　　⑴生態的描述。

　　　⑵結構的描述。

　　　⑶列舉傳記或描述生涯。

(4)和已知的個案做比較或對比。

(5)民族精神（ethos）或人格模式的描述。

(6)世界觀的描述。

(7)歷史淵源的描述。

(8)社區的描述。

3.報告的描述：

(1)陳述研究的理由。

(2)陳述研究的方法。

(3)陳述研究的內容和現場。

(4)區分觀察和推論，來描寫被研究的社區和機構。

(5)由資料來進行歸納和推論。

4.使用廣範圍的推論：

(1)將資料放在更高的層次上，找尋連接性。

(2)將資料放在更廣的文化內容中。

(3)使用泛文化資料以產生見解。

(4)化熟悉為陌生。

5.如果合適的話，使用圖形模式：

(1)產生模式。

(2)模仿和除去錯誤的模式。

(3)正確分析模式的錯誤。

(二)解釋民族誌的主要目的：

1.分析形式與內容明顯的和隱藏的意義。

2.解釋所發展的模式為何及如何對於文化的參與者有意義。

3.由理論的使用發展普遍性的法則。

㈢如果解釋不合適，再回到資料收集的分析。

㈣如果報告不成功，直接至第㈧步驟。

㈤創新的分析：

  *1.*創新是未來社會模式所渴求的。

  *2.*與現在的模式對比。

  *3.*認識有關的特殊模式：

    ⑴描繪出社會單位。

    ⑵點出連接的關鍵。

    ⑶認出緩衝的群體或個人。

    ⑷描述偏見的概念及行為。

    ⑸定義和描述非參與者或不滿者。

    ⑹認知適合創新模式的觀點。

    ⑺點出將改變模式的範疇。

㈥設計變遷的建議：

  *1.*應用人類學變遷的原則來分析：

    ⑴描述社會群體將如何被影響。

    ⑵描述被影響的連接點及溝通管道。

    ⑶描述被影響的價值、概念和心理因素。

    ⑷討論產生經濟和非經濟的利益。

    ⑸討論其他被影響的重要特徵。

    ⑹決定群體外在接觸的改變因素。

  *2.*檢驗接受改變的問題：

    ⑴模式是否是創新但難以接受的？

    ⑵是否創新的地位和行動將引發阻礙接受的問題？

(3)接受者是否完全了解變遷情況？

(4)描述過去類似變遷的教訓。

3. 成功創新的特殊取向：

(1)與現在模式對比。

(2)認清現在情況的視野。

(3)指出現行可用的模式。

(4)指出創新的領域。

(5)接受群體或成員的特殊化。

(6)解釋如何使用現有的結構和溝通管道。

(7)介紹一致性變遷的方法。

(8)以接受者的詞彙解釋變遷。

(9)向變遷計畫相關的人推薦方法。

(10)描述改變過程中其他可能的結果。

(七)詳加說明改變的建議。

(八)討論報告的限制。

(九)編輯，移走學術術語：

1. 編輯長度。

2. 考量倫理的限制。

3. 交報告。

4. 觀察和評估研究工作：

(1)評估是否達成了委託者的目標。

(2)評估委託者行動的改變。

(3)評估過程的合適性：

①資訊是否來得正是時候？

②資訊是否給對人了？

③委託者是否認為資訊有用？

# 參、研究法舉隅

　　一般人對人類學家的印象大多是穿著土黃色的卡其粗服，在森林或荒郊野外與一群異文化的人生活在一起的圖像。事實上，到實地去採集資料是從事民族誌研究在方法上的特色。研究者因研究需要，來擇定研究地點，不一定是在偏遠地區。例如都市人類學者研究都市中某一次文化的情況，教育人類學者選擇學校或教室當做進行研究的現場，研究的地點隨研究主題與方法而定。為了收集研究所需的材料，民族誌學者隨著他／她的研究對象而移動。

## 一、研究主題

　　對於研究題目的選擇與訂定，波拿（Bernard, 1994:114）根據五個變項歸納出十五種可能的研究題目。這五個變項分別是：

1. 內在情形——包括有態度、信仰、價值和概念，屬於認知的狀況。

2. 外在情形——人群的特徵，包括有年齡、財富、健康情形、

身高、體重、性別等。

3.行為——包括任何人類所做的事，以及研究者有興趣去了解的行為，如吃飯、遊戲、工作等。

4.物質文化——人類行為的遺留物，如電腦磁碟片、箭頭等。

5.環境——包括體質的和社會的位置及特質，如雨量、氣候、社經地位等。

研究題目的類型，如表5-1所示，常用的有十五種：

表5-1　研究題目的類型（Bernard，1994:114）

|  | 內在情形 | 外在情形 | 行　為 | 物　質 | 環　境 |
|---|---|---|---|---|---|
| 內在情形 | I | II | III | IV | V |
| 外在情形 |  | VI | VII | VIII | IX |
| 行　為 |  |  | X | XI | XII |
| 物　質 |  |  |  | XIII | XIV |
| 環　境 |  |  |  |  | XV |

以下列舉各種類型的實例：

I　對槍枝管制的宗教觀念和態度。

II　財富和政治的關係。

III　對小孩體罰的態度以及婚姻暴力次數的關係。

IV　能源保護的信念與腳踏車的擁有。

V　使用木造建築物的態度與地區森林化的程度。

VI　性別與收入。

VII　婚姻狀況與親戚的互動。

VIII　年齡與鑰匙的擁有數。

IX　健康情形與長期所處環境的影響。

X　人們對於勞工遷移之報告經常比對多偶婚姻之報告來的確實？

XI　工作時數與財富象徵符號的關係。

XII　肉的消耗情形與經濟景氣的關係。

XIII　冰箱擁有率與汽車擁有率的關係。

XIV　熱帶雨林區特有的產物。

XV　赤道區是否屬於貧窮地區？

　　根據以上的表格可以幫助社會科學的研究者擇定適合的研究題目，釐清研究的範圍與項目。

# 二、研究方法

　　研究方法最常使用的參與觀察及深度訪談，已於前文介紹，此處僅簡介其他常用的方法，以利民族誌工作的進行。

## ㈠報導人的訪談

　　首先要根據問題性質找到合適的報導人（informant），以便進行訪談。例如有關部落的歷史，最好訪問老人；有關學校的教

育，最好訪問與學校有關的人員。他們不一定能提供研究所需的
全部資料，資料也可能只代表個人所知與所想，研究者必須多找
其他的報導人來校對查證所取得的資料。合適報導人的條件是要
能夠對研究的主題十分嫻熟、目前正參與相關活動、有足夠的時
間接受訪談、不做分析的報導以及對文化的見解不熟悉（Spradley,
1979:46），以免研究者受限於報導人自以為是的觀點，對文化只
做片面的詮釋與指引，而無法收集足夠的資料供研究者做多元的
分析。

　　一般而言，民族誌的訪談工作，依時間的進行，包括的項目
有（Spradley, 1979:67）：

1. 問候。
2. 民族誌目的的解釋：
   (1)計畫的解說。
   (2)問題的解說。
   (3)紀錄的解說。
   (4)以當地語言的解說。
   (5)訪談的解說。
3. 問民族誌的問題：
   (1)描述性的問題。
   (2)結構性的問題。
   (3)對比的問題。
4. 非均衡性的轉移問題。
5. 表明研究旨趣。
6. 表明對所研究文化的無知。

7.重複。

8.陳述時使用報導人所用的詞彙。

9.合併報導人所用的詞彙。

10.假設情況的詢問。

11.表示友善的問題。

12.離開的表示。


　　訪談的進行是非指導性的，研究者需要先選定對象，徵求同意，並以感同身受及有興趣的態度進行訪談工作。訪問內容除了事先訂好的問題外，亦提供報導人自由發揮的問題，以便收集更多的相關資訊，突破研究者既有的研究架構與限制。訪談時，要避免給報導人建議及道德上的判斷，不與之爭辯，盡量讓報導人暢所欲言。研究者大半做的是重複及回應報導人的話語，做意見摘要，並隨時求證所理解的是否與報導人的意見相符。若報導人天馬行空脫離主題時，須適時引導與打斷其話題。若是報導人不願意主動訴說時，一定要耐心的等，不能操之過急，或以為報導人一定得回答所有的問題。初次訪談，不要期望得到全部的資料，應該努力建立一個和諧的互動關係。在取得報導人的信任，建立良好的訪談關係之後，研究者應該思考如何找出關鍵性的報導人（key informant），以收集更進一步的資料（Whyte, 1984）。


## (二)系譜法

　　了解研究對象的親屬關係，可以幫助我們掌握被研究對象的

家庭結構、人際關係及社會網絡等。系譜法一直是民族誌工作者
接近和認識被研究對象的有利工具。首先要認識下列符號所代表
的意義：

○ 女性　　　　　　　× 死亡

△ 男性　　　　　　　□ 不知性別者

＝ 結婚　　　　　　　≠ 離婚

─ 親子關係　　　　　← 或→ 婚姻方向線

│ 同胞關係　　　　　… 虛擬關係（養子女或乾親）

圖 6-3　系譜法舉例

　　從事系譜資料的訪問句主要只有兩句，其他句子由此衍生出
來。這兩個句子是：「你叫什麼名字？」及「你有幾個孩子？」
其中的代名詞可用他或張三等名來取代，也可以換成你的媽媽、
張三太太的哥哥等指稱。第二句除代名詞的置換外，孩子也可改
為姐姐等。除了學習這兩個句子外，父母兄弟姐妹夫妻子女等親
屬稱謂，及基本數字、有無、知道不知道等單詞，也必須學會，
才能與報導人對答。精通此法後，即可在很短的時間內，以當地
語言畫系譜，迅速建立良好的研究關係，並開始建構研究對象的
親屬網路，使得田野工作中複雜的人際關係變得井然有序（余光
弘，1992）。

以泰雅族的賽考列克語爲例（余光弘，1992），基本句是：

1. yima lalu su?
   誰　名字 你的
2. bira　lagei su?
   多少　孩子

   基本詞有：父 yava、母 yaya、兄或姐 gesuyen、弟或妹 sesue、同胞 gemusuyen、夫或男 ligui、妻或女 genelin、子女 lagei、一 gudux、二 sazin、三 tsiwan、四 bayas、五 manan、六 deziu、七 bido、八 sbat、九 geilu、十 mebu、知道 vagun、不知道 yinivagun、你的 su、我的 mu、他的 na、你們的 simu、他們的 naxa。

   訪問時，可以當地母語詢問：

   (1) yima lalu su?　　　　　　yogan-bilu lalu mu.
   　你叫什麼名字？　　　　　我的名字是 yogan-bilu
   (2) yima yava su?　　　　　　bilu-wadan
   　你的爸爸叫什麼名字？　　叫 bilu-wadan
3. yima genelin bilu-wadan　　lawa-bayas
   bilu-wadan 的太太是誰？　　叫 lawa-bayas
4. bira lagei na?　　　　　　　Gudux
   他有幾個孩子？　　　　　　一個

   據此畫出的系譜：

   △　bilu-wadan
   ‖————————　▲ yogan-bilu
   ○　lawa-bayas

## (三)文獻參考

　　閱讀相關文獻是做民族誌研究必要的工作。若能將文獻記載與當地人的說法比對，更可查看記載與事實的差距性。有些文獻並不可靠，但是具參考價值。例如要研究台灣的原住民，文獻在荷蘭時代就有，然而部分資料來源並非由荷蘭人親自調查而得，而是詢問山腳的居民而得到的資料，因此資料部分可靠、部分不可靠。清代的遊記和地方觀光文書，部分材料並不準確甚至於有偏見，因此在使用時要小心。有關台灣原住民的文獻較扎實的材料是日據時代的資料，因為日人相信要統治一個地方，一定要先了解當地風土民情。因此派各村落的警察與教師去調查，內容詳盡，可惜各地收集到的資料品質不一致（蔣斌，1994）。因此，從事民族誌研究時，一定要參考相關文獻記載，方能對研究範圍內的人、地、時、事、物有初步的認識，如此進入田野地點時才可以很快的進入狀況，避免不必要的枝節與誤會。然而「盡信書不如無書」，要能了解文獻的特質，才能使文獻發揮參考而非誤導的功能。

## (四)資料類型與採集方法

　　對於社會科學研究的材料類型，大致可分為三類：頻率與次數分配、事件與歷史及制度化的規範與地位。採集方法則有：取樣與計數、參與觀察及訪問報導人三種。其使用情形如下：

表 6-2　資料類型與採集方法（蔣斌，1994）

|  | 取樣與計數 | 參與觀察 | 訪問報導人 |
|---|---|---|---|
| 頻率與次數分配 | 最佳方法 | 不適合無效率 | 若適合有效率 |
| 事件與歷史 | 不適合無效率 | 最佳方法 | 若適合有效率 |
| 制度化的規範與地位 | 適合無效率 | 適合無效率 | 最佳方法 |

　　舉例來說，「排灣族的小孩教養以愛的語言鼓勵爲多，平地人則以打罵居多」，爲證實此一假設，需要在排灣族及平地的村落中取樣計算小孩挨打的次數。參與觀察無法得到所要的資料，而訪問的方式則有助於假設的驗證。至於事件與歷史的調查工作如「二二八事件」，最好是眼見爲憑，研究者能參與觀察事件的進行，否則事過境遷，只得請當年參與者或牽連者描述所知、所見與所感，亦能將歷史過程串連起來，至於取樣及計數的研究法則不恰當。制度化的問題例如「阿美族是一個擬似母系社會」的說法，則需要訪問阿美族的生活情形，以找尋母系特質的存在。參與或計數的研究法有幫助，卻無效率。因爲可能要觀察很久或者計算半天，才見女人的力量，不如直接訪問來得有效。因此針對資料的特性選擇最佳的研究方法，方能避免徒勞無功，研究者不可不慎。

## ㈤資料分析與書寫

　　資料分析工作，可以幫助研究者從一大堆看似不相關的資料中，找到頭緒與研究的焦點。透過系統的分析，研究者得以知悉下一步該做什麼？該使用哪一種研究法？何時以及如何建構概念或假設？在下正確判斷之前，最重要的是能清楚的思考，能將資料一項項區分出來，並依研究理論或個人習性選取相關的、可處理的題目。接著將類似題目的相關文獻加以比較及對比，以便將研究重點放在更大的拼圖之中，找到更多的文化意義或理論根據。至於研究技術的選擇，更需要研究者受過研究法訓練的清晰頭腦，能綜合及評量資料的特質，以選擇合適的研究法（Fetterman, 1989）。

　　分析資料是一個持續和反覆的過程，包括了資料簡化、資料呈現與作成結論三部分工作。簡化指的是把原始資料選擇化、單純化、抽象化和轉型化的過程。當收集資料時，研究者不斷的進行摘要、剔除主題、歸類、分割、備忘的工作，持續到報告完成。資料簡化是資料分析的過程，它將資料去蕪、精練、分類、對焦、組織，以導出或確認結論。資料呈現則是將資料組織起來，以便作成結論和採取行動。最常見的方式是敘述文本，亦可以圖或表的方式將資料組織起來。作成結論，則指將一開始注意到的規律型態解釋關係，保持開放和懷疑的精神，不斷修正使其明確，最後才提出結論（黃政傑等，1996）。

　　至於民族誌的書寫，范邁能（Van Maanen, 1988）指出有三種

寫作風格：寫實主義式（realist），自白式（confessional），與印象主義式（impressionist）。無論是採取第三人稱、第一人稱或對話的寫法，端賴作者寫作的目標及理論取向來決定。寫作的語言不只是溝通的媒介，也是一種分析的工具。民族誌不只是一份報告，也是社會真相的再呈現（representation）與再建構（reconstruction）。寫作者往往具有權威性並掌控了文化詮釋權，一個民族誌學者應不時以研究倫理的標準來審查自己的作品，游走在主位（emic）與客位（etic）的多元觀點之間，避免完全由研究者來主控寫作的進行，並應對自己的作品負責（Hammersley and Atkinson, 1983）。

## ㈥田野工作的安全與健康

　　從事民族誌研究，為了向當地人學習，研究者常常要跋山涉水，遠離自己熟悉的生活場域，去收集第一手的資料，以便能由當事者的觀點來解釋，並對照客觀的情況，來建構理論或詮釋文化現象之意義。研究者除了要有追求知識的好奇心之外，更需要有能力照顧自己的安全與健康。舉例來說，北美人類學家在進行田野工作時所面臨的生活狀況是：

表 5-3 田野工作狀況（Howell, 1988）

| 狀　況 | | (%) |
|---|---|---|
| 居住—睡眠 | 房屋，床 | 41 |
| | 茅屋，床墊 | 20 |
| | 帳篷，地 | 39 |
| 水來源和處理方式 | 安全（水管出來的） | 30 |
| | 處理的（煮沸的） | 39 |
| | 冒險的（天然的） | 31 |
| 衛生設施 | 沖洗式廁所 | 42 |
| | 茅坑 | 38 |
| | 掩埋式 | 20 |
| 交　通 | 高科技（卡車飛機） | 54 |
| | 中科技（車） | 29 |
| | 低科技（走路巴士） | 17 |
| 醫　療 | 醫生，醫院 | 59 |
| | 自己或其他成員 | 34 |
| 與醫院醫生接近度 | 容易（少於 2 小時） | 65 |
| | 須努力（2-8 小時） | 19 |
| | 遙遠（8 小時以上） | 14 |

　　除了居住環境、衛生設施與水的來源外，交通、醫療等尚稱便利。至於田野工作者的健康情形，郝偉（Howell, 1988）指出曬傷、蚊蟲咬傷、感冒及腹瀉的比率非常高，這些毛病會帶來不舒適的情形，然而卻還不到危險的程度。有些是發生在特殊的地點，例如高山病、寄生蟲和動物咬傷。還有，意外的傷害尤其是交通意外和因武器或儀器所引起的受傷，需要小心注意。一些發生率低卻殺傷力高的疾病，如盲腸炎、心臟病和雷擊等亦不可不防。

如何面對犯罪和政治的威脅，也需要學習處理的能力。身爲田野工作者，要訓練出處理安全與健康問題的知能，才不至於只有學術的熱忱，但在田野生活中因缺乏照顧自己的能力，而功敗垂成。

# 三、研究計畫範例

茲摘取作者（1998）接受原民會委託研究計畫之部分內容——「原住民教育體制的發展」，作爲民族誌研究法應用之參考：

## (一)研究主旨（包括研究緣起及預期目標）

### 民族學院的規畫研究

過去在執行民族學苑規畫研究案時，經常面臨的質問就是，爲什麼不是原住民民族學「院」而是「苑」（以下原住民民族學苑均簡稱民族學苑）。對於這樣的質問，我們的看法是：無論是民族學「院」或民族學「苑」都應該擺放在整個原住民教育體制的理念及架構底下去做思考，如此才能全面的關照。因爲教育文化事業若是從上面單方面的建構起，而沒有從下作基礎紮根，很難真正開花結果。而民族學苑之設置正可以爲政府各相關單位之間、政府與民間、中央與地方、原住民與非原住民、體制內與體制外的教育，提供對話的空間與聯繫的管道。基於上述的認知，我們在規畫過程中，須關照及思考原住民整體教育體制的理念及

架構問題，進而以「原住民的文化復振」爲規畫的核心概念之一，因爲原住民的文化復振是我們構思中的原住民教育體制一個重要的目標，在這樣的理念基礎下，民族學苑才能與未來的原住民教育體制得以聯繫，而不至於產生斷裂。

回到實然面的「苑」與「院」，兩者對原住民而言都是同等重要。因爲在台灣的教育系統中，長久以來原住民的教育（不管是學制內或是學制外）一直是被邊緣化或是附帶式的安排，從來沒有以原住民爲主體的教育制度。因此，相較以主流社會爲主的現有教育系統，凡是以原住民爲主體做爲思考的教育制度，都應該是重要且值得追求的。至於民族學「院」或「苑」何者具有優先性或是其他種種設立的組合方式，在由原住民教育體制的整體思考下，民族學苑與學院可以是分工式的，學苑能夠突破現有升學管道的限制，發揮推廣原住民社會教育的功能；而學院則肩負著學術研究的使命以及與多元文化社會對話的任務。或者民族學院也可以附設推廣部，兼辦原住民成人教育的工作，使得院與苑合而爲一。基於原住民族教育法第十七條的精神，政府應鼓勵大學設相關院系，或設民族大學校院。第二十五條更明確指出政府應設立原住民族推廣教育機構。原住民教育的體制得以在高等教育的體系中確立並蓬勃發展。

原住民的主體性教育在長期地與強勢文化的教育遭逢的過程中，不但傳統文化教育思想無法系統性的累積，更面臨了嚴重的破壞與流失的危機，而有「黃昏的民族」之稱。當務之急是如何透過我們目前規畫的原住民教育體制來進行「原住民的文化教育復振運動」，也就是重建原住民的文化生態。我們相信唯有如此，

原住民無論是在文化或是經濟等層面上才有開展的可能。因此，這時「院」與「苑」的區別，在我們看來就只是實踐策略不同罷了。前者是學制內的實踐方式、它是學術的、菁英的、它的學制地位對原住民而言具有某種「正名」的象徵意義；後者的實踐策略則是學制外的、一般性的、草根的。不過他們共同的核心目標都是：原住民的文化教育復振。在這樣的認識與自我期許下，我們不陷入「院」與「苑」的文字爭議，但我們同樣期待並支持民族學院的成立，因為它是正式的學制，現階段它比學制外的民族學苑更加能夠突顯原住民主體性與多元文化的意涵。而如何呈現出一個符合各方想像與實際可行的民族學院，成為本規畫案的研究重點。

**預期目標**

1. 比較中國大陸及美國少數民族教育的體制。
2. 規畫合於需要及民情的民族學院設置方案。
3. 確立民族學院的中長程發展計畫。
4. 落實原住民民族教育法的精神，發展原住民之民族學術，培育原住民高等人才，以促進原住民於政治、經濟、教育、文化、社會等各方面之發展。

## (二)研究主題背景分析及有關研究之檢討

根據吳天泰（1995）受教育部委託之原住民教育普查統計，原住民學生就讀大專者五十五人，學院者六百八十九人，專科學

校者兩千六百九十七人，高中者三千四百九十三人，高職者四千六百五十六人。原住民族籍教師人數共有一千五百二十八人，其中任教於大專者二十二人，高中職者六十九人，國中小者一千四百三十七人。相較於台灣地區全體學生與教師人數，原住民的高等人才及教育師資之人數顯得較低，有待大力提升與發展。在一九九八年原住民族教育法施行之前，所訂立之各種原住民教育法規，如原住民族籍學生就讀大專校院獎助金設置要點、台灣地區原住民族籍學生升學優待辦法、高雄市原住民學生獎助學金設置要點、台灣省試辦離島鄉籍高級中學應屆畢業生升學國立師範大學、師範學院保送甄試要點，只是消極的提供獎助與優惠，培養原住民高等人才適應大社會。在現有的教育體系下，缺乏主動與積極之精神，來推動原住民文化的永續發展與原住民教育體制的整體規畫。另一方面，許木柱（1991）之研究提及原住民學生的成績，在主觀感受上問題是在惡化而非改善。誠如瓦歷斯‧諾幹（1994:10）所言：「原住民知識份子對山地教育的不滿加深，企求原住民教育的期望益形深切」。無論客觀數據的呈現或主觀的感受，原住民教育都應該立即提出一套整體架構、理論與具體做法，來謀求根本的改進與長期的發展。

關於原住民高等教育之規畫發展，除了教育部高教司是全國高等教育主管機關，與原住民教育委員會負責原住民教育之發展與改進外，行政院原住民委員會教育文化處之執掌第一條即為：關於原住民族教育之規畫、協調及審議事項。對於原住民民族教育之發展責無旁貸。由於原住民族教育法之施行，在大學設立相關院系，或民族大學校院已有了法源依據，問題是該如何設置？

是一個以學術為主的民族校院，還是以原住民為主的民族大學或學院，或者可能有其他的做法。根據譚光鼎等（1998：84-93）之研究，原住民大都支持設立原住民族學校，以期透過不同的學校制度與教學，習得自身優良的傳統文化，與提升學業的成就。因而建議初期選擇條件適當之大學設置原住民民族學院，實驗完成後推廣，或設置獨立學院。然而設置原住民民族學院就一定能符合原住民的期望，而達到習得原住民文化並提升學習成就嗎？我們需要進一步的研究與規畫，畢竟人是不能輕易被實驗的，即使只是初期的與小規模的。林恩顯（1996）、柯正峰（1996：14）則質疑專設原住民學校，學習原住民母語與文化，保障原住民就學等措施，是否會造成民族教育封閉孤立與競爭力萎縮。因而建議再廣納各界對原住民教育之期望，以及與相關法令做有機的結合，使原住民政策能經由立法規範，規畫研究，而落實執行。

　　至於民族學院該設置哪些科系？經費、師資與學生之來源為何？林金泡（1996：26）曾指出可以設立民族文化系、原住民藝術系、教育系、農藝系、公共行政系和社會福利系。民族學院附設於某一所大學，較單獨設院更有成效，可以減少原住民學院開課的負擔。並認為應以原住民學生為主流，院、系、所長可由原住民擔任。蕭金松（1997）則以為應有條件的設立民族學院，以符合多元文化教育的需要，健全多元化原住民高等教育體系，以及加強研究、保存和發揚原住民文化。將原住民教育放在多元文化教育的思考下，不只是原住民需要接受原住民教育，全體國民都應有學習原住民文化之機會，進而促成多元文化社會的實踐。這其中民族教育與多元文化教育的平衡點何在？如何規畫單軌或

多軌的原住民高等教育模式？學者與專家之間各有理想藍圖，原住民與非原住民亦或有不同的看法，有待參考大陸及美國等地施行少數民族教育經驗，訪談原住民知識菁英與民族教育的專家學者之意見，問卷探詢教育界人士的意見，希望透過不斷的對話與溝通，能設計出一個合於實際需要與具體可行的民族學院或大學實施方案與發展計畫。

爲了規畫民族學院之發展須先了解現有的學術基礎，在本研究當時台灣地區主要從事民族研究之大學相關科系有台大人類學系、政大民族學系、清大社會人類學所、東華族群關係與文化所與慈濟學院原住民健康所等。開設的相關課程有：台大的台灣土著的宗教與社會、東部土著族專題討論、太平洋民族與文化、北美民族誌、當代大洋洲社會、北美洲當代社會與文化等。政大的台灣民族誌、中國民族誌、族群關係、世界民族誌、民族宗教概論、台灣原住民語言、民族政治社會制度、民族藝術概論、民族神話與傳說、當代民族主義專題、大陸少數民族現況、台灣少數民族現況、歐亞民族現況、民族問題與國家安全、原住民政策與都市原住民問題等。清大的南島語系社會與文化、漢人社會與文化、民族誌與地方誌等。東華的台灣原住民特論、台灣原住民與南島文化、原住民教育、族群與教育、族群關係，生態環境與族群關係、台灣原住民的文化認同、民族誌選讀等。

民族研究教學的範疇非常寬廣，包括有不同的族群與不同的議題。除了上述系所，其他大學與科系亦有師生從事族群相關之研究如：台大社會所，東吳社會所，政大新聞所、教育所、心理所、政治所，中山學術與國家發展所，師大社教所、音樂所、體

育所、教育所、地理所，花師多元所、國教所與東華教育所、大
陸所、自然資源所、國際經濟所等等。未來的民族學院設立之系
所不只是從事民族學之基礎研究，其他學科只要與族群議題相關，
能促進原住民文化、教育、經濟、政治、社會各方面之發展，均
有可能進一步設系所、開課或研究之可能。如此方能打破學科界
線，透過科際整合來共謀族群研究之發展，打造多元文化之社會。

## (三)研究方法與過程

　　本研究初期先廣泛閱讀相關文獻，接著找尋報導人，訪談相
關議題，再舉辦座談會，互相交換意見，最後發送問卷，將研究
初步成果呈現，徵求多方面的意見後，修正完稿。具體的研究方
式為：

### 1.文獻分析

　　閱讀國外有關少數民族教育體制之文獻，尤其是大陸、美國、
澳洲、紐西蘭的報告與論文，以吸取國外經驗，作為擴大文化視
野的借鏡。國內文獻之收集與整理，目的在於歸納不同的意見，
找出對話與溝通的開始。

### 2.深度訪談

　　選定有重要影響力及獨到見解的專家學者，包括有教育行政
人員、教師、學者、民意代表與原住民知識菁英。目的在於完整
了解報導人的理念與背景，與其已發展出之策略及做法。預計訪

談三十人次。

## 3.舉辦座談會

　　分北、中、南、東四區舉辦小型座談會，廣徵當地對於原住民教育文化事業長期投入或熱心人士之意見，並提供初步研究成果供討論與修正。

## 4.問卷調查法

　　針對與原住民教育相關之教師發送問卷，含大專與高中職教師，隨機抽樣三百人，探討其對民族學院設置之期望與支持程度，並對研究成果提供意見，以增加研究成果之可行性。

## ㈣研究進度及預期完成之工作項目

| 工作 ＼ 月次 | 第一月 | 第二月 | 第三月 | 第四月 | 第五月 | 第六月 | 第七月 | 第八月 | 第九月 |
|---|---|---|---|---|---|---|---|---|---|
| 文獻 | ====== | ====== | | | | | | | |
| 訪談 | | | ====== | ====== | | | | | |
| 座談 | | | | ====== | ====== | | | | |
| 問卷 | | | | | ====== | ====== | | | |
| 寫作 | | | | | | | ====== | ====== | ====== |

## (五)預期之研究對原住民教育政策之助益

1. 參酌國內外有關少數民族教育體制政策與措施，配合本土的需求，發展適合台灣的民族學院。
2. 了解原住民民族高等教育的現況與發展的可能，推動可行的民族學院發展中長程計畫。
3. 整合各方意見與相關資源，統籌民族學院實施方針與策略。
4. 落實原住民族教育法，培育原住民教育師資與人才。
5. 提升國民多元文化知能，提高原住民社會競爭力。

## (六)期末報告內容大綱

第一章　緒論
第二章　國際少數民族教育體制
　　　　第一節　中國大陸的民族教育體制
　　　　第二節　美國的少數民族教育體制
　　　　第三節　紐澳的少數民族教育體制
第三章　台灣原住民的高等教育
　　　　第一節　原住民高等教育的現況
　　　　第二節　原住民高等教育發展的資源
　　　　第三節　民族學院實施方案的可行性分析
第四章　研究發現
　　　　第一節　訪談分析

# 參考文獻

瓦歷斯・諾幹（1994），告別一九九三國際原住民年，山海 3: 6-13。

行政院原住民委員會（1997），行政院原住民委員會簡介，台北：著者。

吳天泰編（1995），中華民國原住民教師學生族籍調查報告，台北：教育部。

林恩顯（1996），台灣原住民的教育問題與改進，兩岸少數民族教育研討會，台北

蕭金松（1997），台灣設立民族學院的可行性分析，民族研究會訊，17: 5-15。

譚光鼎等（1998），原住民族教育政策體系規畫之研究，原民會。

許木柱等（1992），山胞輔導措施績效之檢討，行政院研考會。

# 肆、研究倫理

　　人類學的研究是一項企圖了解人類及其所創造出來的文化的志業，民族誌的研究工作會與所研究的對象及情境產生緊密的個人關係。影響層面包括有學科、同事、學生、贊助單位、研究主題、本國政府、研究地政府、研究地、特定個人和團體、其他人群及利益團體等等。處在如此錯綜複雜的關係網路中，必然會衍生出倫理上兩難的局面。研究者要有能力預估問題的發生，並有計畫予以化解，否則最好不要進行研究以免損人不利己。美國人類學會於一九七〇年訂定了以下的田野宣言，以規範專業倫理的責任（宋錦秀，1990）：

## 一、與被研究者的關係

㈠資料的取得是基於人與人之間的互信而移轉。對於被研究者的
　權益應予保障，尊重其隱私及尊嚴。
㈡研究的目的應盡可能地以最好的方式與報導人溝通，使其明瞭。
㈢報導人有權不透露真實姓名。
㈣應給予報導人公平的報答。
㈤研究者有義務反省其研究工作及報告的出版，在被研究的群眾

中可以預知的反應。

㈥研究者應與可能受其研究影響的個人和團體,充分溝通研究的
預期成果。

㈦不把一般社會大眾及被研究者不可得閱的報告提供贊助單位。

㈧研究者訂定及執行研究時,應與研究地的成員共同合作。

㈨基於對社會文化多元性的理解,研究者作抉擇時會考慮價值、
利益及需求的多元樣貌。

# 二、對大眾的責任

㈠不把資料暗中傳達給某些人,又對另外的人加以隱瞞。

㈡不捏造或渲染研究成果。

㈢對所提出專業見解的內容負責,並力求解釋忠實與完備。

㈣透過個別或集體的途徑公開陳述專業的知識及研究成果。即是
研究者有其專業的責任,須將大眾輿論及公共政策制定時可能
引以為據的「實情」,予以「適切的界定」。

㈤研究者應對個人的資歷忠實的表態,並承認專業知識的限度。

# 三、對學科專業的責任

㈠不從事秘密研究。

㈡研究時應保持誠實友善的態度。

㈢不應把直接從其他來源取得的資料視為個人工作的成果。

㈣參與錄用續聘及升等事宜時，避免傳達並拒絕運用與專業學術無關的資訊。不以性別、婚姻、膚色、階級、宗教、道德、國籍等非學術理由，對同事做出排斥的舉動。

## 四、對研究贊助單位應負的責任

須切實反省贊助者的目的，不達成秘密協定。要求贊助者透露基金的來源、機構或人員的組合、機構與研究計畫的宗旨，及贊助者對研究成果的處置方式，並保留自行做出倫理抉擇的權利。

## 五、對本國政府及研究所在國政府的責任

不應為了獲准進行研究而將專業倫理作為妥協的條件。不同意進行秘密調查、提出秘密報告或聽取報告。

懷德（Whyte, 1984）建議將倫理的考量隨時加入研究的過程之中，尤其是注意出版品的影響力、權利和義務的平衡關係，研究社會衝突的情況，及區分被動的對象或主動的合作者。此外，讓被研究者閱讀及討論研究報告的回饋過程亦是必要的，以便澄清誤解及補充資訊的不足。藉著被研究者對事件的解釋，重新獲取重要的訊息，使我們的研究成果能更具有說服力。謝世忠（1987）把民族誌的道德網路，進一步區分為責任、監督與反省

系統。責任系統由研究者出發，主動向某些對象負責；監督系統
由那些對象出發，向研究者要求遵守某些行為規範；反省系統則
由研究者自我約束與批判。透過層層保障以確保被研究者的福祉
不因研究的進行而受到損害。

　　至於理想的研究關係，應建立在互信的基礎上，並避免使被
研究者產生被打擾的不快情境。當突如其來的研究者，想要在很
短的時間內了解被研究者的狀況，彼此往往因缺乏良好溝通，而
使被研究者產生負面的情緒如厭煩、壓力、焦慮、疑問，甚至痛
苦，這些都會阻礙與研究者之間的真實交流。馬凌諾斯基（Ma-
linowski, 1922）在初步蘭島長期自然參與當地人的日常生活可說
是成功的例子，他努力的使自己「成為土著的一員」，使當地人
不會因為研究者的「駕臨」而失去自然生活的機會，研究者也可
以看到自然狀態的生活情形。雖然要達到完全自然的狀態是不可
能的，但是研究者應盡量將干擾程度減低，觀察到接近事實的現
象，這也是田野倫理不容忽視的一點（謝世忠，1991）。

# 伍、民族誌的發展

## 一、民族誌的緣起

在一八○○年，一個法國哲學家德傑拉多（Joseph-Marie De-gerando），寫了很可能是第一本的民族誌導引。他在這本《觀察初民各種方式的考量》（Considerations on the Various Methods to Follow in the Observation of Savage Peoples）書中即標示出學習當地語言的重要，以及須在當事者社會系統中研究的必要。到了十九世紀，歷史重建是從事田野民族誌的主要目的，以報導人取向（informant-oriented）來從事資料的收集工作。二十世紀前期結構功能學派與美國歷史學派則以參與觀察爲主要的工作技巧，強調研究者親自融入被研究者的生活之中，以增進對當事者的了解（Pelto and Pelto, 1978），從此建立了人類學以長期田野工作爲收集材料方法的傳統。田野工作是人類學的成年禮，田野方法也就成爲人類學家有別於其他社會科學的專業標籤（蔣斌，1994）。

隨著田野方法重要性的建立，工具書不斷出現。一九六○年代之前多在引導田野工作者收集標準化的材料，如英國皇家人類學會的 Notes and Queries on Anthropology（1951）是一本博物館

學者式的田野手冊,莫道克(Murdock)的 Outline of Cultural Materials(1950)目的則在促進田野材料的規格化,以便做泛文化比較之用。到了一九七〇年代,民洛和可漢(Naroll and Cohen)所編的 A Handbook of Method in Cultural Anthropology(1970)進一步指出通則科學(nomothetic)的立場,田野的目標是爲了建立具有泛文化適用的理論。波爾多(Pelto)的 Anthropological Research(1970)則以實證科學爲藍本,強調將基本概念運作化,即是民族誌學者在將初級田野材料轉化爲抽象的人類學概念時,需要遵循邏輯的步驟和原則(蔣斌,1994)。

　　然而田野工作除了是一項科學的研究工作外,也是一段具挑戰性的人文經驗。在科學的教條下,學科專業的超然(disciplined detachment)與同理的介入(empathic involvement)之間須取得一定的平衡。除了「客觀的」研究報告,田野工作者的個人經驗與人性逐漸被公開、被接受,例如馬凌諾斯基(Malinowski, 1967)的 A Diary in the Strict Sense of the Term,姜邁斯和古凱(Jongmans and Gutkind, 1967)編的 Anthropologists in the Field,史賓德勒(Spindler, 1970)所編的 Being an Anthropologist,和波達馬克(Powdermaker, 1966)的 Stranger and Friend 等等。這些個人田野辛酸的作品雖然蔚爲風氣,只是預設了田野經驗與主流理論是可以區隔的,研究過程與結果是不連續的,因此學術界把他們視爲野史,不視爲真正的人類學研究(蔣斌,1994)。

　　一九七〇年代人類學出現了一系列對於民族誌田野進行批判式的反省作品,圍繞著人類學家與被研究者在田野遭遇中的實質對話來撰寫民族誌,藉此將詮釋人類學的焦點導向跨文化的溝通

理論上，強調將被研究者放在一個平等的地位，以呈現他們在民族誌過程中的支配地位（蔣斌，1994），試圖讓被研究者發聲，與人類學家對話。新民族誌的報告，不只是人類學家描述所獲得的知識而已，而是他／她如何能夠理解所要理解的對象。研究對象可經由討論、交互作用、陳述，建構出自己，是一個積極的說明者，也是參與研究之人。因此，民族誌寫作必須讓多重聲音相互呼應，讓多種觀點彼此對照，甚至於包括讀者的聲音和觀點（黃道琳，1986）。

　　到了一九九○年代，在後現代理論的影響之下，新民族誌及書寫文化之研究，即是質疑在研究者與被研究者之間、文化與文化之間的不平等權力關係，會影響其對異文化的經驗。在民族誌產生的過程中由於被研究者的未參與，以致處於不利的地位，因而強調對文化差別性的反省與多元詮釋及書寫文化的重要。此類研究提供了反省的概念架構，然而往往簡化了民族誌認識論的問題，其批判性的解構比正面建構文化概念的力量來得大。事實上，民族誌在了解異文化的目的上，有好壞與深淺之別。這差別來自研究者能否再現豐富的民族內涵，將社會、文化與歷史知識連結在一起，並且牽涉到研究的實踐工作，不純粹是個人經驗與寫作本身而已（黃應貴，1997）。

　　總之，田野工作是發現知識與討論知識論問題的絕佳場域。儘管有不同的學派與研究取向，一個好的民族誌要能描述出其研究社會的成套規則，使得陌生人能夠有效的利用這些規則、了解這個社會。另一方面能區辨出其研究社會中理想與實際的差距，使得民族誌的知識和了解能更精確（Barrett, 1996）。為了達到完

成優良民族誌作品的目的,不同的嘗試與反省正持續中。一九九〇
年以來關於民族誌的著作,較常見的有:

Atkinson, P. (1990). *The ethnographic imagination*. NY: Routledge.

Clough, P. (1992). *The ends of ethnography*. CA: Sage.

Commaroff, J. (1992). *Ethnography and the historical imagination*.
Boulder: Westview.

Emerson, R. M., R. Fretz, & L. Shaw (1995). *Writing ethnographic field-
notes*. Chicago: Univ. of Chicago.

Fine, G. A. (1993). Ten lies of ethnography. *Journal of Contemporary
Ethnography, 22*(3): 267-294.

Fowler, D. D. & D. L. Hardesty (1994). *Others knowing others*. Wash-
ington, DC: Smithsonian Institution.

Hammersley, M. (1992). *What's wrong with ethnography*? London: Rou-
tledge.

Jacobson, D. (1995). *Reading ethnography*. NY: State Univ. of New
York.

Jessor, R.et al. Eds. (1996). *Ethnography and human development*. Chic-
ago: Univ. of Chicago.

Kleinman, S. & M. A. Copp (1993). *Emotions and fieldwork*. CA: Sage.

Lee, R. M. (1995). *Dangerous fieldwork*. CA: Sage.

Rubinstein, R. A. ed. (1991). *Fieldwork*. CO: Westview.

Sanjek, R. ed. (1990). *Fieldnotes*. NY: Cornell Univ.

Shaffir, W. B. & R. A. Stebbins, eds. (1991). *Experiencing fieldwork*. CA:
Sage.

Tedlock, B. (1991). From participant observation to observation of participation. *Journal of Anthropological Research, 47*(1): 69-94.

Thoms, J. (1993). *Doing critical ethnography*. CA: Sage.

Van Maanen, J. ed. (1995). *Representation in ethnography*. CA: Sage.

Whyte, W. F. (1994). *Participant observer*. NY: Cornell Univ.

Wolcott, H. (1995). *The art of fieldwork*. New Delhi: Sage.

# 二、民族誌書寫的典範

　　民國十六年蔡元培首創中央研究院民族學組，並標示設組方針：

　　民族學之科學研究，不能僅取之於間接材料，尤當著眼於直接材料的探求。故其指導民族學組工作所定的方針，首重科學的實地研究之實施；並注意邊政邊教之推行和民族文化水準之提高。蔡氏乃本此方針，指定各研究員，分年分赴各地為有計畫有組織的調查研究（何聯奎，1955）。

　　凌純聲（1934）《松花江下游的赫哲族》一書，即是在此時期完成的巨著。

一本極其完整的科學民族誌，它具有典型民族誌書的內
容與章節，所以一直成為中國民族學者從事田野調查與
撰寫報告時之圭臬；實施上一九三五至一九四五年代，
中國民族學者從事於西南西北邊疆民族之調查，無不以
此書為範本；而政府遷台以後，台灣民族學界之熱烈從
事高山族調查研究，亦仍以為搜集民族誌基本資料的藍
本，……（李亦園，1970）

凌純聲（1934）是採取科學式的民族誌書寫態度，「因為研
究民族學的人在研究一民族時，對於所見所聞，都要很忠實的一
一記錄。」，「只本了有聞必錄的精神」，凡事求真實性。全書
分上下兩冊及圖版一冊。上冊先由赫哲族在中國古籍中的描述開
始，確立其族源及其與東北各族的關係，而後由物質、精神、家
庭及社會生活來描述赫哲人的文化，最後整理語言材料。下冊是
十九則故事譯述，圖版即依據正文有關文化的各個層面之描述而
拍攝。讀者很容易就可以了解作者所呈現的都是他所看到、聽到
及問到的「事實」（何翠萍，1997）。

# 三、臺灣民族誌學的研究

李亦園（1993）將光復後台灣人類學的發展分為三個時期：
(1)一九四九至一九六五年，以描述台灣原住民歷史文化為重心，
是一個民族誌學的時代。田野調查的目的多以重建原住民文化為

職志，對原住民即將失去的文化進行搶救工作。由於注重田野工作技巧，民族誌報告細緻有特色。(2)一九六五至一九八○年轉爲漢人研究，採社會人類學的趨勢。接受功能論及其他人類學理論的影響，與英美人類學同行密切往來，共同合作。另一方面社會科學界展開科際合作的綜合研究，企圖將社會科學研究中國化。(3)一九八○年以後，提倡人文學的主張，追求文化內在意義與象徵體系的研究。企圖以被研究者主觀上對人的看法，去研究自我的各種意義。對原住民研究態度的重新思考，以被研究者的立場來探討問題。一改過去文化重建的作法，注重現代實質生活與文化的探討，並以原住民爲主體來了解問題。調查報告亦受當局與當事人的注意，用來作爲行政改革的參考，及爭取地位與權利的理論基礎。民族誌學除了學術價值外，亦充分發揮其應用的功能。

　　各期重要作品舉例說明如下：

第一期：丘其謙（1966），布農族卡社群的社會組織，台北：中
　　　　研院民族所。

　　　李亦園（1962），馬太安阿美族的物質文化，台北：中研院
　　　　　民族所。

　　　李亦園（1963），南澳的泰雅人，台北：中研院民族所。

　　　陳奇祿、李亦園、唐美君（1958），日月潭邵族調查報告，
　　　　　台北：台大考古系。

　　　衛惠林、何聯奎（1956），臺灣風土志，下篇：土著志，台
　　　　　北：中華書局。

　　　衛惠林、林衡立（1952），同冑志曹族篇，台灣省通志稿，
　　　　　台北：台灣省文獻會。

衛惠林、劉斌雄（1966），蘭嶼雅美族的社會組織，台北：
　　　中研院民族所。

第二期：王崧興（1967），龜山島：漢人漁村社會之研究，台北：
　　　中研院民族所。

　　　李亦園（1970），一個移殖的市鎮：馬來亞華人市鎮生活的
　　　調查研究，台北：中研院民族所。

　　　李亦園、楊國樞（1972），中國人的性格，台北：中研院民
　　　族所。

　　　陳中民（1977），營頂：一個南臺灣的混作農業村落，台北：
　　　中研院民族所。

　　　唐美君（1978），台灣的中國都市家庭，台北：台大。

第三期：中央研究院民族學研究所（1983），山地行政政策之研
　　　究與評估，台中：省政府民政廳。

　　　胡台麗編導（1983），神祖之靈歸來，台北：中研院民族所。

　　　許木柱（1987），阿美族的社會文化變遷與青少年適應，台
　　　北：中研院民族所。

　　　黃應貴（1993），人觀、意義與社會，台北：中研院民族所。

　　　黃應貴（1995），台灣土著社會文化研究論文集，台北：聯
　　　經。

# 四、民族誌基本調查

近年來台灣的人類學研究，已有學者以統計分析取向配合田

野工作，突破過去單一民族誌的研究方式，採取質與量並重的研究法，以增進對研究主題全貌及整體性的了解。例如民國七十九年中央研究院民族所和美國史丹佛大學人類學系合作的一項有關台灣和福建的比較研究計畫，即是一方面收集基本的民族誌資料，建立資料庫，另一方面亦努力於理論層次建構的大型研究案。研究的步驟是先選十個田野工作地點，進行戶籍資料、半結構問卷調查，及人類學田野研究等之資料收集。最後利用電腦建立資料庫，一方面儲存檔案，另一方面進行統計分析。調查工作結合了海內外人類學、歷史學、社會學等學術研究，主要目的是以家庭、婚姻、禮俗等主題，透過區域性的比較研究，檢驗歷史、文化、環境適應、文化互動等理論假設，以了解台灣地區文化的多元性與文化的差異性，是一個具前瞻性與整合性的計畫。其中民族誌資料庫的建立，更是採標準化的呈現，以方便日後其他研究者的運用，將是人類學研究第一個建立區域性電腦資料庫的研究（莊英章等，1990）。

　　此研究亦代表著質與量的研究並非是水火不容，端賴研究的題目選定合適的研究方法，每一個研究法皆有其擅長解決的問題及方法，亦有其限制。研究者深知研究法的優點與弱點，方能選擇合宜的研究法；而不是受到研究法的限制，只能看見部分的事實。隨著人類社會與文化的多元化，與龐大研究資料的累積，傳統民族誌直接呈現的方式已經有了改變，質與量融合的研究法，也許可以加深與加廣我們的視野，更能增進對人類社會與文化的了解。

# 五、民族誌的自我

　　一九六七年馬凌諾斯基的日記在其身後出版，該書一方面讓世人了解馬氏在田野工作中的真實內在世界，另一方面，也引起人類學者對馬氏道德評斷的不安，因為日記中隨處可見馬氏對田野工作的焦慮、疲憊、不穩的情緒、情慾及粗魯（潘英海，1990）。馬氏的未亡人馬凌諾斯基夫人（Valetta Malinowska）以為可以「讓我們更深刻的領悟到作者在發展某種理論或編寫某些樂曲背後的個性，同時也可以讓我們透過作者的生活與情感，更接近和更領悟他的作品（Malinowski, 1967:ix）」。

　　日記中展現了作者真實的自我，有安詳、平靜、快樂、興奮的時候，當然也有挫折、憂鬱、忿怒、寂寞與脆弱的時候。因此作者覺得一切照舊、想坐地而哭或離開的情況，是可以理解的。對馬氏而言，日記不僅是一面鏡子，用來觀照自我的身心與良知，也呈現出動態的自我，在科學理性與人文精神之間擺盪。寫日記是為了做自己（be yourself）、健康、平衡與集中、良知意識（潘英海，1990）。「每一天是對前一天的解說：事件的一面鏡子、一個道德評鑑，我生命目的的一個定位，對明天的一個計畫。」（Malinowski, 1967）

　　在田野工作中，我們以自己為研究工具，透過親身的經驗與體驗，進行觀察，做下紀錄，完成分析，呈現報告。我們表現了科學的精神，具體而微的描述研究對象，以及說明研究者如何收

集和處理這些資料。我們真正和研究對象生活在一起，參與當地的文化，並能找出與該文化相呼應的想法和感覺，以當事人的話語這種最具說服力的方式來呈現結果。另一方面，研究者的自我一直操縱著整個研究過程。透過研究者的思維方式，將由田野中所知所得轉譯成另一種文化的語言，使不同的文化間產生對話，以達到更深層的自我了解，包括對自己文化也包括對自己個人的自覺。如果說《西太平洋的航海者》一書是馬氏「科學我」的表現，顯示出理性的、邏輯性的、有系統的科學精神；日記的出版則呈現出馬氏情緒的、反省的與隨機的自我（潘英海，1990）。

　　在民族誌知識製造的過程中，像變魔術似的，所呈現的是一齣齣生活世界的幻象，這其中田野工作是變魔術的技巧，田野工作者才是整個魔術關鍵之所在（潘英海，1990）。民族誌的自我、自我觀照與自我了解，再度標示出透過對異文化的了解，來了解自己文化的功能。從事田野工作者不僅了解了別人，也經由反省與溝通，更進一步地了解了自己。因此民族誌的自我呈現，是一種人類對自己，與對人類普同性及特殊性的了解過程。不僅建構了當事人的文化脈絡，解釋各種現象的文化意義，同時也展現了研究者自我真實的一面。

# 陸、民族誌研究的最低標準

　　專業的民族誌學者與業餘的民族誌工作者不同之處，在於專業研究者研究時間的長久及研究方法與理論的深入，他們一方面能掌握當地的語言，找到可靠的資料來源，另一方面能浸淫在被研究者的文化之中，了解當事人的觀點，又能適度地跳出該文化，以客觀理性的方式分析所有的資料。民族誌的描述是詮釋性的（interpretative），尤其是以行動者取向（actor-oriented）的意義詮釋。民族誌的文化分析是奠基在田野工作之上，進行厚實描述，以便將不明晰的表相、不規則的概念結構加以連結，推論出一個脈絡及一套意義的文化體系（Geertz, 1973）。因此田野工作及理論素養都不可偏廢，以免只能提供資訊服務，無法發展詮釋的體系，或空具理論，而不能符合實際的現象。田野工作與理論假設的辯證發展，可以提升理論的層次，也能改進研究方法與態度（洪惟仁，1991）。為了幫助民族誌工作的進行，使初學者能判斷民族誌的好壞，偉拿（Werner, 1987）將民族誌研究的最低標準，條列分述如下：

# 一、認識論和理論的標準

㈠民族誌的紀錄要將研究者本身的想法與被研究者的想法分別開來。

㈡企圖分辨並解開研究者與被研究者之間的矛盾與不協調處。

㈢研究者學習文化時要將焦點集中於成員個人與其文化整體兩方面。

㈣要有一個明確的理論架構，以便有效的洞視人類的知識體系、人際溝通，包括傳譯的本質。

㈤以文化相對論作為研究的立場。

# 二、個人的標準

㈠研究者必須書寫詳細的自傳，包括個人的經歷、偏見及盲點，並定期修訂。

㈡研究者必須有面對寬廣文化差異的訓練。

# 三、研究設計和計畫的標準

㈠研究計畫須對問題的澄清有幫助，以方便理論的探索。

㈡研究計畫必須包括理論性和行動性的計畫，即是要思考如何將理論的目的轉化到研究的過程中。

㈢事先建立有效的資料處理系統。

㈣要注意保護報導人的隱私權。

㈤要以被研究者能理解的語言或方式，向他（她）們說明研究計畫。

㈥要考量研究計畫與研究者個人工作方式的互動關係。

## 四、研究現場關係的標準

㈠要學習被研究者的語言。

㈡當研究者建立研究關係時，須考慮到未來研究者亦能依循其道
　或重複研究，即是要能保持現場的開放性。

## 五、觀察的標準

㈠使用最有效和最適當的研究工具。

㈡絕不竄改或捏造資料。

## 六、訪談的標準

以被研究者文化背景的語言來訪談。

# 七、分析的標準

㈠以相同的方法分析所有的文本。

㈡以相同的方法來分析具體和抽象的文化知識。

㈢不可竄改或捏造資料的分析。

# 八、民族誌寫作的標準

㈠要分清楚詮釋和解釋之間的不同。

㈡研究成果要能對理論知識的增進有幫助。

㈢要列出報導人的資料，尤其是訪談的次數及記錄的方式。

㈣要感謝報導人的協助，研究成果應與之共享。

㈤以最能被閱讀者了解的方法來呈現研究資料與成果。

㈥研究者不斷地改善溝通技巧及寫作的能力。

參考書目

于嘉雲譯（1991），Malinowski, B. (1922). 原著，南海舡人。Ar-
　　gonauts of the Western Pacific. NY: E.P. Dutton.台北：遠流。

王文科（1990），質的教育研究法。台北：師大書苑。

李亦園（1970），凌純聲先生對中國民族學的貢獻。中研院民族
　　所集刊，29: 1-10。

李亦園（1993），民族誌學與社會人類學。清華學報，23(4):
　　341-360。

余光弘（1992），田野工作中的系譜速成法。臺灣史田野研究通
　　訊，24: 130-136。

宋錦秀（1990），倫理宣言。臺灣史研究通訊，17: 42-46。

吳天泰（1998），原住民教育體制的發展。台北：原民會。

何翠萍（1997），台灣人類學對中國少數民族研究的回顧與前瞻。
　　人類學在台灣的發展學術研討會。台北：中研院民族所。

何聯奎（1995），四十年來之中國民族學，中國民族學報，1:
　　1-24。

洪惟仁（1991），我的田野經驗。台灣史田野研究通訊，18:
　　45-47。

凌純聲（民80），松花江下游的赫哲族。台北：中研院史語所。

莊英章、潘英海（1990），臺灣漢人社區的民族誌基本調查。台
　　灣史田野研究通訊，17: 5-9。

黃政傑等著（1996），質的教育研究。台北：漢文。

黃道琳（1985），社會生物學與新民族誌。當代，8: 52-59。

黃應貴等編（1997），從周邊看漢人的社會與文化。台北：中研
　　院民族所。

蔣斌（1994），田野調查方法。在中華民國臺灣原住民族文化發
　　展協會編，原住民文化工作者田野應用手冊。台北：永望。
　　頁47-69。

蔣斌（1993），反省式民族誌與社會學質性方法。社會科學研究
　　方法檢討與前瞻，第二次科際研討會。台北：中研院民族所。

潘英海（1990），田野工作的「自我」。臺灣史田野研究通訊，
　　17: 26-35 頁。

蔡敏玲（1994），教育民族誌中研究者的角色。社會科學研究方
　　法檢討與前瞻，第二次科際研討會。台北：中研院民族所。

謝小芩（1988），透視黑盒子—美國學校民族誌。美國月刊，
　　3(5): 115-124。

謝世忠（1987），民族誌道德與人類學家的困境。當代，20:
　　20-29。

謝世忠（1991），學術觀光與人類學田野倫理。臺灣史田野研究
　　通訊，21: 78-85。

Barrett, S. (1996). *Anthropology*. Toronto: Univ. of Toronto.

Bernard, R. (1994). *Research methods in anthropology*. New Delhi: Sage.

Fetterman, D. M. (1989). *Ethnography step by step*. CA: Sage.

Geertz, C. (1973). *The Interpretation of cultures*. NY: Basic Books.

Hammersley, M. & P. Atkinson (1983). *Ethnography*. NY: Tavistock.

Jongmans, D. C. & P. C. W. Gutkind eds. (1967). *Anthropologist in the field*. NY: Humanities.

Malinowski, B. (1922). Argonauts of the Western Pacific. New York: E. P. Dutton. (1967). *A diary in the strict sense of the term.* London: Routledg & Kegan Paul.

Murdock, G. P. (1950). *Outline of cultural materials*. New Haven: HRAF.

Naroll, R. & R. Cohen eds. (1970). *A Handbook of method in cultural anthropology*. NY: Yhe Natural History Press.

Pelto, P. J. (1970). *Anthropological research*. NY: Harper & Row.

Pelto, P. J. & G. H. Pelto (1978). *Anthropological research*. Cambridge: Cambridge Univ.

Powdermaker, H. (1966). *Stranger and friend*. NY: Norton.

Royal Anthropological Institute (1951). *Notes and queries on anthropology*. London: Routledge.

Spindler, G. ed. (1970). *Being an anthropologist*, NY: Holt, Rinehart & Winston.

Spradley, J. (1979). *The ethnographic interview*. NY: Holt, Rinehart and Winston.

Spradley, J. (1980). Participant observation. NY: Holt, Rinehart and Winston.

Werner, O. (1987). *Systematic fieldwork*. Beverly Hills: Sage.

Whyte, W. F. (1984). *Learning from the field*. CA: Sage.

# 6

## 歷史社會學的後現代轉向——敘事認同分析簡介

蔡篤堅

　　做為質性研究專書中的一章，本文在此再度提醒讀者，方法學並不是個可任意挪用的研究工具。方法學之選用實際上不僅反應了一套哲學思維、價值體系，更彰顯出研究者是如何藉由學術研究，參與現實社會錯綜複雜的學術權力關係。這樣的提醒對於目前所面對的性別、種族、階級、環保等等多元認同勢力興起，由認識論出發，挑戰傳統人文社會學科之理論與方法學的後現代場景中，從事學術研究工作，尤其重要（Huyssen, 1984）。

　　在一片「後－」學對西方白人中產階級男性文化價值的反省聲浪中（Nicholson, eds 1990; Benhabib et al., 1995），本文將嘗試更進一步地為台灣的學術研究，開創生產在地知識（local knowledge）的新可能（註一）。於本書之緒論，王雅各提醒讀者，西方學術研究的發展與視野的開創，與歷史文化脈絡及社會情境息息相關。筆者將後現代思潮視為西方學術界自現代主義運動以來，對多元文化認同缺乏體認而造成排除非主流身分認同，使得學術研究成了主流文化打擊異己、壓迫機制環節之一的反省。本文則藉由引介歷史社會學於歐美（尤其是以美國為主）和台灣的源起，主要的研究模型受到後現代主義反省後對實證和詮釋兩學派的質疑新敘事認同（narrative identity）分析取向的發展，最後並藉由對一九九七年六月修憲的爭議分析，來示範經後現代轉向之歷史社會學的可能應用。

───────────────────

註一：關於「在地知識」這概念，主要源自當代文化人類學者對知識
　　形成可能的反思，詳見 Geertz（1983）。

# 壹、歷史社會學的源起和轉變

歷史社會學主要是藉由探索過往，了解人類社會如何維繫和變遷。由於研究的主題常與研究者當時所處的環境息息相關，歷史社會學的研究也因此探索著過往與現實、事件與過程，及行動與結構成形間的交互影響。這一個探尋社會脈動機制之學科，起始於對理性知識的渴望，社會動盪不安、但對自由及思想的探尋仍然可能的環境中。十八世紀中葉後，美國獨立戰爭、法國大革命、英國的光榮革命和德國民族國家的成形，鋪陳了新時代到來的陣痛。此外工業革命、人口暴增並往都市集中、瘟疫流行更加深了時局的動盪，此外種族與族群關係伴隨著帝國主義殖民地爭奪鬥爭形塑，促成了第一波的歷史社會學家，自孟德斯鳩（Montesquieu）和休姆（Hume），經托克維利（Tocqueville）和馬克思（Marx），至涂爾幹（Durkheim）及韋伯（Weber），藉由不同角度的歷史回顧與分析，開創了各種社會想像的視野及未來社會轉變的可能。

但是，這知識成長的環境，於一九三○年代因納粹主義和集權主義的興起而一度中斷，人文社會學科的研究轉向對現實政治的批評，探討社會秩序和正義的關聯。在美國可以芝加哥學派為代表，而自歐洲傳至美國者，則以法蘭克福學派為代表。歷史社會學研究取向的恢復，則是在一九五○年代末期，伴隨戰後形塑

的新秩序重新受到多重認同文化價值的挑戰，是非善惡不再清楚地以二元對立的方式呈現。第一階段歷史社會學浮現的社會荒亂情境宛若再現，新一代的歷史社會學家浮現思想史的舞台，派深思（Parsons）、馬歇爾（Marshall）、班的克（Bendix）等等承繼了歷史社會學的傳統，摩爾（Moore）、湯普生（Thompson）、剔利（Tilly）和史可頗（Skocpol）塑立了許多研究的範例。之後，歷史社會學的研究受女性主義運動的影響，重新確立女性是歷史研究重要的分析類別，而國際政治的變遷和民族族群關係的警覺，則使著重多元認同的後現代論述與感時憂「國」（建議解釋為以任何身分認同為基礎的想像社群）的批評傳統，塑造了當時歷史社會學的多種可能發展方向（Smith, 1991; Skocpol, 1984; Calhoun, 1996）。

# 貳、在台灣的歷史社會學

或許是囿於歷史經驗或文化價值的差異，台灣現代化的歷程中，從事人文社會學科研究的人比例偏低，而其中為數較多的社會學科研究者多傾向於依賴實證量化研究，或依循系統性的經驗主義（systemic empiricism）來從事研究，歷史社會學研究者相對地稀少。而嘗試將「歷史社會學」這概念引介或應用於台灣的，目前僅有張華葆和文崇一二位的著作。在此先就這兩位學者的著作討論，視之為台灣觀點的歷史社會學。

　　張華葆和文崇一（以下簡稱張和文）兩位皆有歷史學的背景，
著作中也呈現其對社會學理論有著相當深入的了解，但或許學術
訓練的不同，可反應在其對歷史社會學不同的觀點上。張自台大
歷史系畢業即赴美研究，碩博士學位皆鑽研社會學，其對運用西
方社會學的理論來分析詮釋台灣社會持著較肯定的態度。文自台
大歷史系畢業後，曾至美國哈佛大學從事訪問研究，曾任中央研
究院民族所所長，主張歷史社會學的研究不應平行地移植西方理
論學說，應「由歷史中尋找模式」。張強調西方社會學說的普遍
性，文則著重於東西文化差異，但尋找一套系統性的知識模型來
解釋社會的延續與變遷，是兩位學者共同關心的主題（張華葆，
1993；文崇一，1995）。

　　張深受世界體系理論和依賴理論的影響，認為歷史社會學使
社會學、史學和經濟學結合為一體。這觀點的發展，是根植於依
賴理論的社會學家對亞洲四小龍經濟發展的解釋，指出「歷史社
會學結合了時間與空間，結合了唯心論與唯物論，也結合了結構
功能學派與衝突學派兩大理論體系。歷史社會學使我們可以從歷
史結構中，探索社會經濟結構的來龍去脈，這項發展使得社會學
能夠自過去狹窄的唯物論及實證主義中解放。」（頁39-40）簡而
言之，張認為歷史社會學是社會學發展的最新階段，過去相互衝
突的社會學說皆在此得到了充分的整合。如是的論點，也造成了
新的問題——如何同時用原本相異的學說來了解歷史事件呢？

　　藉由舒茲（Schutz）所定義的社會文化性的真實境界（social
reality），張主張「以『了解』去建構人類的行為動機及思考模
式」（頁44）。據張之引述，「舒茲的論文，在於支持韋伯『了

解』觀念，認為在同一社會文化範疇之內的人，由於社會文化共同的基礎，可以透過了解方法，了解對方的動機及思考程序，也似乎只有在這樣的基礎，就是說社會文化共同基礎之上，我們才能夠建立起社會學。」（頁44）。就歷史事件的分析而言，張指出「對於過去的一件事情或一個社會現象，似乎每一位史學家、或是社會學家都可提出個人特殊的見解，其中有的是真知灼見，有的則是無價值的揣測；所以要判斷史學記載的價值是很困難的，事情既已過去，要求證也不可能，只好憑藉讀者與學者的判斷力。」（頁49）。張顯然對史學或歷史社會學的撰述採用了一個較開放、傾向極端相對主義的觀點。依此原則對歷史事件分析，張認為可藉由史料來「了解」歷史人物的人格個性或行為動機來解釋事件的來龍去脈。

　　張以二次大戰為例來說明「史學家運用了一些瑣碎的歷史素材，加上主觀意識的因素，繪畫成為一幅有意義的歷史圖畫。」（頁49）。張明確地指出：「第二次世界大戰中最主要的角色應該是史達林，而不是盟軍統帥及將領。」（頁 59）。據張的分析，史達林製造西安事變促成了中日戰爭於一九三七年爆發，又藉由蘇、日互不侵犯條約的訂立，化解了日本攻擊蘇俄東邊的威脅，一九三九年德、蘇互不侵犯條約的訂立給予蘇俄備戰的時間，而德國進攻蘇聯後，史達林以堅壁清野的戰略應戰，最後於美國向日本投下原子彈十五日之後對日宣戰，佔領中國東北、北韓和日本北方四島。史達林卓越的領導能力使得蘇聯由戰前的二流強國成為戰後的超級強國（頁59-63）。雖然勾勒出一因果關係清楚的歷史輪廓，但張相當自覺地指出，「史學家本人主觀對歷史真

相的詮釋，扮演了重大的角色。」（頁58）。在這歷史勾勒與解釋中，呈現了與西方歷史社會學傳統極大的差異：不再是任何宏觀社會學理論所蘊涵的社會結構，而是少數的英雄領袖，決定了歷史的脈動。

確立統治菁英決定歷史走向的史觀後，張將論述的重心移至東西文化衝突中的中國前途。儘管承認中西文化有著本質性的差異，張顯然認為兩者的相互了解並無困難，於是引用了許多中西學者的著作，尤其是摩爾（Moore）所著《中國文化精神》一書勾勒出中國文化的特色，並藉由《河殤》和《中國的沒落》兩本書，指出中國文化的沒落。但張提醒人們，同屬中國文化社區的亞洲四小龍，經濟發展的本質仍是中國文化的傳統，其日後的發展也必然與西方不同（頁 128）。之後，前述依賴理論的世界體系之視野，引導張的著作檢視戰後台灣、亞洲、第三世界經濟發展、美日爭霸局面及世界體系演變，可是在這些個別的經驗研究章節中，只見到描述性的敘述，穿插著對某些政治菁英的讚揚或質疑，不見系統性的理論證實或建立，是張氏著作的特色。然而主觀的歷史詮釋貫穿全書，「近幾十年來，台灣經濟迅速成長發展，中國大陸經濟也在近十年中突飛猛進，然而繁榮的表象掩飾不了骨子裡的腐敗，仔細觀察兩岸的中華文化，似乎都先後到了垂暮晚年，走入生命的末期。」（頁259）。

相對於張的菁英史觀較缺乏既成理論導引或建立新理論的歷史敘事，及予以研究者較大主觀詮釋彈性的因果推論，文的著作呈現了另一種風貌。就界定歷史社會學而言，文較不似張全以一己的創意來界定歷史社會學。文採用歐美歷史社會學家的觀點，

主張由結構和行動兩個層面去從事歷史社會學的研究，歷史社會學對文而言，「比較適用於通過相當長的時間，使用較龐大的資料，試圖建立大型理論。」（頁10）。相對於張在西方理論中找尋歷史社會學的內容，文則是以歷史社會學為理論建構的方法，主張在個別文化的歷史經濟中建立合適的理論：「歷史社會學可建構的理論相當多，不只是馬克斯的生產關係、韋伯的理性、布勞岱的地中海經濟、華勒斯坦的國際市場、穆爾的專制和民主而已。以中國統一／分裂模式而論，那也只是統治王朝姓氏的轉換，就像張三做老闆換成李四一樣，經濟結構沒有什麼變動，依舊是地主小農經濟；政治上依然是皇帝專制和封建官僚的統治；社會變動也不大，親屬關係、知識階層一直是社會的動力來源，雖然偶爾有些程度上的差異；平民階級永遠是一群貢獻最大、生活最壞的被剝削者，也不知如何及從何反省。假如把這些都算作文化，則中國自秦以來一直是統一的，分裂只表現在王朝的統治權上，即朝廷族姓的更替，社會的實質改變不大，跟治、亂幾乎沒有什麼關係。」（頁13）。如此的論述打破了張所持的菁英史觀，由平民百姓的生活經濟、人際關係出發來建立理論。

　　張、文兩位都注意到中國歷史文化的特殊性，但兩者如何對外找出這特殊性的方法有著相當的不同。張對於「了解」社會文化性的真實境界中之個人動機和思考程序持較樂觀的看法，因此藉由結合中西學者研究與觀察中國文化的二種文獻來描繪其特殊性。文則主張注重歷史研究資料的龐雜多樣為其歷史特殊性的基礎，並強調中國歷史文獻資料有著個人多於社會、官吏多於平民、政府多於民間等三大特點；以此為基礎，文主張「從歷史社會學

的角度去了解中國歷史和史料,由於社會學理論與方法的幫助,對中國歷史上政治、經濟、社會等各方面,都可能獲得不同的理解和解釋。這種差異,並不在於產生或製造新的歷史,這是不可能的;而是發掘一些原來不明顯或不為人知的潛在涵義,足以增加對人類行為的了解,以及結構間的共生模式。這種研究空間,比現實社會的經驗研究要大得多。」(頁 26)。相較於張以敘述的方式呈現中國文化特色,文較重視依據以地區史料為基礎的歷史脈絡呈現來建構理論。

更重要的是,文顯然不同意張將研究者主觀的歷史解釋權視為理所當然。相反地,文指出歷史社會學在這方面有五大特性:首先,必須把個別的、沒有連貫的史料加以有意義的串連,解釋整體的社會觀點。其次,不僅要著重事實真偽,也要重視其在事件中的解釋力,建立通則。其三,平衡歷史知識之建立往往有利於統治階層而不利於平民百姓的問題。其四,須由歷史事實做出解釋或推理,以建立社會學的概念或理論。最末,嘗試利用廣泛的歷史資料,打破傳統社會學中巨觀和微觀的界限,來建立新的理論(頁 27-28)。在如此的歷史解釋發展中,文的風格也與張不同,張在承認自己主觀性的同時,也武斷地賦予史達林主導二次大戰的地位。文推論時,則強調解釋為一種試探,也許還有更適合的分析方法。文是以較詳實的史料、較全面性(包括結構和行動)的觀點,發展最適合的解釋,這也是作者較支持的態度。

最末,文、張二人皆對中國文化有著相當的質疑與批判,可是立基點全然不同。張以西洋文化為標準,強烈抨擊亞洲四小龍目前發展僅至重商主義的階段,缺乏科技文明、法治基礎及龐大

非家庭的企業組織為基礎的資本主義內容。如前所述，張進一步以西方沒落代表衰亡的概念，指控中華文化走入生命的末期。文的質疑則是結合行動、結構、批判三種方法的成果，就易傳中循環論來說明，與西方參酌生物生命週期的循環論不同的是，易傳循環變遷有兩種意義：「一是不同時間的往復循環盛衰；一是盛衰中仍有延續與轉變的演化。」（頁 69）。如此的區分，文對中國文化的質疑不是建立在其內在無可逃避的宿命邏輯，而是座落於特性歷史時空下的某些現象，如不同形式政治結合家族的台灣終戰後文化。就文的觀點而言，前述張所言中華文化發展的缺點是可透過行動和結構的互動改變的。

　　雖然文的論述常忽略了行動面向的詮釋，而著重於結構的建立，但其相當地警覺西方理論應用於非西方社會的限制是相當可取的。文特別留意到目前社會學研究有三種方式，最多的是「把已有的概念或理論，轉變為自己的研究假設，加以驗證。」，其次是「修改現有的概念或理論，成為自己的研究假設，予以驗證。」，而最少的是「把某些現象作為相關因素，成為研究假設的基礎，從事累積性的研究，以建立新的概念或理論。」（頁 45）。針對如此的現況，文提醒我們「除了拾取西方研究經驗（實地經驗研究和歷史研究），運用其方法與理論外，還必須顧慮到中西文化差異的顯示在行為和思想上的問題」（頁 53）。文所採取的是由史料出發，對照中國歷史上變遷理論與西方相似理論的差異，並建立中國變遷觀念的二種模式：天人感應說和自然變化說。最後並以歷史資料分析價值衝突、支持行為和家族間權力間的結構關係來分析中國歷史上行為與結構的問題，建立新的理論。

總而言之，張、文皆未完整地介紹西方歷史社會學的基本邏輯，缺乏了這一個層次的思考，張的著作落入了常識性的敘事及武斷的因果推論，文的著作則未交代理論建構的過程，及進一步應用理論的可能。爲彌補這些缺憾，我們就來回顧西方歷史社會學的三種方法學邏輯，而這章節所簡介張、文二位的著作，也是下文持續對話的對象。

# 參、歷史社會學的主要邏輯

歷史社會學主要透過三種邏輯思維方式處理歷史事件和社會理論間的關係。史可頗和宋嫫偲（Somers）於一九八〇年發表之論文〔應用比較歷史於宏觀的社會研究（The use of comparative history in macro-social inquring）〕，描述了這些邏輯——平行示範法、場景差異法和宏觀因果分析法。作者對於他們的觀點有所保留，但以此爲基礎，期待爲歷史社會學論述的邏輯，勾勒出更清楚的輪廓。

平行示範法（parallel demonstration）是個國人或許較爲了解的方法，許信良的《新興民族》，即是依此邏輯寫成，其中不同的歷史個案都是用來示範同一理論的正確性（註二）。就許信良

---

註二：在此應提醒讀者，雖然許信良或許無扎實的歷史社會學相關訓練，但這著作是由許多受良好政治學、歷史學、歷史社會學的年輕學者襄助完成的。

而言，要示範的是「新興民族所以具有同時代的其他民族多，它的活動力比同時代的其他民族強。」（1995:18）。許的著作描述蒙古、滿州、荷蘭、英國、美國、日本在特定的歷史時空中，如何在世界史上由原本處於落後或邊緣地位，躍升到先進或中心位置。書中對各新興民族崛起的特殊客觀條件和主觀意願有著清楚的描述，但這些處於不同歷史情境的個案都用來說明許對新興民族的主要理論：「知道比別人多，活動比別人強。」歷史個案的比較凸顯了其相似性，也用來加強理論的說服性（註三）。

　　場景差異比較法（contrast of context）則是以不同的歷史脈絡來詮釋社會學概念內涵的變異。方法上是對不同的個案或歷史場景提出一組相似的問題，來凸顯各個差異，尤其著重同一主題（theme）、導引問題（orienting question），或作為理念形的概念（ideal-type concepts）於各個不同歷史場景中所呈現的不同意義。這樣的邏輯在歷史社會學的著作中，可見二種應用方式，一是個案研究，一是比較研究。在個案研究方面，主要是探詢一個概念在不同的歷史變遷發展過程中意義的轉變，藉由歷史脈絡的轉變去探尋理念型態概念的內涵。本人對當代台灣民族認同的研究是此邏輯應用的一種嘗試，該研究發現該認同於鄉土文學論戰時指的是文學作品中呈現的在島內封建制度和帝國主義壓迫下痛

註三：在這方面的西洋經典著作可見 Paige 的 *Agrarian Revolution* 和 Eisenstadt 的 *The Politivcal Systems of Empires.* Skocpol 與 Somers 的著作對二文有簡單的介紹和比較，在此不再重複。

苦呻吟的意識和反帝、反封建的反抗精神（1995）。在台灣意識
和中國意識論戰時則側重於政治思想上，反對以血緣爲基礎之中
國民族主義本質論，而產生較具相對價值特色的地緣認同意識，
而在謝里法事件的爭議中，其內涵又側重於政治實踐中知識分子
應爲平民百姓喉舌和對現代化經驗所蘊涵反抗精神的再界定。簡
而言之，這是藉由歷史脈絡的轉變去賦予理念型態概念的意涵（註
四）。

　　於比較研究的應用，理念型的概念則被用來對比出不同歷史
場景中所擁有的不同意義。本人對台灣與美國醫師公共認同的比
較研究爲此應用的嘗試（1996）。醫師的公共認同之內涵緊扣著
兩地區的不同歷史社會文化經驗轉變。在日據時期，台灣醫師的
公共角色是屬於外來政權的統治工具，和爲被壓迫的本地人民喉
舌的知識分子等兩種文化價值間呈現兩極徘徊的處境，而本世紀
初美國醫師的公共認同則在以個人主義爲基礎的臨床醫學和以社
群主義爲基礎的社區醫學間呈現兩難。儘管醫師公共認同的意義
全然不同，但系統性地以一組相同的問題放到兩個截然不同的個
案中找尋意義，也預留了建立普遍原則的理論視野（Tilly, 1984）。
本人研究發現各研究地區的醫師公共認同，取決於各地形塑知識
權力關係的特殊文化邏輯。在美國這個邏輯是由個人主義和社區

───────────────────

註四：這方面其他的代表著作，就階級概念的詮釋，可見 Thompson 的
　　　*The Making of English Working Class*，對醫師專業概念可見 Starr 的 *The*
　　　*Social Transformation of American Medicine*。

主義的文化視野構成，在台灣則是由國家和市民社會的張力所形塑，不論是個案或比較研究皆可視爲詮釋社會學（interpretative sociology）的進一步延伸（註五）。

　　宏觀因果分析法（macro-causal analysis）比較歷史事件的相關因素來確定因果推論，是個較爲國人所知於西方社會學界常用的邏輯。摩爾（Moore）所著《民主與獨裁政治的起源》可說是這方面的代表作。這邏輯主要運用彌爾（Mill）的相同因素比較法（method of agreement）或相異因素比較法（method of difference）來建立因果關係（1970）。相同因素比較法主要是在發生相同事件的個案中，找出共同的因素、排除相異的因素，來建立因果關係，其比較方法表列如下：

表 6-1　相同因素比較法

| 個案 1 | 個案 2 | 個案 n | |
|---|---|---|---|
| a | d | g | |
| b | e | h | 一般相異因素 |
| c | f | i | |
| x | x | x | 決定性的共同點 |
| y | y | y | |

x 為自變項，如革命產生的形式
y 是待解釋的現象，如政治的類別

註五：在這方面常見的代表著作可見 Geertz 的 *Islam Obsewel*，Reinhard Bendix 的 *Nation-Building and Citizenship* 和 *Kings & People*。

　　據此摩爾發展出現代化發展過程的三大路徑：經歷布爾喬亞
（中產階級）革命的國家可於現代化過程中建立自由民主的制度；
經歷由上往下引領的革命會導致法西斯政權；而經歷農民革命則
會促成共產主義政權（註六）。相異因素比較法則在於找出使得
類似個案造成不同歷史發展的決定性因子，詳見表 6-2。

表 6-2　相異因素比較法

| 正反應的 | 負反應的 | |
|---|---|---|
| a | a | 一般的相同因素 |
| b | b | |
| c | c | |
| x | x 不存在 | 重要的差異 |
| y | y 不存在 | |

　　x：自變項
　　y：待解釋的現象

　　透過上述三種主要邏輯的回顧，可了解歷史社會學的精神是
依循一嚴謹的邏輯扣住歷史學和社會學理論兩大領域。由這觀點
來回顧張華葆和文崇一的兩部國內歷史社會學著作，張依賴研究
者的主觀解釋來整理史料，偏向於用包括統計等敘述性的方式來
書寫，並用一己主觀臆測個人的動機論來解釋歷史，在沒有充分

──────────────────────────

註六：這方面的知名著作尚有 Skocpol (1979) 和 Dawning (1995)。

證據的情況下做價值判斷（如忽略關於吳鳳的歷史考證資料，而武斷地指出教科書中刪除虛構故事的舉動），是較不符合歐美歷史社會學運用的原則。而文的著作清楚地描繪出同一概念在中國和西方社會中所有的差異，而且在歷史脈絡中，探尋同一理念型態概念意義的轉變，並據此建立理論上的解釋模型，文的歷史社會學嘗試可視爲較接近場景差異比較的邏輯。

以自覺的態度了解東西文化差異和西方理論的限制，是文崇一著作的優點；可是將中國文化視爲一個具高度均質性的整體，而忽略了多元認同並存及其間不平等的權力關係是其缺失。如何兼顧文化本身的異質性和背後的知識權力關係，是我們在文的研究成果之後須努力的方向。這方面西方學者對傳統主流文化的反省思考值得我們借鏡。在此，後現代主義社會學家宋嫫偲所提出的敘事認同分析方法，爲歷史社會學的再發展開創了重要的觀點。下文將以西方社會思想史的脈絡，並對照張華葆和文崇一兩人的論述爲基礎，來簡介認同敘事分析和其方法學和思想史上的意義。

# 肆、認同敘事分析及其方法學和思想史上的意義

宋嫫偲的敘述認同分析爲後現代學說的社會學產物之一，其能充分地反應認同的多元性和其所交互作用之權力關係的複雜性，這是針對傳統社會學派中蘊涵一固定同質性認同之缺失的反省。

就社會學思想史的發展而言，不論是實證主義（positivism）或詮釋學派（interpretative school），都預設了前述均質固定的身分認同為理論建構的基本預設。實證主義著重結構因素的因果關係，認為人的認同由結構因素決定，而蘊涵結構因果關係的理論、則為放諸四海皆準的準則。文崇一已然對理論的普遍性提出深刻的批評，並指出建立外表相似的循環史觀受限於其歷史背景及論述者的經驗，而這些各自蘊育於不同歷史場景中的循環史觀之內涵在不同歷史時空中也各自不同。被認為較接近此觀點的詮釋學派，雖以社會建構論（social construction）為立論基礎，但如同宋媛娓所言，特定的身分認同常在理論建構時，被如走私般地移入對行為者的描述之中，來解釋歷史事件的形構。其實，不自覺地預設某些特定的身分認同或利益為前提相當常見，張華葆在運用舒茲的理論來解釋西安事變的因果關係時，預先假設某些行為者（如史達林、周恩來）有著特定的利益或認同，可視為這方面的實例。認同敘事分析則嘗試擺脫這方面的限制。

　　為求更清楚地了解研究者所處的社會位置、理論建立過程中所蘊涵知識累積的可能性與限制，和對理論本身所根植的歷史脈絡及社會文化基礎，宋媛娓提醒當代的研究者應對任何學說所蘊涵的認識論、本質論和產生導引問題的社會歷史情境更為警覺。其所提出的敘事認同分析並不僅為一技術上的方法學，而是由歷史觀點的認識論（historical epistemology）指出我們所擁有的知識、邏輯或預設（presupposition）和理性思維的實踐形式，皆是特定歷史的產物，根植於知識文化（knowledge culture）之中。基於對兼顧認同多元性質之後現代思潮的了解與堅持，宋媛娓提出

知識追求的方式（knowing）、知識探尋的現存方式（being），和
探詢知識的問題取向（asking）三個面向的思考來重新反省基於
現代主義所產生之社會學說的特徵。她指出知識追求的方式是在
某一知識正當化場景（context of justification）的產物，知識探尋
的現存方式則是關於知識獲得方式本質性（ontology）的思考，而
探詢知識的問題則蘊育於知識發現的場景（context of discovery）。
宋媄偲更進一步依著這些思考來檢視現代主義社會學的兩大學派─
─實證主義和詮釋學派。

　　藉由上述三個面向的思考，現代主義思潮中看似截然對立的
兩個學派，皆共同具有一套相似的解釋模型。就知識追求的方式
而言，實證學派採用常模演繹的方式（normative deductive meth-
od），主要在於解釋（explain）或確認（confirm）一普通的法則
（general law），詮釋學派主要透過的是了解與意義的探詢。在
這過程中也會接受或贊同（endorse）一隱函法則（covering law），
如是的法則可視爲支配文化意義與其成形過程的秩序或規律。就
知識探尋的現存方式而言，實證主義主要是透過假說的分析或檢
證，詮釋學派則透過主觀或了解的原則（principle of understanding
or subjecting）來落實。就探詢知識的問題取向而言，實證主義追
求的是直接的因果解釋，詮釋學派則表面上拒絕任何因果解釋，
實際上其解釋中又常隱涵了因果關係的推論。由此分析，可見這
看似截然相左的兩個現代主義學派，都受到同一知識文化的影響，
不自覺地反應了一套預設同質性文化認知又無歷史感（ahistorical）
的因果解釋模型。

　　藉由上述討論，宋媄偲更進一步指出知識生產特質。首先，

目前科學知識的基礎爲一定歷史情境下的產物，而非現代主義所宣稱之經文明累積的真理（cummulative truth）。其次，導引知識建構的概念實體（conceptual entities），也是可變遷的歷史產物。最末，知識合理化的場景和知識發現的場景唯有經研究的常模界定爲不同的時空場域後，才可作爲因果推論的依據。宋嬡娚則挑戰此二元知識建構論的觀點，指出知識建構是一個歷經二場景密切互動的雙重過程（dual process）。換句話說，當研究者提出研究問題的同時，也預設了可能的回答方向，而什麼是合適的問題，什麼是合適的回答方向，並不是個歷經文明累積所產生的永恆真理，說其爲歷史產物不僅是對某一知識文化範疇下將某些知識追求的方式當成客觀真理的質疑，也說明其是可改變的，而我們也有可能以更自覺的方式從事知識或理論的追求（1996）。

在此，我們再度回顧張葆華和文崇一的著作，一方面藉由討論前人努力的果實，來邁向更寬廣的學術知識探尋空間；另一方面則希望由台灣地區知識追求的脈絡來介紹宋嬡娚所發展出來的認同敘事分析。就對於知識或西方理論的認知而言，張雖然強調中國與西方文化本質上的不同，但對西方理論採取了較無批判的接受態度。首先，張似乎以其在美留學或任教時（一九七○年代）歷史社會學的主要學說——依賴理論和世界體系理論，當成其九○年代在台灣出版歷史社會學的全部，未對歷史社會學思想史有通盤的了解，導致了一個較爲簡化版本的學術論著。其次，未對西方整體社會思想脈動有所了解，使得張的論著發生了兩對立學派混雜的現象。簡而言之，源自馬克思主義的依賴理論和世界體系理論蘊涵了一套相當清楚的因果結構關係，其運用於經驗研究時

常可形成清楚假說來從事實證的分析。但在解釋歷史事件時，張又傾向於採用詮釋學派學者舒茲的主張，以「了解」來探尋社會文化性之真實境界中人類的動機行為和思考模式，加上賦予研究者主觀的歷史解釋權，據此做成史達林為二次世界大戰歷史發展決定者之忽視結構、甚至忽視經濟階級因素的推論。這與其對歷史社會學的定義相左的觀點，固然可視為個人的創見，但這創見可能相互衝突的邏輯關係值得細加解釋。最末，我們可見張僅將歷史社會學定位於探尋知識的面向，導引台灣、第三世界、美日等超級列強和世界體系等章節的鋪陳；但在個別的章節裡，則僅有系統性經驗敘述資料的鋪陳，沒有與實證主義或詮釋學派類似的知識追求方式和知識探尋的存在方式，來作為史料與理論的邏輯扣連，是個論述發展較不完備的歷史社會學。

　　文崇一基於中國與西方文化內涵差異的認識，自覺地運用韋伯理念型態概念的設計，系統地尋找中國文化的意義並建立理論模型。文的研究發現明確地彰顯著概念實體的內容和意義是個可變遷的歷史產物。但其論述著重整體文化結構面向的思考，將中國文化視為一個較為均質的整體，較沒有注意到同一文化圈可能蘊涵不同的次文化和相對的價值，也因此，個別的主體性在文的論述中是隱晦不明的。宋嬡媗的認同敘事分析，在不同社會行為者或團體個別的主體性和普遍文化價值崩解後的多元認同開創了新的可能。

# 伍、認同敘事分析的原則與方法

　　在以主流的文化價值或社會共識來了解社會歷史現象備受質
疑後，認同敘事分析提醒大家著重互動中之個人、團體及組織所
背負的敘事內容。這些敘事是過去經驗所形塑的，蘊涵了各自對
世界秩序的認知和未來的渴望。如果我們界定主體性為基於上述
敘事構成的一套理性邏輯思維，根據這思維構成對現實及未來的
展望，和主動追求如是展望的能力及意願。敘事認同分析則藉此
承認邏輯理性的相對性質，藉此兼顧了學術實踐中承認多元認同，
並以此探究這些認同在不同歷史社會環境及人際權力關係下所呈
現的主體性質。

　　基於此原則，宋媄儇細分了四種形式的敘事。首先是本體的
敘事（ontological narratives），指的是一套本體（ontology）與敘
事（narratives）互為彼此形塑之過程和互相構成的關係。如是的
敘事定義了行為者的社會角色，也構成其行動的先決條件（pre-
condition）。公共敘事（public narratives）則附屬於文化或組織的
成形（cultural or institutial formation），其大於個人敘事，是屬於
互為主體（intersubjective）之人際或組織網絡的部分。概念的敘
事（conceptual narratives）是社會研究者所建立的概念或解釋。
而後設敘事（meta narratives）則是當代行為者或社會科學研究者
所自覺或不自覺的主控敘事（master-narratives）。由敘事認同出

發則是破除現代主義社會學說所蘊涵之後設敘述的限制，注意到社會行為者之社會敘事是處於一組時空交會下聚結關係和文化實踐所形構的關係場域（relational settings）。在這權力不平等的場域中，個人的本質敘事與公共敘事交織經研究者透過下列四個特徵的敘事重建過程——(1)局部的相關性（relationality of parts），(2)因果情節編排（causal emplottment），(3)選擇性地運用（selective appropriation），和(4)對時序、次序和空間（temporality, sequence, space）的考量——建立一組合適概念的敘事（或稱分析的敘事）。不同於傳統現代主義的理論預設——恆定不變的認同性質，敘事認同分析以多元認同及其所處的相對權力場域為基礎，打破二元對立的歷史書寫與理論論述的關係，重建一套新的系統性知識的可能。在這樣的概念或分析性敘事中，歷史建構的過程也同時是理論化／理論建立的過程（Somers 1996; Somers and Gibson 1994; Skocpol and Somers, 1980）。

# 陸、以修憲為範例的敘事認同分析

　　經由歷史觀點的認識論對知識文化提出反省而發展出的敘事認同分析，為目前台灣的學術實踐提出了相當好的借鏡。誠如文崇一所言，有些學者一味地抄襲挪用西方理論來詮釋台灣社會的學術實踐是相當需要質疑反省的（1996）。尤其若是在形式上挪用之餘，邏輯論證不足之處，便轉化由個人武斷而主觀的解釋來

彌補文化差異的鴻溝，輕易地放棄了理論與歷史脈絡對話反省的機會，實在可惜。這樣的缺失不僅出現在張華葆的著作之中，也常出現在許多學者的學術著作和公共論述之中，經由後現代思潮對現代主義思潮反省後提出的敘事認同分析，不僅可讓我們以自覺的態度去檢視歷史，也爲我們深入和觀察了解現實的社會脈動開拓了新的視野，在這兒便以一九九七年六月的修憲爭議爲例，進行分析。

　　選擇落筆時仍進行中的修憲爭議作爲分析的案例，主要是因爲其蘊涵了相當明確的學術政治關係，及當代許多學者治學論述的態度──許多概念如洪憲帝制或霧月十八被超越時空地挪用、強化。學者們依動機論、陰謀論和利益交換說對現實政治場景提出了解釋和批評。與其說本文的討論是一種批評，不如說是對目前某種知識文化所蘊涵的特殊治學和現時政治解釋提出另一種觀點。相對於對修憲質疑的學者們對國民黨的修憲提出利益交換的陰謀動機論，政黨私利與公益必然衝突的說法，和李登輝是幕後操盤的大贏家等說辭；本文的觀點希望或多或少將對社會行爲者或政治人物的性惡動機描述做些善意的肯定。但不是如張華葆般依研究者的主觀好惡來臆測，本文沿用敘述認同的方法，首先肯定理性是相對的，而每個個人、組織或團體皆會因其在社會上所處的相對場景和敘述經驗形塑社會行動的思維。其次，檢視各社會行爲人或團體所處的發言位置和對修憲所採取視野的可能代表性。最後並以上述研究發現爲基礎，探討學者們假設私利與公益必然二分的二元對立關係是否適當。本文的目的在於彰顯敘事認同方法可爲目前認同紛亂、共識缺乏的台灣社會提出一系統性的

詮釋和分析可能，由於期待就事論事而避免人身攻擊的誤解，文中不做可能會被誤解為人身攻擊的資料引述，較全面的分析也將另文發表。而論述的發現也期待促使大家重新反省現階段台灣人文社會科學實踐的知識文化，開創學術政治實踐的新視野。

　　就反省現階段台灣人文社會學科的實踐而言，在方法學上首應就前述知識建構是一個歷經知識正當化的場景和知識發現的場景互動的雙重過程。在了解身為研究者的我們提出研究問題的同時，也會預設可能回答的方向後，將自己由形式化的現存知識文化常模中解放出來，以充分自由的態度，探尋相對理性邏輯，也彷著文崇一的嘗試來落實知識生產本土化的學術實踐。而在從事歷史或現實分析時，回到最基礎的因果關係形構過程來探尋相對理性，依照這理性來建構的歷史分析敘事包括了三原則──合理的推論、排除其他可能的解釋，和符合相對應的經驗。其中相對應的敘事經驗是建立此分析敘事的基礎，依此基礎從事知識建構本土化的認同敘事分析，提供了我們另一個了解分析台灣現實政治的角度。

　　王振寰在《誰統治台灣》書中，提出「威權民粹主義」的概念相當能帶領我們檢視現時的文化霸權──台灣當時的統治機能是個由領袖個人魅力（charismatic character）直接與平民聯會，而缺乏中間機制的統治模式。據此，本文也率先檢視李登輝的本體敘事邏輯，由接近香港九七回歸、台灣當局所安排的中外記者會、軍事演習和展現的欲完成修憲的決心，很難看出李是完全僅重私利、毫無公益的關懷，但當然也可說其實踐公益的方向可能不符某些人的期待。同時看到李在面對白曉燕社會事件引發政治

危機所召開之記者會的言說來看，李似乎真的不明瞭、也不知如
何應對在後現代媒體效應造成社會表演劇（social drama）所造成
的憲政危機（註七）。可是推出「經營大台灣，建立新中原」的
李，很難說對台灣傳統政治上所面臨的國家民族問題和國際關係
處境沒有公益面向的考量和定見（1995）。因此，修憲在當時更
有著向國際社會宣示台灣為主權國家的作用，可見修憲未必違反
李登輝本體敘事的邏輯，而此邏輯即使未滿足所有人對國家憲政
發展方向公共敘事的期待，但也未必沒有李登輝本人公益的考量
和社會效果。

　　與李登輝合作而成為媒體焦點的是民進黨主席許信良。打著
落實國發會的共識，國內兩大政黨共同推動了修憲列車；儘管修
憲版本不同，許和民進黨仍背負了可能在協商中可能放棄底線、
造成李登輝擴權的結果。可是，這一群在戒嚴時期就曾冒生命危
險投身反對運動的政治菁英，為何會突然之間完全放棄理想倒是
令人不解的指控。其實較為趨近內閣制設計的民進黨版雙首長制，
打斷了地區黑金政治命脈的五項基層選舉的廢止，和凍省的主張。
實際上，這與其自八〇年代起反對運動強調「民主、進步、制衡」
的政治理念、反黑金的訴求，與精簡行政層級的主張倒無巨大差
異。而其內部由於自八〇年代起經歷由下往上的權力變革，成就
了較國民黨能落實民主的黨內機制（蔡篤堅，1995）。在修憲時

註七：至於有關白曉燕事件為社會表演劇的描述，詳見周慧玲的論文
　　（1997）。

期，民進黨的行動與其歷史發展經驗所蘊涵集體性的組織敘事（in-stitutional narratives）邏輯相符。

　　在這看似修憲必成的歷史過程中，白曉燕事件的發生一度終止了修憲的動能，而在媒體推波助瀾下的學者論述顛覆了國、民兩黨在修憲脈動中所據有優勢權力地位的關係場域，成了修憲列車暫時中止的主要因素。就歷史脈絡分析，這些學者可大致分為兩大群——自由主義取向的憲政學者和傳統的法政學者，各自有著各自的本體敘事邏輯。自由主義學者群堅持較高的理想，而不計較現實的政治權力關係，是其行為模式的常模。這群學者要求教官退出校園，但因忽略既存的權力關係，以至於促成今日校園中教官位置反而合理化，可視為前例之一。而目前同一批大致相同的學者們堅持三權分立、總統制及凍省後，並未考慮國大、監察院、考試院等人脈關係集結起來反修憲的政治後果，可見堅持某種西方自由主義理想，較不與現實妥協是其本質敘事的重要內涵。

　　傳統的法政學者反對修憲的理由則較為複雜。一方面可能解釋為對民主的堅持，主張修憲需要全民參與、審慎思考，而不要急就章而製造缺憾的考慮；另一方面，也可視為其對中華民族認同的堅持，而策略性的反對任何修改憲法的思考。可是，了解經長期戒嚴所凍結的憲法和台灣社會已然嚴重脫節的現實，及其對許信良在戒嚴時期大學修課成績低落的批評來看，難以理解在戒嚴時期教授憲法的人，如何能反對自戒嚴時期便已投身民主運動、支持憲政改革的人來修憲。如此看來，其所呈現的本質敘事恐較符合支持中華民族認同的思維。

　　當主要的修憲公共敘事著重於國家體制時，民進黨卻是對凍

省和廢除五項地方基層選舉以斷絕黑金的命脈，有著較高的堅持。其實，這顯示出反修憲的學者專家和民進黨中務實的政治工作者立場和視野的不同：學者們由現代政治學理角度出發，將中央憲政體制視爲國家的中心，是個由上往下看台灣政治體制變革的視野，這與一般學院中知識分子看事情的角度和受學科訓練的經驗相符；而民進黨中爲數較多的代表們，多強調以廢省和凍結五項基層選舉爲主要訴求出發，由政治文化基礎看問題，是個由下往上的視野，這與台灣民主運動由基層發展的歷史經驗相符。

　　其中值得觀察的是國民黨對凍省和廢除五項基層選舉也抱持相當的堅持。向來由上往下領導政治改革的國民黨在可能失去中央政府體制改革的主動權後，仍堅持廢除五項基層選舉的意義值得深入探討。放在解嚴後政治轉型的中央地方權力變遷脈絡中，地方派系逐漸介入中央的政治權力中心，而李所堅持基層選舉的廢除，除了看到國民黨發起另一波由上往下的政府改革運動之外，也可相對地解釋李對地方勢力之政治要脅的反彈。如是的反彈，符合私人的利害考量，也未必不符合公益。私利與公益並非絕對地對立與衝突。

　　最後就執政當局而言，這波以修憲爲名、實爲凍省的鬥爭，也似乎可視爲兩種統治內容的鬥爭。李登輝所代表的是較傾向與科技官僚菁英結合的統治方式，在科技理性所蘊涵進步的價值觀點的影響下，藉科學之名的公共政策操控和如何建立社會的中介機制，來克服這以經濟及科技發展爲名之「民粹威權主義」統治方式，是這方向的歷史脈動面臨的最大課題。而宋楚瑜憑藉著擬古仿古的作風，凝聚台灣社會中最傳統「封建（葉石濤所指之意

義）」的地方仕族爲管理機制後，台灣如何脫離較傳統的人治威權，是這方向歷史發展所面臨的課題。

　　以上藉由敘事認同的分析，提供了一個尊重相對邏輯思維、但也能兼顧整個事件整體詮釋分析的視野。希望藉由如是的說理分析，開創台灣學術實踐和以互爲主體的溝通（intersubjective communication）討論公共議題的新可能。

# 柒、結論：開創多重認同學術研究的新紀元

　　藉由敘事認同分析，歷史社會學的後現代轉向賦予台灣研究另一種尊重多元認同視野的可能性。誠然，宋嬡倩的敘事認同分析，代表了歐美歷史社會學家接受後現代主義運動對所謂主流文化，與次文化背後不平等權力關係的反省後所提出的學術實踐視野。這視野打破了受西學影響知識建構封閉性和排他性，如是的封閉性和排他性刺激當代台灣的歷史社會學家，於體會到東西文化的本質性差異後，有著不同的思考。張華葆給予西學在認識論上較優越的位置；文崇一則轉向由史料本身再出發，發展足以與西學抗衡的理論。敘事認同視野的開創則直接挑戰傳統西方理論與方法學本身的盲點，使得多元認同相對理性的經驗，不論是在台灣或是歐美都可直接融入歷史書寫與理論建構的過程。如此，歷史社會學的後現代轉向打破了原本以西方主流文化經驗爲主的宏觀理論本質性論述，更清楚地描繪不均等權力關係中所呈現多

元認同的意義，及其形塑之歷史脈絡和社會機制。

　　方法學上，歷經後現代轉向的歷史社會學重新檢討了西方受現代主義影響之人文社會科學中詮釋學派和實證主義二元對立的關係，並提出兩者共同地蘊涵了合理化某種認同而排斥它者的學術實踐。藉由此回顧平行示範、場景差異比較和宏觀分析等三個歷史社會學的主要方法學邏輯，史可頗和宋媄偲指出三者不必然有著互斥的關係，更重要的是，彼此可說有著互補的作用。以探尋意義為主的場景差異可視為類似文崇一整理未理論化的原始史料的方法。而有了初步的系統了解後，宏觀分析法則進一步幫助研究者建立因果解釋，形成具體的理論。這理論又可經多個案例的平行示範來增加其可信度和說服力。據此而言，歷史社會學可視為一個兼具多種邏輯的學術實踐，而不同邏輯的選用與混用，則取決於知識文化和對研究進行場景的了解。

　　更重要的是，透過反省知識文化本身蘊涵對多元認同的了解，後現代轉向的歷史社會學由歷史認識論出發，對學科知識本身所蘊涵的可塑性及限制有著更深刻的警覺。由此反應到目前質性研究對量化研究的挑戰，意義不在於取而代之，而是由認識論上以多元認同為基礎，更深入地了解系統性的概念背後因時地不同所呈現的意義、這些意義轉換的過程及權力關係，並以此建立理論的視野。而在方法學上是兼顧量化數據背後所呈現質的內涵，也不以可否量化作為形塑研究問題判定的唯一準則。由此出發，學術實踐將不至於假中立客觀之名，而支持享有權力優勢的知識文化論述；相反的，能以更積極的態度去檢討歷史脈絡中，和現實事件的合理性和正當性，尤其應特別關注性別、階級、種族、族

群、環保等等新社會運動所蘊涵多元和多重認同的問題。僅有如此，目前質性研究對量化的挑戰，才能開創一個更具包容性，更能質疑不平等權力關係，更能兼顧多元、多重認同歧異性的學術實踐。

　　後記：本文之完成得周慧玲、王億雯、吳聖芝等友人提供寶貴的意見，僅此致謝。

參考書目

王振寰（1996），誰統治台灣？轉型中的國家機器與權力結構。台北：巨流。

許信良（1995），新興民族。台北：遠流。

張華葆（1993），歷史社會學。台北：三民。

文崇一（1995），歷史社會學──從歷史中尋找模式。台北：三民。

李登輝（1995），經營大台灣。台北：遠流。

蔡篤堅（1996），對1982年代台灣民族認同形成的文化分析，載於台灣近代百年史論文集。台北：吳三連基金會。頁303-330。

Abrams, P. (1982). *Historical sociology*. Ithaca, New York: Cornell University Press.

Bendix, R. (1977). *Nationa-building and citizenship*. Berkeley and Los Angeles: University of California Press.

----- (1978). *Kings or people: Power and the mandate to rule*. Berkeley and Los Angeles: Unibversity of California Press.

Benhabib, S. et al. (1995). *Feminist contentions-a philosophical exchange*. New York: Routledge.

Calhoun, Craig "The rise and domestication of historical sociology, in *Social theory and the politics of identity*. In Craig Calhoun (ed.). Oxford: Basil Blackwell. pp.305-338.

Downing, B. M. (1992). *The military revolution and political change*. Princeton New Jersey: Princeton University Press.

Eisenstadt, S. N. (1963). *The Political systems of empires: the rise and fall of historical bureaucratic societies*. New York: Free Press.

Geertz, Clifford (1971). *Islam observed: Religious development in Morocco and Indonesais*. Chicago: University of Chicago Press.

----- (1983). *Local knowledge*. New York: Basic Books.

Hunt, L. eds (1989). *The new cultural history*. Berkeley and L. A., California: The University of California Press.

McDonald, T. J. eds. (1996). *The historic turn in the human sciences*. Ann Arbor, MI: The University of Michigan Press.

Mill, J. S. (1970). "Two methods of comparison" in Amatai Etzioni and Frederic L, Du Bow (eds). *Comparative perspectives: Theories and methods*. Boston: Little, Brown.

Nicholson, L. J. eds. (1990). *Feminism/Postmodernism*. New York: Routledge.

Paige, J. M. (1975). *Agrarian Reviolution: Siocial movements and ex-*

*port agriculture in the underdeveloped world*. New York: Free Press.

Skocpol, T. (1979). *States and social revolutions: A comparative analysis of France, Russia, and China*. New York: Cambridge University Press.

----- (1984). "Emerging agendas and recurrent strategies in historical sociology," in *Vision and method in historical sociology*. New York: Combridge University Press, pp.356-91.

Skocpol, T. eds. (1984). *Vision and method in historical sociology*. New York: Cambridge University Press.

Skocpol, Theda and Margaret Somers (1980). "The uses of comparative history in macrosocial inquiry," *Comaprative studies in society and history, 622*:174-97.

Smelser, Neil (1976). *Comparative methods in the social sciences*. Englewood Cliffs, NJ: Printice-Hall.

Smith, D. (1991). *The rise of historical sociology*. Philadelphia: Temple University Press.

Somers, Margaret R. (1996). "Where is sociology after the historic turn? Knowledge cultures, Narrativity, and Historical Epistemologies," in Terrence J. McDonald ed. *The historical turn in the human science*, Ann Arbor: University of Michigan Press, pp 53-89.

Somers, Margaret R., and Gloria D. Gibson (1994). "Reclaiming the Epistemological 'other': Narrative and the social constitution of identity," In Craig Calhoun (Ed.) *Social theory and the politics of identity*. Oxford: Basil Blackwell. pp.37-99.

Starr, P. (1982). *The social transformation of American medicine*. New-York: Basic Books.

Thompson, E. P. (1966). *The making of the English working class*. New-York: Vintage Books.

Tilly, Charles (1984). *Big structures, large processes, huge comparisons*. New York: Rusell Sage.

Tsai, Duujian (1996). Transformation of physicians' public identities in Taiwan and the United States: A Comparative and historical analysis of ambivalence, public policy and civil society. *Ph.D. Dissertation in Sociology*, Ann Arbor: University of Michigan.

# 7

焦點團體

魏惠娟

# 壹、前言

　　在社會科學的領域中，焦點團體訪談的研究方法，由於可以使研究者在很短的時間內，觀察並收集到目標對象大量互動的資料，彌補了傳統問卷調查法的缺點，因此，可以說是很有潛力的一種研究方法。焦點團體研究法常被運用在心理學、政府決策、商業決策領域內，可以幫助研究者深入的了解目標群體的態度、行為以及產生這種行為或態度的原因。

　　本文大致分成兩個部分，第一部分在探討焦點團體研究法的內涵、使用原則。第二部分則介紹相關的研究以說明焦點團體研究法的應用。第一部分又分成四個重點，首先探討焦點團體研究法的源起、意義、目的及其適用時機。其次，論述焦點團體研究法的進行步驟，包括事先的規畫、實施時的注意事項以及資料分析的方法。接著討論焦點團體研究法的優點、缺點、限制，並且提出對於此種研究法常見的誤解。最後，則探討結合焦點團體研究法與其他研究法時，必須注意的事項。有鑑於焦點團體研究法的進行，與主持人的態度及技巧有十分密切的關係，國內相關的文章對於這一部分著墨較少，故本文在這一方面有比較深入的描述。第二部分，又分成兩大部分，第一部分介紹以焦點團體研究法所完成的研究報告，共計十篇。讀者由各篇題目，以及研究摘要，可以一窺焦點團體研究法的研究類型。第二部分，則詳細介

紹筆者利用焦點團體研究法所完成的一篇論文。在該研究中，焦
點團體的方法，被使用來檢驗研究結果。一般在介紹焦點團體研
究方法的專論中，很少提及利用焦點團體的方法來檢驗並修正研
究結果。筆者特別選擇介紹此一研究及其研究過程，希望幫助讀
者對於焦點團體研究法的適用時機有更多的認識。

# 貳、 焦點團體研究法的緣起

　　焦點團體研究法的使用，在一九四一年首見於哥倫比亞大學
的廣播研究辦公室（office of radio research），當時負責人保羅·
拉財爾斯非爾德（Paul Lazarsfeld）邀請羅勃特·墨頓（Robert Merton）協助，共同評估聽眾對於戰時廣播節目的回應。在該研究
中，一共有十二位聽眾被要求先收聽一個廣播節目，如果節目引
起其負面的反應（例如：生氣、無聊、不信任），則按紅色按紐；
如果廣播內容引起其正面的感覺，則按綠色按紐。聽眾們的反應
及其產生反應的時間，都被記錄在一種名為拉財爾斯菲爾德－史
坦頓節目分析器上（Lozarsfeld-Stanton Program Analyzer），這是
一種類似多種波動的掃描記器（polygraph-like instrument）。在廣
播節目結束後，聽眾被要求針對他們所表示的正面或負面的反應，
深入討論引起該種反應的原因（Stewant and Shamdasani, 1990）。
當訪談結束後，拉財爾斯菲爾德詢問墨頓對於此種討論方式的想
法，墨頓認為很有意思，並且建議了一個訪談程序，焦點團體研

究法因而興起。

　　焦點團體研究法除了被應用於社會科學的研究領域之外，也被拉財爾斯菲爾德（Lazarsfeld, 1972）成功的用來進行行銷研究。雖然焦點團體法在社會科學的研究領域內有很好的開始，不過，在墨頓等人的研究之後，利用此種研究法來進行研究的記載卻似乎消失了。根據大衛‧摩根（David Morgan, 1988）的說法，原因之一很可能是墨頓等人的研究成果出版得不多，在所出版的作品中，對於焦點團體法的使用也僅是簡單的一筆帶過，因此，大多數質的研究方法多強調參與觀察及個別訪談（周雅容，1996）。

# 參、焦點團體法的意義、目的及其適用時機

## 一、焦點團體法的意義

　　焦點團體訪談（focus group interview）又稱為焦點訪談、群體深度訪談，意指研究者對於所選定的個人及特定主題，進行非正式的討論，希望獲致各種不同的觀點。對於焦點團體訪談的定義有許多，不過，大致都包含下列的核心要素（Vaughn et al., 1996）：

(一)所參加的群體是目標對象中的一種非正式組合，研究者要求參

與者對於既定主題陳述個人的觀點；

㈡群體的組成性質相同而且都是小群體，大約六至十二人之內；

㈢由一位受過訓練的主持人負責引導討論與回應；

㈣主要目標在刺激觀點、感覺、態度與想法的出現，以獲悉參與
　者的主觀經驗；

㈤此種討論並不能產生量化的資訊，或推論至更大的母群體。

# 二、 焦點團體法的目的

　　焦點團體的研究方法，不只是在探討研究者已知的問題，而是希望能產生一些研究者起初也沒有想到的想法，或對於同一主題獲致多元的觀點（Morgan, 1988）。焦點團體訪談的目的並不是在建立共識，反倒是盡力在挖掘不同的意見。焦點團體訪談因此可以用來解釋人類行為的原因，並且可以預測人們對某些議題的反應，特別適用於心理學的領域內。

　　焦點團體訪談與一般小組討論不同，前者比後者正式一點，也更有組織，焦點團體訪談的結果是來自於對訪談記錄資料的分析。小組討論的方式經常是在獲致共識或解決問題，倒不一定如焦點團體訪談研究法一樣希望得出更多的想法與看法。

　　焦點團體訪談特別適合用於探索性的研究，墨頓以及肯達爾（Kendall）最初使用焦點團體訪談的方法時，曾指出焦點團體訪談法有以下四種重要的目的：適於用來解釋刺激與影響之間的關係，藉由目標群體自己的解釋，更可以肯定事件或行為背後的原

因；研究者可能預期有些刺激對某些群體應有某種行為反應，但是該反應卻沒有如預期般的出現時，焦點團體訪談法可以用來解釋其中的原因；焦點團體訪談法對於研究結果有再確認的效果；因此，焦點團體訪談法可以提供量化資料所無法提供的更深入的解釋（Vaughn et al., 1996, p. 5-7）。

# 三、適用（與不適用）焦點團體法的時機

　　一個研究究竟應使用何種研究方法，要看哪一種方法最適合用來獲得為了回答研究問題所需的資料。以焦點團體研究法而言，最適合用來探索某一特殊群體中個別成員對某一現象的想法與說法；或者想要藉由群體互動來產生新的想法；以及產生診斷性的資訊……等，就前述目的而言，焦點團體法是一種嚴謹並且科學的探詢方法（Stewart and Shamdasani, 1990）。總之，焦點團體法依賴實證研究的理論及由其中所獲得的實務資料，雖然不能適用於所有的情況，但是，卻特別適用於以下的情境（Stewart and Shamdasani, 1990; Morgan, 1993, 1988）：

㈠釐清某一觀點或發現機會，例如：了解目標群體對於某一社會議題的看法；

㈡產生研究假設；

㈢針對調查或實驗研究所得到的量化資料，加以深入的探究與解釋；

㈣探索一個新的領域；

㈤發展訪談的內容及問卷；

㈥刺激新知與見解的產生;

㈦診斷一項新的方案、服務或產品潛在的問題。

大致說來,焦點團體訪談法在研究上有以下五種可能的應用:
發展假設、發展問卷、發展測驗項目、修正研究設計並找出實際
研究時可能遭遇的問題、解釋研究發現。由於焦點團體訪談法常
常被應用來探討目標人口對於一項新的政策、運動或課程的觀點,
因此,特別適合用來規畫方案、進行需求評估或者評鑑方案(Va-
ughn, 1996; Krueger, 1994)。

綜合言之,究竟哪一種研究主題最適合使用焦點團體的研究
方法,事實上並沒有一定的規則,學者們建議最好是先藉著前測
的方式,由會談時的氣氛來獲得線索。一般說來,以下為不適合
使用焦點團體法的原則:

㈠不宜利用焦點團體的方法來解決衝突、改變態度或者增加溝通;

㈡不宜利用焦點團體的方法來討論敏感性的主題,特別是在非同
　質團體中;

㈢當所討論的主題超過參與者的經驗所能體會時,就不適用此種
　方法,換言之,當此種方法無法產生有用的資訊,或者研究者
　需要統計資料時,都不適合使用焦點團體的研究方法。

范芬(Vaughn, 1996)綜合研究發現,提供下列可以做為焦點
團體研究法的研究問題,供教育類以及心理學領域的研究者參考:

㈠焦點團體訪談法的研究問題舉例:教育類

　*1.* 老師們對於使用檔案夾的方式(protfolio)來評鑑學生學習效
　　果的感覺如何?(特別是對於在危機中的學生)

2.波多黎各學生們對於民族認同的看法如何？

3.大學生數學焦慮的來源如何？

4.社區領袖如：教會領袖、政府領袖、商業領袖等，對於早年兒童教育的看法如何？

㈡焦點團體訪談法的研究問題舉例：心理學

1.父母對於自己成年子女離婚的反應如何？

2.照護者對於社區心理支持服務的態度如何？

3.性教育的實施若以父母親為提供性教育者，他們對於自己的兒子與女兒性教育方面的差別情形如何？（資料來源：Vaughn et al., 1996：34）


# 肆、 焦點團體研究法的進行步驟


　　焦點團體研究法若使用得宜，將為研究者提供許多有用的資訊，不過，研究者若想利用焦點團體的方法來獲得資料，也必須明白，資料的產生與群體的設計及互動的品質有很密切的關係，這些因素並非完全掌握在研究者一個人的手中，因此，成功的焦點團體研究法要特別注意進行步驟及情況的掌握。

# 一、研究步驟概要

　　焦點團體研究工作的進行，大致經過四大步驟，各步驟要注意的事項如下：

## (一)準備進行訪談

1. 界定研究問題（或目的）。
2. 思考焦點團體的方法是否適合此研究目的。
3. 寫出研究目的。
4. 修正研究目的，並列出研究者想從群體訪談中得到的資料，以及不想獲取的資料。
5. 界定訪談資料的使用方式。
6. 決定參加訪談人數。
7. 決定訪談時間。
8. 決定訪談地點。
9. 列出鼓勵參與訪談的策略。
10. 準備訪談大綱。

## (二)選擇參與者

1. 決定抽樣方法。

2.決定樣本選擇標準。

3.建立過濾樣本的程序。

4.決定選擇方法。

5.邀請並向參與者簡介訪談進行的流程。

## (三)進行訪談

1.準備會議室，檢查座位安排、溫度、通風。

2.準備點心。

3.準備並試用錄音設備。

4.歡迎參與者並設計歡迎的氣氛。

5.收集參與者的人口資料。

6.分發名牌。

7.介紹參加者。

8.引起討論。

9.記筆記並適時引導參與者檢核討論重點。

## (四)分析並報告訪談資料

1.決定資料分析方法。

2.決定資料主題類型。

3.轉移錄音帶或筆記本中所錄的資料。

4.抽取關鍵概念。

5.決定分析單位。

*6.* 根據分析單位予以分類。

*7.* 協調不同分類者的分類情形。

*8.* 定出主題與所使用的理論。

*9.* 草擬訪談報告。

（資料來源：Vaughn et al., 1996：126）

# 二、 研究步驟的深入分析

前述各步驟，涉及許多關鍵的層面，以下逐一深入的探討：

## (一)訪談目的與大綱

研究者要根據研究目的來擬訪談大綱，訪談大綱宜採開放式問題，並且愈簡短愈好。研究目的的陳述，必須一再的修正，直到研究者弄清楚自己想知道的或不想知道的觀點，究竟是哪些為止。

## (二)參與者及其背景

### *1.* 人數

參與焦點團體的人數，大致以六至十人為宜，不過，一般而言，如果參與者的同質性高，則人數可以減少，但是，為了維持良好的互動，最好也不要少於四人。不過，為了避免有些人臨時

爽約，最好比預計人數多找二至四人。

## 2.來源

由於焦點團體法的研究目標不在於考驗假設，而在了解其他人對於該研究主題的經驗與觀點。因此，並不需要考慮從大的母群體中來選擇研究對象。研究者若無適當的人選，可以先隨機選取樣本，或利用事先決定好的名單，以電話訪問方式，把沒有興趣參加的人先加以過濾。焦點團體訪談一般常常使用立意取樣的抽樣方法，選取樣本的標準，必須依研究目的從參與者的年齡（若非研究必要最好採用各種年齡層樣本）、性別（兩性皆有）、專家（愈少愈好）、彼此熟識程度（愈陌生愈好，以免因有所顧慮而不能暢所欲言）。決定了取樣方式與標準後，接著要考慮去哪裡找人，以下幾個管道可以參考：組織會員名單、透過少數目標群體的協助找出可能的參與者、找一個符合標準的聯絡人由他負責去找人、由曾參加類似訪談者來推薦適合人選。但是參與者之中，最好不要有太多彼此熟識的朋友，以免不願透露真正的想法。

## 3.分組

按照參加者的特色予以分組，同組者的社經地位宜相同，相同的社經地位組群中可以再根據研究目的分成不同的特色組，例如：同組中，可能有鄉村老人與郊區老人。如此分類，有助於討論結果的比較分析。至於在一個研究中，應該把參加者分成幾個討論小組，仍然要視主題及研究目的而定，如果討論目的是屬於探索性質，則一至二個小組就夠了，如果想更了解人們對於某一

個議題的見解，則可能要愈多的小組愈好。

## 臼訪談主持人

　　一個優秀的研究者未必可以成為好的主持人，由於焦點團體法互動資料的產生與主持人的技巧、溝通能力，有很密切的關係。因此，實施研究之前，必須先找好適當的主持人。一個適任的主持人，必須具備以下的態度與技巧：

1. 真正有興趣傾聽別人談話的態度：一個沒有經驗的主持人，常常會自己講太多話，或者一直想表達自己的觀點，防衛自己的想法。主持人必須了解，焦點團體的研究方法，主要在獲得資訊，而不在於自我發表或糾正別人。

2. 富有幽默感，主持人必須願意承認自己的觀點可能有偏見。

3. 能了解討論目標，清楚的表達討論。

4. 能掌握討論主題，並能有效的引導討論或控制想要獨霸全場發言權的人。

5. 能使用參與討論者所能明白的語言來溝通，適時的使用圖形、畫畫、投影片……等，來加強討論。

6. 個人在團體的情境中，比單獨一人的情境下，能產生更豐富的觀點，因此，主持人要熟悉群體互動的技巧。

7. 主持人對會議進行過程要有控制能力，換言之，要能注意到不想發言的人的肢體語言，想辦法促使發言。——點名的方式並不恰當，主持人可以利用自己的肢體語言，例如：投以關心鼓勵的眼神，促使發言；此外，也可以適時轉移眼神以

避免已發言過多的人再霸佔發言機會。

范芬（Vaughn et al., 1996）曾經把一個適任的主持人之特質與技巧列表如下：

### 表 7-1　主持人的特質／技巧

| 項目 |
|---|
| 1. 對主題有相當的了解，但是卻不表現出一副「我什麼都知道」的態度。 |
| 2. 讓參加者知道自己對主題所知不完全，期望引發更多更深的討論。 |
| 3. 對參加者有控制能力，但卻很友善、親和。 |
| 4. 引導而不是指導。 |
| 5. 扮演促進者的角色而不是表演者的角色。 |
| 6. 有極佳的記憶力，可以記住發言者的內容。 |
| 7. 主動並樂意傾聽。 |
| 8. 對於參與者所說的有所回應，並且不僵硬的遵循討論大綱。 |

由於主持人的技巧關係著訪談進行的成敗，因此，技巧不熟練的主持人，除了可以藉由實際觀察訪談的進行或看錄影帶、聽錄音帶、閱讀訪談記錄等來加以訓練之外，也可以先主持幾個非正式的焦點團體訪談。此外，如果能擁有一份主持人大綱，提示主持人應該如何說、如何做，對於主持新手是很大的幫助。主持人大綱大致包含以下幾個部分：簡介、熱身、釐清一些術語、先問一些輕鬆不具威脅性的問題、再問一些比較困難的問題、綜合討論結果，以及結語。

## *1.*簡介

介紹討論主題，討論進行方式、遊戲規則（例如：別人在發表時其他人不說話、不必表示同意別人的意見但是也不要給予負面之評價、可以自由離席取用點心、使用洗手間……等）。如果討論過程中有第三者在觀察討論進行情況，主持人不用介紹觀察員，但是要讓參與者知道在討論過程中，有人參與觀察。

## *2.*熱身

使參與者彼此認識，能簡單的介紹自己，介紹時省略各種頭銜只介紹姓名，以促進更自然的討論。

## *3.*釐清術語

把討論過程中會出現的術語先界定一番，使大家對於討論主題具備相同的知識基礎。

## *4.*由簡單輕鬆的問題開始

問題最好是開放式，並且要使大家了解焦點團體討論方式沒有對錯，也沒有最好的答案，減少大家一開始時可能有的焦慮。

## *5.*進入比較困難的問題

經過前述簡單的問題之後，大家可能感覺比較自在，主持人可以接著問一些需要表示個人見解的問題，並且陳述自己如何獲致那些見解。

## 6.綜合討論結果

這個階段共有兩個目的，其一乃是希望把討論做出一份綜合摘要；其二，要確定是否參與者想表達的意見都已經表達了。

## 7.了解參加者對於整體討論結果的意見分布情形

這個階段不在於收集更多的意見，而在於了解大家的意見分布情形。主持人先把前述討論結果定出關鍵標題，並詢問對於每一個標題同意者的人數。

## 8.結語

結語的目的之一，乃在告訴參與者，大家所提供的每一筆資料都將以匿名的方式出現，也請參與者尊重討論過程個人意見的保留權。換言之，不隨意談及別人的討論內容。其次，主持人也利用這個時間謝謝大家的參與，並回答所有可能的問題。

## ㈣訪談地點、時間及情境的安排

選擇訪談進行地點，要考慮參與者與研究者的方便，對於前者而言，乃是交通的便利、容易找到的地點；對於後者而言，則是可以進行錄音甚或錄影的場地。一般常見的地點是在研究者的辦公室，也可以租借其他場所，例如：旅館會議室、教堂……等，總之，地點的選擇要使雙方都感覺自在才好。訪談時間一般以一至兩小時為宜，通常大約一個半小時，不過，為了避免與會者提

前離席，最好通知參與者，訪談預訂兩小時。情境的安排也影響
討論互動時的品質，所謂情境乃是由人、事、物交織而成的一種
環境，包括實質的環境和心理的環境。有關參與者的選擇、主持
人的特質以及會議地點之安排，已如前述。此處的情境特別指的
是座位的安排，一般而言，由於方形、橢圓形或 U 型桌子能使大
家有目光接觸的機會，因此比較適合。桌子提供參與者私人的安
全領域，參與者若兩性皆有，則桌子的布置以能擋住腿為宜；如
果空間無法排成圓形，則要盡量把不愛說話者的座位排得更接近
主持人，比較愛說話的，可以坐遠一些。總之，焦點團體的情境
安排以不具威脅性為主，當然，最好也使參與者感覺有趣。因此，
研究者可以為每一個參與者準備一張名牌，只寫參加者的姓名，
以免個人的頭銜不同，影響發言時自在的感覺。主持人須用各種
方法去增強參加者的親密感，所以，會議開始時首先要建立開放
信任的氣氛，要介紹成員彼此認識。此外，會議房間必須乾淨、
通風良好，也要除去一切會使參與者分心的布置或擺設。

(五)資料收集

　　訪談資料的收集，可以利用錄音、錄影以及書面記錄的方式
來進行。

(六)訪談實施

　　前面各要項都有了規畫後即可以開始實施訪談，首先由主持

人簡單的介紹討論的主題,主持人不需要說得太多,以免限制了
參與者的思考。介紹完之後,可以有五分鐘的時間開放給大家討
論,以了解參與者的興趣,並建立起遊戲規則,例如:一次一個
人發言,勿私下交談,希望大家都充分發言等。接著就可以依序
進入討論大綱上的各個主題。當所有的主題都討論完了之後,主
持人可以要求參與者輪流做一個結束的摘要,以確保大家能盡情
發言。如果主持人感覺有人沒有充分表達自己的想法,則可以在
會議結束後一至二天內打電話給所有參與者,一方面致謝,一方
面也再徵詢是否還有其他的意見。

## ㈦資料分析

　　爲了使資料分析更爲順利,主持人在訪談過程中最好就盡量
記下所有的資料(包括非口語以及口語的回應,以及參與者所用
的語言、語言是否前後一致,或因某種情況而改變……等)。主
持人可利用翻閱式的海報紙(flipchart)來記錄大家所提出的主要
觀點,在訪談結束之前,這種海報紙可幫助與會人員再次檢視剛
才所提出的各個觀點。

　　資料分析一般有三個階段,分析者首先把錄音帶的資料轉化
成文字,接著再進行資料分類,其次再進行內容分析。資料分類
方法,一般可以根據討論主題,先定出幾個分類的標題,再利用
電腦文書處理的特性,將相近的資料合成,置於某一個適當的標
題之下。資料分類完成之後,選擇簡單扼要的字眼予以編碼,就
可以進行內容分析了。

　　資料分析者至少要有兩位，至於要由誰來轉化所有筆記與錄音的資料呢？一般是由主持人的秘書來負責，完稿之後再請主持人修正。如果沒有秘書編制，則最好由有實際參與訪談的研究人員來進行。資料分析者宜按照以下的步驟來進行：

1. 先大略的列出能代表關鍵概念的字眼，以此字眼爲標題。
2. 找出可以做爲分析單位的資料。分析單位可能是一個詞、一個句或一段文字；分析單位用語最好直接引自參與者口述的語言。
3. 按照選定的分析單位，把資料加以分類。
4. 不同的資料分析者分別把資料分析完畢之後，再互相比較自己的分類標題、資料單位標準、資料分類情形……等，再進行協調、統整所有的分析資料。
5. 找出主題，並利用理論來加以解釋。這一個步驟乃在檢驗先前所定義出來的關鍵概念，與事後根據分析單位所得的分類結果是否相等，是否需要修改。至於理論的運用情形，要視研究目的而定，有些研究者先藉理論來找出分類的單位，此外，理論也可以用來協助研究者解釋研究結果（Merriam, 1988; Yin, 1994; Greenbaum, 1988）。

# 伍、焦點團體法的優缺點、限制與可能的 誤用情形

## 一、優點

　　焦點團體研究法，可以彌補傳統問卷調查法無法真正問出來的問題，特別是對於一個新的研究領域，很適合利用焦點團體法來探索主題。大致說來，焦點團體法有下列的優點：

㈠在短時間內可以觀察到大量的互動，並且收集到研究者真正有興趣的資料。

㈡專業人士，如：律師、醫師、建築師……等人，由於有自己的文化及語言，因此，若以這些人為目標群體，藉由焦點團體的方法不但可以直接接觸到研究對象，並可以觀察目標群體的想法或說法，藉此縮短歧見。

㈢焦點團體研究法對於人類複雜的行為及其動機的了解很有幫助，畢竟人們自己就是最好的資訊來源。

㈣焦點團體研究法藉著社會互動的過程，不只是形成個人的意見，而且容易產生滾雪球的效果，不同的意見或想法經由群體互動的方式所產生的資料與母群體的意見通常也有同質性，因此，

焦點團體研究法具有外在效度。

# 二、缺點

　　焦點團體研究法的研究品質不穩定，可以說是最受質疑之處，大致說來，影響品質的因素包括（Morgan and Krueger, 1993）：

㈠不清楚的討論目標（或討論問題）。

㈡具威脅性、不方便或不舒適的討論環境。

㈢不足夠的經費預算。

㈣不適當的參與者（例如：容易請到的人，來參加討論的人是為了金錢而來的，或者從多年沒有更新的機關團體人名錄來找人……等。）。

㈤沒有經驗的主持人（例如：對主題知道得太多、不能真正傾聽、上課式的主持會議方式……等）。

㈥草率的資料處理過程（例如：錄音品質欠佳、沒有做筆記……等）；缺乏系統並且可以檢驗的資料分析程序（資料的檢驗方式，一般是使不同的研究員來解讀同一筆資料，看看是否得到相同的結論）。

　　綜合言之，焦點團體研究法的實施，最耗神的工作乃是：參與者的尋找、討論問題的發展以及資料的分析等。

# 三、限制

研究者不僅要了解前述的缺點，更要盡量避免之，除此之外，焦點團體研究法仍有以下可能的限制：

(一)合格適任的主持人不容易尋找，也沒有專業培訓的機構或場所。

(二)由於個人的想法會受到群體互動過程的影響，因此，參與討論人數的多寡，未必代表研究所可能獲致觀點的多寡。此外，研究者也不易知道討論過程中所獲悉的資料是否為受訪者個人真正的想法。

(三)主持人個人的偏見不太容易控制。

(四)有隱私性的問題、爭議性的問題、參與者的同質性太低等，都不適合進行焦點團體研究法。

(五)訪談問題的設計太過結構化，使得主持人過度依賴事先擬好的主題單，並且太嚴格的依照既定的主題來進行討論，也限制了資料的效度。

(六)焦點團體法的進行，無論是時間或金錢花費都不小。

# 四、可能的誤解

焦點團體研究法的使用，無論是在規畫階段、實施階段或是資料分析階段，都有以下幾種常見的誤解，宜加以釐清：

㈠以為焦點團體法可以適用於所有的研究類型。

㈡以為焦點團體法由於強調非正式，故不用事先規畫。

㈢以為焦點團體法不用花什麼錢，事實上可能的花費包括：主持人及助理出席費、轉化資料與資料編碼費、郵費、差旅費、幼兒臨托津貼、點心費……等，以及設備費，如：錄音（影）機、資料分析軟體費……等。

㈣以為人人可以做主持人，或者只要有研究經驗或者個別訪談經驗的人，就可以當主持人。

㈤由於取樣方式多採立意取樣，有些研究者可能由於樣本難找而就近選擇一些方便的樣本，而忽略了一些很有價值，但不容易邀請到的可能參與者，例如：有聽或說方面的障礙者、非常年幼或非常高齡的人。

至於焦點團體法的使用，大致有兩種可能犯錯的情形，其一為正在進行焦點團體訪談時，可能誤用此種方法的情形為：

㈠群體訪談雖然強調非正式的氣氛，以便刺激更多的想法，增加互動，不過這一種氣氛卻是在仔細規畫之下營造出來的，主持人可能會由於要使氣氛「輕鬆點」，而未能準確的按照事先規畫與組織的方式來進行討論。

㈡參與者之間及其與主持人之間的互動情形，關係著訪談的成功與否，參與者的裝扮、主持人的用語、口氣、態度，以及坦誠度如何都很重要。無論針對哪一種主題，主持人都不要試圖去教育、勸說或協調參與者的意見，不過，很多主持人無法堅守這個原則。

焦點團體訪談法另一個可能犯錯的時機，乃在於資料分析時，

例如：

(一)對於資料的分析與解釋過分粗疏。

(二)試圖以所得到的資料推論至較大的母群。

# 陸、結合焦點團體研究法與其他研究法

## 一、焦點團體法與深度訪談

　　焦點團體與深度訪談非常類似，焦點團體的進行方式，事實上也可以用來做個別訪談，一般認為兩者最大的不同在於前者多了參與者之間的互動。不過，若就時間與金錢、深度與廣度、互動、訪談內容等角度而言，可以分別出兩者的差異如下（Crabtree and Miller, 1993）：

### (一)時間與金錢

　　一般認為焦點團體研究方法，無論在時間與金錢上的花費都比較少，不過，焦點團體研究法事先在組織與規畫上的花費卻不小，例如：就時間的花費而言，單是協調參與者的時間與地點就不容易。深度訪談多半在受訪者的地方進行，也不需要對受訪者

提供太多的誘因，因此，金錢上的花費較少。但是，深度訪談至少要分別訪談八至十人，也有高達二十人的情形，所以在資料的移轉與處理上都頗爲費時。

## (二)深度與廣度

　　焦點團體研究法與深度訪談法的目的都是希望對於研究者有興趣的主題獲致更多的觀點，據此，則焦點團體研究法，利用一至二小時的時間進行對話與討論，可以產生更廣博的觀點與想法。不過，深度訪談不但使得受訪者談得更多、更深入，並且可以澄清許多觀點。總之，如果是屬於量化研究的後續研究，深度訪談可能較合適。若是爲了產生研究假設，則焦點團體研究法所產生的資料由於廣度比較夠，因此更適當。

## (三)互動情形

　　前述兩種研究法都有互動，不過，互動的型態不同，焦點團體法是多人之間的互動；深度訪談法則是兩人之間的互動。焦點團體法固然可以產生許多的想法與見解，但這些想法仍然是以「群體」爲單位，由於個人的想法會隨著群體組成份子的不同，互動品質也因而不同，因此，很難把個人的意見從群體的意見中抽離。

## ㈣訪談內容的考慮

　　群體訪談事實上也是一種眾人溝通的過程，不過，對於某些敏感問題，可能參與討論的人並不多，而且彼此認識，所以並不適合利用群體訪談的方法。

　　焦點團體法與深度訪談法都可以用來探索新的研究領域、產生不同的觀點，兩者的差異處也如前所述。究竟應該採用哪一種研究法，要視研究目的、待答問題以及想要產生的是哪一類的資料而定（Stewart and Shamdasani, 1990; Crabtree and Miller, 1993）。不過，如果能兩種方法都採用，可收相互檢證之效。

# 二、焦點團體法與調查法

　　焦點團體不是要用來取代問卷調查法或者前測，但是焦點團體法可以幫助研究者熟悉所要研究的主題，以及認知到由於文化不同，個人對主題的了解也有所差異。研究者若使用問卷調查法，最必須反思的乃是直接使用別人先前研究所發展出來的問卷是否適當？加以翻譯後使用是否恰當？尤其當問卷被使用在不同的文化背景時，研究者所使用的語言與被調查對象使用的語言不同；以英語而言，許多概念對東方人而言，更顯得抽象。利用焦點團體的討論方法可以提供更自然或本土化的語言，幫助研究者來修訂問卷項目。焦點團體法與調查研究法若能結合使用，自然是最

好的情況，一般而言，大約有以下的途徑（Wolff et al., 1993；胡幼慧，1996）：

## ㈠在調查法之前進行焦點團體法

　　用以加強問卷設計的方式，形成問題選項，使用正確的字眼，並且可以藉此接觸到一些不想回答問卷者的意見，以減少樣本的偏差。

## ㈡調查實施之後立刻進行焦點團體法

　　可用以了解問卷調查的過程，並且追蹤影響樣本認知及其態度的更深入意見。

## ㈢在調查結果分析之後進行焦點團體法

　　對於量化分析之後的結果，可能有知其然而不知其所以然的情形，研究者可以利用焦點團體法來進行深入的探究。

## ㈣同時使用兩種研究法

　　在同一個研究目的及研究設計之下，從問卷調查的樣本中，選擇方便、適合的人也來參加焦點團體訪談。經由兩種途徑所獲致的結論，可以互相驗證，並且能形成新的假設，可以說是更為

理想的研究方法。

# 柒、焦點團體研究法之相關研究介紹

*1* 主題：焦點團體：了解非傳統學生需求的一種積極途徑（Focus
　　 groups：An active learning apporach to identifying non-
　　 traditional students' needs）
作者：McCormick, Cynthia
時間：一九九五年
摘要：本研究主要目的在了解女性成人學生在大學的經驗及
　　 其對於身爲非傳統學生最主要的關切。本研究樣本爲
　　 三十一位平均三十一歲的女性心理系學生。訪談主持
　　 人利用四個訪談問題大綱來引導討論，一共進行四組
　　 的訪談，平均一組八個人，每一組約進行一個半小時
　　 的討論。研究結果顯示，學生們對於在大學學習所獲
　　 得的經驗大致是正面的，他們對於下列三方面的實施
　　 表示關切：輔導、註冊以及財力補助。他們的學習目
　　 標多數是獲得學位以及有關職業輔導的知識，比較不
　　 在乎參加一般大學生的「校園活動」。研究發現與先
　　 前以夜間部學生爲對象所進行的研究結果相同。研究
　　 者肯定焦點團體研究法不但是一種很適合的學習指導
　　 工具，對於大學行政主管而言更是有用的資訊來源。

**2** 主題：與工作相關的自我導向學習品質判斷（Judging the quality of work-related, self-directed learning）

作者：Caffarella, R. S; O'Donnell, J. M.

時間：一九九一年

摘要：本研究主要是利用焦點團體法來了解三十三個專業訓練方案規畫者，對於與工作相關的自我導向學習品質的決定。結果發現品質的判斷與產品、過程有關，學習者才是主要的判斷者，品質有許多不同的層面，也包含許多有效的要素。

**3** 主題：成人學習者：為什麼成功？透過一個成人學習工作小組來得知（Adult learners: Why were they successful? Lessons learned via an adult learner task force.）

作者：Hofmann, J. M. and others

時間：一九九四年

摘要：本研究主要在了解一個小型大學學生學習成功的因素，研究以電話訪談方式分層隨機抽樣了四十名甫自該校畢業的學生。此外，也利用焦點團體的方式，來了解教授們對於機構應提供哪些支持措施，以有利於成人教學的觀點，研究歸結出以下幾點有利學生學習的因素，包括：高品質的課程、教授以及教學；小班並且關懷的氣氛；方便的使用各種資源，如：圖書館、輔導以及其他支持性服務，即時讓學生獲悉各種他們可以使用的資訊等。

**4** 主題：美國婦女識字，一個初步的對話（By women／For women: A beginning dialogue on women and literacy in the United States）

作者：Laubach Literacy Interational

時間：一九九三年

摘要：本研究主要在了解阻礙婦女達成其識字目標的障礙與議題。研究藉著九人小組的焦點團體，利用腦力激盪，發現以下的問題：托嬰、交通、工作（包括家務工作）、暴力、男性的態度、家人與朋友的態度、文化與傳統、班別、自尊、害怕改變，以及孤獨。認識婦女的特殊需求也被強調。本研究做了以下的建議；提供托嬰、交通、鼓勵批判反思教學法，提升婦女來研究有關婦女的議題、訓練工作人知道如何為婦女工作，發展工作關係，教材要注意性別敏感的議題，尋找並分配給婦女的資源。

**5** 主題：威斯康辛的高齡職場：職業教育趨勢（Wisconsin's aging workforce: Trends in vocational education.）

作者：Fox Valley Technical Coll.

時間：一九九一年

摘要：本研究方法包括：文獻探討，10%威斯康辛州科技學院學生一九八六年紀錄分析，焦點團體訪談五名雇主，另一焦點團體則訪談十位年紀超過四十歲的成人學生，電話訪談一百個雇主以及二百位超過四十歲的學生。本研究結論包括：對於某些名詞的定義不清楚造成學

習障礙、技能退化是最大的問題，年紀大的人需要更
多的資訊以明白繼續接受教育與成功的找到工作的關
係，對於年齡歧視的現象仍然存在教育及職場內。

**6** 主題：對於收入有限家庭實際的關切：成人家庭經濟課程
（Practical concerns of limited income families: An adult
home economics curriculum）

作者：Williams, S. K and Bertelson, L. W

時間：一九九○年

摘要：本研究主要目的是在了解愛荷華州低收入家庭的需求；
評估現有的方案滿足前述需求的程度；發展課程素材
以及幫助教育工作者使用這些發展出來的教材。本研
究利用五組不同地區的焦點團體，來了解由於失業或
農場損失而變成低收入的家庭之需求。研究所發展出
來的課程綱要包括以下三組：自尊、父母親、資源管
理等。前述三組課程，包含焦點團體對於前述議題的
關切，以及針對該問題所設計的學習活動內容及進行
方式之建議。

**7** 主題：利用焦點團體評估訓練需求：賦予兒童福利工作者權
力（Using the focus group in assessing training needs:
Empowering child welfare workers）

作者：Denning, J. D. and Verschelden, C.

時間：一九九三年

摘要：本研究主要在描述一個公共兒童福利機構的評估過程，
強調福利工作者是關於他們自己需求的主要來源。使

用焦點團體研究法可以產生更高層次的互動，有助於接下來的福利工作者的訓練。

8 主題：以焦點團體研究法為評鑑工具（Focus group as an evaluation tool）

作者：Creason, P.

時間：一九九一年

摘要：本研究乃是利用焦點團體的方法，來評鑑加州一所學院的入學方案。焦點團體研究法藉由非正式的氣氛引導參與者發言，此一學院利用焦點團體法獲悉與入學方案有關的工作同仁之意見。將來入學方案的改變會直接影響其工作，本研究也提出選擇主持人、參加者，以及評鑑與分發資訊的方法。

9 主題：焦點團體：繼續高等教育的有效工具（Focus groups: An effective tool for contiuning higher education）

作者：Ashar,H and Lane,M

時間：一九九三年

摘要：本研究利用焦點團體的方法，來探討在職成人的學習，結果發現成人很喜歡有學位的學習方案。成人喜歡這種方案的學習環境，彈性、實用性的授課內容，合作學習的氣氛，高度的參與率，高品質的回應。使用焦點團體研究法所創造的多元化群體互動，證明了此種方法在了解成人學習方案的設計上，是很有效的工具。

# 捌、焦點團體研究法之研究過程舉例：以

中小學概念化資訊系統模式的發展為例（The development of a conceptual data processing / information system model for elementary-secondary education. ）

## 一、 研究目的

　　本研究主要目的是在應用管理資訊系統的概念及程序，來發展中小學管理資訊系統概念上的模式。管理資訊系統的觀念、發展及實施在管理科學的文獻探討，或私人企業組織的實際中已臻於成熟的階段，但是在教育管理文獻中，卻缺乏一套以管理資訊系統理論爲基礎並且適用於教育系統的觀念架構，可以用來輔助學校或教育行政當局推展以電腦爲主的管理資訊系統。不過自從一九六〇年代以來，電腦科技對於學校的運作已產生重大的影響，無論在教學或行政管理上，電腦都被視爲新寵，有關電腦輔助教學或行政管理的評介甚多（Mitchell, 1982; Hanson, 1973; Dembowski, 1986; Gustafson, 1985; Rees, 1987），然而電腦雖已被大量使用來進行教育資料處理的工作，學校也借用不少管理資訊系統的術語，若論真正在學校組織內發展並實施管理資訊系統，則腳步十分遲緩（Guthrie and Reed, 1986），大多數學校充其量只是把原先

手冊式的資料處理電腦化而已，並沒有真正在管理資訊系統的理論基礎上來發展。辜瑟瑞（Guthrie）與瑞德（Reed）兩人探討有關文獻，加上實地觀察的結果，也指出管理資訊系統必然會成為未來教育行政發展的趨勢。

　　管理資訊系統的理論原發展於私人企業組織，由於學校組織及教育單位之任務、目標與性質都異於企業組織，故欲有效的推展並實行學校行政管理資訊系統，不宜全盤移植企業組織實施管理資訊系統的模式，而必須考慮教育組織環境，並研究使資訊管理的架構能適用於學校系統。此外，金利（Kimmle, 1972）探討管理資訊系統的設計時強調一個極為重要、但卻常被一般設計者忽視的觀念。金利指出計畫並發展管理資訊系統關鍵性的第一個階段，是考慮管理與組織的活動（或任務），絕非科技運用上的考慮，例如：硬體與軟體的選擇。金利也指出管理資訊系統並不是非用電腦不可，一旦組織內各管理階層對於完成該階層工作所需要的資料、所需資料的形式，與所需資料的時機，都清楚明白之後才是系統專家的工作，例如：考慮如何組織並處理這些資料，使用設計的管理資訊系統能提供適當的資訊給管理與決策者，接下來才應當考慮硬體與軟體等設備之選擇（魏惠娟，1993）。為了達成本研究目的，本研究所要回答的問題如下：

　　1. 為了達成中小學學生管理、人事管理以及財務管理等工作，
　　　需要收集、處理哪些資料？
　　2. 前述資料在組織內的流通情況如何？

# 二、研究方法

本研究主要採用質性研究法，除了文獻探討外，還包括流程圖模式的建立，以及焦點團體座談的方式。

## 三、焦點團體座談法的使用──先前準備及邀約工作

本研究先經由文獻探討建構了系統流程圖的模式，再召開三組的焦點團體座談，焦點團體座談的方式乃是要來驗證或加強研究者所發展的流程圖模式，座談的資料將成為流程圖增、刪、修的主要參考。參加焦點團體座談的人，都是學區或學校中優秀的行政人員，分別是與學生管理有關的人、與人事管理有關的人，以及與財務管理有關的人。參與代表的來源，是由研究者的指導教授先找到認識的一個關鍵人物，告知本研究的目的，並請其推薦適當的名單，各組參加的人必須與該組討論主題有關，並且有良好的聲譽，例如：參加學生管理組焦點團體座談的人，多是在學校或學區中工作，並且其工作性質與學生管理有關。每一組焦點團體的成員共五至六人。

參加者初步的名單確定後，再由指導教授一一打電話邀請，電話中先自我介紹，並介紹研究目的和焦點團體座談的目的，同時協調參加者的時間。大家的時間都經由在電話中確定後，再由

研究者寄出一張備忘信函，加以提醒，並確認開會的時間、地點。
同時告訴與會人員，會中將全程錄音；寄發備忘信函的同時，也
寄出本研究所發展出來的系統流程圖、本研究計畫書、焦點團體
方法簡介，請他們在座談中加以檢驗，提供實務經驗，以幫助研
究者修改流程圖。

　　焦點團體座談的地點，定於前述關鍵人物辦公大樓中的一間
會議室，該辦公大樓也是明尼蘇達學區（Minnesota School Dis-
trict）利用部分州政府經費以及部分民間政府經費成立的一個資
料處理中心，所有參與的人對該中心的所在地以及該中心的業務
都很熟悉。每一場焦點團體座談的時間大約由上午九點至下午兩
點半左右，由該中心提供簡單的午餐。

　　焦點團體座談的主持人為研究者的指導教授（註一），筆者
則任助理，負責做筆記，並錄音。座談會開始之前，教授與筆者
提前半小時到達會場，並把放大的系統流程圖貼在牆上，以利說
明與討論。同時準備好投影機，白板、白板筆、投影筆，並測試
麥克風等。

〰〰〰〰〰〰〰〰〰〰〰

註一：一般焦點群體研究法，多提及對於參與者必須給予一些出席津
　　　貼或交通補助，但是，本研究屬於博士論文研究，因此，並無研究
　　　費，所以才由研究者的論文指導教授出面邀請，並任主持人。指導
　　　教授本人曾於明州擔任過總務主任、中學校長等職位，其時則是明
　　　大教育政策與管理研究所教授，與會者有不少人都曾上過他的課，
　　　或曾聽說這個人。由於與會者多是在職至少五年以上，加以，國情
　　　不同，因此，雖由老師來擔任主持人，並不會造成不敢發言的現象。

# 四、 焦點團體座談法的進行

由於該研究在冬天進行，明州冬天的氣候嚴寒，風雪很大，因此，各場焦點團體座談並未能準時於九點鐘開始。主持人與筆者多利用會前的時間與大家寒暄，自我介紹，與會者也多能最遲於早上九點三十分完全到齊。

會議開始前，先由主持人自我介紹，介紹筆者，並使與會者彼此認識，接著把本研究的背景、目的做了一番介紹，大約花了四十分鐘，接著開始檢視掛在牆上的流程圖，每個人的手中也都有一份完全一樣的流程圖。各組的系統流程圖多寡不一，以學生管理次系統最多，共有十一份流程圖，人力管理及財務管理次系統則各有六份流程圖。主持人對每一份流程圖加以說明，並在適當的點停下來，請大家就前述的部分提供意見。會議進行至十二點時，暫告一段落，大家在原處用餐，並做非正式的意見交換。午餐約進行一個小時，會議於一點十五分左右再度進行。會議進行中，有些參與者對於流程圖的修正意見相左，主持人會詢問其他人的看法，原則上以多數人的經驗為修正的依據。會議大約於下午兩點半左右結束，主持人謝謝大家的參與，並說明將依大家的意見修正流程圖模式，再寄給大家確認。主持人同時請與會者會後如有其他修正意見則逕寄主持人。

## 五、 資料的分析與應用

　　本研究資料分析的方法，是參考錄音帶以及筆記的資料，一一核對流程圖的各個部分，加以修改文字或重新繪製圖形。座談會所收集到的資料不但用來驗證流程圖模式，也用以為本研究第四章研究結果部分，做為文字敘述之參考。

　　流程圖的模式若有相同的看法，則視為流程圖已得到驗證，若有不一致的意見，則依與會人員實質的建議，加以修改。

　　流程圖經過修改後，並附上敘述式的文字說明，再寄給各與會人員，請他們再加以確認，或提供其他修正意見，焦點團體座談方法，至此告一段落。以本研究而言，接下來的步驟就是撰寫結論與建議。

## 玖、本研究所使用的附錄資料

## 附錄一、焦點團體座談進行的程序

　　焦點團體經常被應用在規畫與行銷研究，主要目的是要從產

品或服務的使用者中來汲取資訊。焦點團體討論需要一個沒有威脅性的環境，在那樣的環境下，參與者能更有創意的產生一些想法。

▶適用的時機：
・趨勢了解
・態度及意見測驗
・產生想法
・檢驗研究發現

▶結構：
　　焦點團體研究法通常有八至十二人，圍坐成 U 字形，訪談者通常是一位非權威人士，負責促進討論。焦點團體訪談最好有一位觀察員，負責記錄成員間的互動。焦點團體訪談一般進行大約一至一個半小時。群體訪談結束後，應該有一訪談摘要。

▶設備／器材：
・彩色筆
・雙面膠
・翻閱式海報紙
・名牌
・舒適的座位
・足夠的空間

▶活動：
1.簡介
⑴主持人（10-15 分）
⑵觀察員
⑶參與者

　　　　(4)討論大綱

　2.討論（**40-60** 分）

　　　(1)開放式的討論

　　　(2)討論的議題、想法

　　　(3)歸納

　3.結尾（**10-15** 分）

　　　(1)歸納出一般具體的概念

　　　(2)摘要大家同意的部分

　　　(3)從上述摘要中，歸結出三個議題

　　　(4)歸納出最重要的概念

➡️主持人要訣：

　1.鼓勵參加者

　　　(1)使人人有機會發言

　　　(2)不必每個議題都討論完

　2.約束發言者

　　　(1)轉移聊天的現象

　　　(2)引導未發言的人發言

　　　(3)必要時約束發言的次數與時間

　3.控制時間

　4.偵測發言情況

　　　(1)注意聽發言重點

　　　(2)請大家提供更多的意見

　　　(3)勿批評或爭論

➡️結論

# 附錄二、學校行政人員管理資訊系統研究計畫；財務管理次系統焦點團體（註二）

## 研究目標

　　焦點團體的目的主要是在發展並驗證明尼蘇達州中小學學校組織財務管理次系統。本流程圖僅是草圖，為文獻探討的結果；主要目的是要給就讀於研究所來修學校行政證照課程的同學做教材；希望利用焦點團體參與者的時間與知識來修改此流程圖。希望藉著流程圖的模式，加強他們對於學校財政管理的了解，以及對於其資料使用的了解。

## 討論目標

　　藉著焦點團體的批判與檢驗，請對於此一初步的流程圖，針對以下的原則，提供建議：

---

註二：附錄一是有關焦點群體法的一般性敘述，附錄二則是針對本研究，運用焦點群體的方法，希望讓參與者先了解座談進行方式，以及自己應有的準備。

1. 有無重要的部分被遺漏了？
2. 修正意見？
3. 流程圖的詳略程度是否恰當？
4. 多餘的內容是否被除去了？
5. 流程圖彼此的關係是否陳明了？
6. 流程圖先後次序是否恰當？
7. 重要的指標爲何？

## 討論過程

　　討論過程中觀察者將做筆記，整個過程將全程錄音。事後對流程圖的修正，將不一一指明是根據誰的建議來修正的，研究完成後，錄音帶的內容將被洗去，參與者的名字與職銜，將在本研究報告適當之處出現。（註三）

# 附錄三、初步流程圖

　　依不同的焦點團體，寄發不同的草圖。

---

註三：類似的附錄還有兩個，分別是關於學生管理次系統研究計畫，以及人事管理次系統研究計畫。本研究依不同的焦點群體組別，寄發不同的附錄。

## 參考書目

胡幼慧（1996），焦點團體法，收於胡幼慧主編，**質性研究**，台北：巨流。頁 223-237。

周雅容（1996），焦點團體法在調查研究上的應用，中央研究院調查研究工作室主辦，第一屆「調查研究方法與應用」學術研討會論文集。

魏惠娟（1993），管理資訊系統的觀念及其在教育行政上的運用，**教育研究雙月刊**，33: 52-60。

Crabtree, B. F. and Miller, W. L. (1993). *Doing qualitative research*, Newbwry park, CA: SAGE.

Greenbaum, T. L. (1988). *The handbook for focus group research*. New York: Lexingtom Books.

Merriam, S. B. (1988). *Case study research in education*. San Francisco: Jossey-Bass publishers.

Morgan, D. C. (editor). (1993). *Successful focus groups*, Newbwry park, CA: SAGE.

Morgan, D. C. (1988). *Focus groups as qualitative research*, Newbwry park, CA: SAGE.

Morgan. D. C. and Krueger, R. A. (1993). When to use focus groups and why, In D. Morgan (ed.), *Successful focus groups*, Newbwry park, CA: SAGE.

Morgan, D. (1988). *Focus groups as qualitative research*, Newbwry park, CA: SAGE.

Krueger, R. A. (1994). *Focus groups: A practical guide applied research*, California: SAGE.

Stewart, D. W. and Shamdasani, P. N (1990). *Focus groups: Theory and practice*. Newbwry park, CA: SAGE.

Vaughn, S. et al. (1996). *Focus group interviews in education and psychology*, Newbwry park, CA: SAGE.

Wolff, B. et al. (1993). Focus groups and surveys as complementary research methods: A case example. In D. Morgan (ed.), *Successful focus groups*, Newbwry park, CA: SAGE.

Wei, H. C. (1990). *The development of a conceptual data processing / information system model for elementary- secondary education*. Ph.D. dissertation, Unversity of Minnesota.

Yin, R. K. (1994). *Case study research: design and methods*. Newbwry park, CA: SAGE.

Morgan, D. (1993). Focus groups as qualitative research. Newbury
    park, CA: SAGE.

Kvueter, R. A. (1994). Focus groups: A practical guide for applied research.
    California: SAGE.

Strauss, D. M. and Shamekson, C. N. (1990). Bagies grounds Theory and
    ground procedure Newbury park, CA: SAGE.

Sminon, S. et al. (1991). Personal interviews in education and psy-
    chology. Newbury, park, CA: SAGE.

Wild, R. et al., 1992. Research results surveys a complex survey re-
    search methods. Acute example', in L. Marin et (ed.), Strategies
    mass media Newbury park, CA: SAGE.

Yen, H. C. (1990). The development of a chinese health processing in-
    formation system model for elementary academics ... Ph.D.
    dissertation. University of Minnesota.

Yin, R. K. (1989). Case study research: design and methods. Newbury
    park, CA: SAGE.

# 8

---

# 德懷研究

謝臥龍、駱慧文

# 壹、德懷神諭（Delphi Oracle）

對於混沌無知的未來，人類總是抱持著或多或少的不安、焦慮與恐懼，因此，人們藉由占星術、紫微斗數、測字、算命或求神問卜來研判與解讀手邊既有的資料，進而探討和預測未來的際遇。古希臘社會中人們對未知的未來也充滿畏懼與迷思（myth），因此一如 Ellis、Smith 與 Kummer（1985）所描敘的情景就發生在古希臘阿波羅神殿中：

> 馬沙歐士（Marceous）帶著一頭要獻給神明為牲禮的羊，進入了阿波羅神殿，這名古希臘教師匆匆寫下他想得知的問題：什麼樣的能力與價值觀是學生所應具有的，而身為教師的馬沙歐士將如何引導學生來學習呢？而在這遠近馳名的阿波羅神殿中的德懷神諭（Delphi Oracle）儀式中，兩位充滿智慧與熱誠的教士（priest）正根據德懷神諭儀式中種種跡象，共同嘗試著回答馬沙歐士疑惑的問題……。

位於希臘首都雅典西北方的大城德懷（Delphi），正是阿波羅神殿所在地，在阿波羅神殿中，信徒獻奉牲禮而得以經由教士運用智慧，來預測其將來未知的人、事、物和情景（enigma），

並提出解決之道，這正是德懷神諭的由來。

## 貳、德懷研究概觀（Overview of Delphi Study）

　　帶著祭奉的牲禮求神問卜，德懷神諭儀式中充滿智慧熱忱的教士，有時也無法解除人們對未知將來的畏懼與迷思；因此在時空轉換與科技發達的現今，科學家運用科際整合的方式來匯集專家（experts）針對某特定議題的看法，來建立專家共識，進而運用這些寶貴的專家意見，針對未來進行預估（forecasting），以為重大決策之參考（Shieh, 1990），而科學家將此預估未來的方法命名為德懷技巧（Delphi technique），也有人稱之為德懷術。德懷技巧因此而由阿波羅神殿的神諭，走入學術性研究範疇，用以來預估未來不可知的世界，提供提升決策品質的策略，進而促進人類福祉（謝臥龍，1997）。

　　最早將德懷術當成預測工具是在一九四八年，當時德懷技巧只是被運用在預測賽馬結果（Quade, 1967）。而在一九五〇年代，位於美國加州聖塔莫尼卡著名的藍德（RAND）資訊公司，在狄爾其（Dalkey）、漢爾門（Helmer）、戈登（Gordon）與卡普蘭（Kaplan）等人主導之下，接受美國國防部委託，進行當美國遭受核子武器攻擊時會產生什麼結果之相關研究；研究者為獲取高信度的專家共識（consensus），因而建立頗具科際整合精神的研究步驟，以郵寄多次的匿名問卷，而在每回合的德懷問卷中，研

究者提供相關統計資料，讓參與研究的專家針對研究主題詳加考慮，進而達成匯集整合專家意見之目的（Shieh, 1990）。溫室效應（greenhouse effects）一辭，即是達爾其等人採用德懷研究法來集合參與的研究專家之意見，藉此推估美國若遭受核子武器攻擊可能會產生的狀況。

　　林斯多和杜羅夫（Linstone and Turoff, 1975）指出德懷研究法的原始設計主要是為針對國防科技發展與國防相關議題進行研究，但是這些國防相關研究資料很少被發表；從一九四八到一九六三年之間，藍德資訊公司在美國國防部委託之下，總共才發表以德懷技巧所進行國防相關研究的簡報十四篇（Preble, 1983）。而首次正式發表的德懷研究報告，則是藍德資訊公司以德懷研究法，進行預測未來十至十五年間科技發展新趨勢，並預估其對美國社會與全世界之影響與衝擊為題所完成之研究報告：長程預測之研究報告（Report on a Long-Range Forecasting Study）（Gordon and Helmer, 1964）。藍德資訊公司長期接受美國國防部委託進行研究，一九九六年三月台灣在中共文攻武嚇之下民選總統之時，美國政府獲取藍德資訊公司預測評估資料，認為中共有武力犯台的可能，而派航空母艦進駐台灣海峽，以保台灣安全；由此可知，美國國防部長期以來即仰賴德懷研究方法，來匯集專家意見與共識，進而推估國防科技與國際關係發展的新方向。

　　自藍德資訊公司首次公開發表德懷論文以來，德懷研究技術始廣為大學、政府與民間機構採用；不但如此，德懷研究法從美國傳至加拿大、歐洲、蘇聯與日本等各國，並且蔚為研究潮流。謝（Shieh, 1990）曾指出，自從一九六四年藍德資訊公司首先發

表德懷研究論文之後，研究者紛紛採用德懷研究技巧，並以科際整合的方式來引領（elicit）專家針對研究主題進行腦力激盪（brainstorming），進而匯集出專家共識，以爲未來重大決策參考之用。林斯多和杜羅夫（Linstone and Turoff, 1975）更指出首篇德懷研究論文問世之後，在一九七○年之前總共有一百三十四篇德懷研究相關論文被發表。一九七○至一九七五年之間，德懷研究論文則有三百五十五篇之多，其數量呈等比級數增長。筆者曾就國內既有的學術論文光碟欲得知近年來研究德懷研究論文篇數，然而由 ERIC, Psychlist, Social File, MedLine 等光碟查到的篇幅與筆數都相當驚人。筆者亦以美加地區博碩士論文資料庫（UMI ProQuest Digital Dissertation, PQDD）查詢論文摘要而發現，採用德懷研究法來完成博士論文篇數正以驚人速度增加（請參閱表8-1），由此可深切地肯定德懷研究法之學術地位和價值。

表 8-1 PQDD 資料庫中應用德懷研究技巧所完成之碩博士論文其年代與篇數分布表

| 年　　代 | 篇　　數 |
| --- | --- |
| 1970 之前 | 2 |
| 1971-1980 | 323 |
| 1981-1990 | 918 |
| 1991-2000 | 905 |
| 2001-2003 年 7 月 | 144 |

　　達爾其等人制定了德懷研究技巧科際整合的步驟，早期進行了許多與美國國防科技發展以及國防相關議題爲主的研究，然而在德懷研究技巧普受採用之後，其研究主題不再侷限於國防科技，許多先進國家皆以德懷研究法來進行研究，旨在預測其未來工商企業、社會、教育、科技、都市的發展與趨向，以爲決策參考之用（謝臥龍，1997）。不但如此，政府與企業界各部門常以德懷技巧來預估部門預算、政策方針以及推算執行步驟（Jenkins and Smith, 1994）。然而謝臥龍（1997）、穆雷與漢蒙斯（Murry and Hammons, 1995），勾德菲雪（Goldfisher, 1992）及謝（Shieh, 1990）都強調德懷研究法不但受政府與學術機構歡迎，更廣泛地受到企業人士、實務工作者、教育者與相關研究者採用。漢與彼得斯（Haan and Peters, 1993）與勾德菲雪（Goldfisher, 1992）皆指出，企業界常以德懷研究法來推估企業運作未來趨向，不但如此，也常以德懷技巧來確認未來發展優先順序（Madu, Kuei and Madu, 1991）。至於制定都市計畫相關政策（Masser and Foley, 1987）、規畫與設計教育課程（Putnam, et.al.,1995; Health, et.al., 1988; Tiedeman, 1986; Hakim and Weinblatt, 1983）、建立未來的共識與制度、分析與探討特定對象的期望與需求制定與發展衡鑑工具，皆可採用德懷技術來執行相關研究。

　　爲了探討台灣資訊工業發展的架構與發展優先順序，馬杜、奎與馬杜（Madu, Kuei and Madu, 1991）廣集資訊工業界經驗豐富硬軟體專家的寶貴意見，而制定台灣資訊工業未來發展架構之策略，以爲政府與民間業者發展資訊工業參考之用。歐史夫斯基與約瑟夫（Olshfski and Joseph, 1992）採德懷研究法來探討管理人才

訓練的意涵與需求,不但如此,也收集到具有前瞻性管理人才訓練課程的核心概念,以為未來規畫與設計管理人才培育課程之用。漢與彼得斯(Haan and Peters, 1993)以德懷技巧帶領二十三名荷蘭製造業專家,探究下個世紀荷蘭製造業內外在環境應做何種改進,始可提升其製造業之競爭力。

哈金與溫布萊特(Hakim and Weinblatt, 1993)以探討殘障人士職能訓練的目標為題進行研究,研究者邀集殘障人士職能訓練相關政策制訂者、行政人員與實務工作者參與研究。哈金與溫布萊特在研究中不但匯集專家意見,並進行各研究群之間對殘障人士職能訓練目標認知差異性的比較,更發現參與研究之專家群在認知上差距頗大,而為了整合出專家共識,共同為殘障人士職能訓練努力,此研究者強力推薦德懷研究技巧,茲以經由經驗豐富的專家研究群,透過腦力激盪的方式共商良策。為了探討在正常班級中加入學習障礙學生共同上課之未來可行方針,普特曼、史拜爾哲與布魯尼克斯(Putman, Spiegel and Bruininks, 1995)以教育政策制訂者、學校教師、行政人員、特殊教育專家和學生家長為德懷研究參與者,進而彙整出正常班級加學習障礙學生共同上課,在教學與教材上改進教育環境安排之策略。

歐都內爾(O'Donnell, 1988)以五十名教育工作者為研究對象,進行三個回合的德懷研究,共同討論面對二十一世紀的來臨,教師應以何種概念來編制教材、發展教學知能與設計多媒體教學,經由參與研究專家腦力激盪之後,研究者列舉出未來教師所應具備教學知能的要項。史蒂芬(Stephen, 1982)探以德懷研究法完成其探討國小優良教師知能的博士論文;卡拉默與貝茲(Kramer and Betz, 1987）也以德懷研究方式彙整出二十九項培育優良國小教師的在職訓練課程之核心概念；為了增強成人教育教師教學知能，紐斯與哈羅倫（Nunes and Halloran, 1987）採用德懷研究設計，來探討優良成教教師所應具有的教學知能，以為未來規畫設計培育成教教師之職前與在職教育課程之參考。

羅德尼與萊斯特（Rodney and Lester, 1994）以德懷研究法界定未來護理人員專業角色；藍哲與格羅佛斯（Zanger and Groves, 1994）也運用德懷技巧輔以焦點團體（focus group）共同收集研究所需資料，進而建立未來發展運動與休閒經營的要素和架構。麥格利里與惠特尼（McCleary and Whitney, 1994）亦運用德懷技術探討並比較北美與東歐國家人民的旅遊習慣與態度，以為發展與推動旅遊活動參與之用。傑佛瑞等人（Jeffery et al, 1995）採用德懷研究來整合專家對美國鄉村地區發展生涯諮商需求的共識，作為設計鄉村地區發展生涯諮商工作計畫之參考。

懷特與羅素（White and Russel, 1995）就美國婚姻與家族治療協會會中選取兩百一十六位願意參與研究的自願者，共同為建立婚姻與家族治療（MFT, Marriage and Family Therapy）督導制度而集思廣義，並進而確認建構婚姻與家族治療督導制度之重要考量因素，以為往後制訂MFT督導系統與相關政策參考之用。傑金斯與史密斯（Jekins and Smith, 1994）探討十一篇採用德懷技術而進行的家族治療相關研究論文，發現經由此研究法釐清整合專家意見的結果，對往後提升家族治療工作有莫大幫助。

近年來國內也有一些德懷研究，謝臥龍（1997）與謝（Shieh, 1990）在其論文中採德懷研究技巧引領參與研究的專家，集思廣

益共同建立優良國中教師特質的共識,而這些良師特質,不但可
提升教師、學生、行政人員與家長對良師的認知,以爲規畫教師
職前與在職訓練教育參考之用,更可將這些良師特質編成良師衡
鑑工具。駱慧文等人(1992),謝與駱(Shieh and Lo, 1992)也採
相似步驟而整合優良醫師應具特質一致性的意見,並在其進一步
研究中,以良醫特質專家編製成調查問卷探討當前國內醫師行醫
能力。

　　王秀紅等人(1994)改良傳統德懷研究,而在華航性騷擾案
件之後,彙整醫師、護理人員、婦女研究與檢調單位人員四大研
究群對醫療過程性騷擾的看法,比較其認知上的異同,進而探討
可能的防治策略;不但如此,謝、駱與王(Shieh, Lo and Wang,
1996)等人在界定醫療過程中性騷擾的定義之後,將收集來的定
義編製醫療過程中性騷擾盛行率調查之工具,發現大多數的護理
人員在其工作情境中,都曾遭受程度不一的性騷擾。陳九五等人
(1995)在都會生活品質相關研究中,也以德懷研究法釐清整合
專家對居家噪音源的共識,進行編製成大高雄地區居民對居家噪
音源主觀評估工具,並配合客觀儀器測定噪音,而發現大高雄地
區民眾生活品質在噪音部分長期受到民眾忽視。

　　國立台灣大學婦女研究室召集人張玨與陳若璋進行大學「性
別與兩性」通識教育課程內涵探討時,也採用德懷技巧彙整開設
相關課程之教師的理想,並加以排列優先順序,以爲未來規畫「性
別與兩性」相關課程與發展教育學程參考之用(張玨,1997)。
謝臥龍等人(1997)探討外籍勞工工作滿意度生活適應與身心健
康相關研究時,曾以德懷技巧引導外勞仲介業者、雇主與外勞本

身共同來思考外勞在台工作期間生活適應與管理問題，不但可分析並比較勞資雙方在認知上的差距，更可爲相關單位未來制定外勞管理政策參考之用。

　　國立高雄師範大學研究生方朝郁（2000）彙整國內性別教育工作者之意見，建立各級學校教科書性別偏見檢核標準。同時吳雅玲（2000）也以德懷研究法，廣集國內學者專家的意見，列舉出中等教育學程中兩性平等教育課程之內涵，茲爲探討高中職與國中性別平等及性侵害防治教育課程之核心概念。謝臥龍與駱慧文（2000）邀請國內性別與婦女研究學者，以及基層教育工作者共同建立專家共識，建構各級學校性別教育與性侵害防治課程之核心概念，以爲未來編制相關教材之用。在內政部委託之下，謝臥龍、吳慈恩與黃志中（2003）也以科際整合的研究方法，經由多回合德懷問卷的過程，整合國內參與執行此制度之專家對家庭暴力相對人裁定前鑑定制度未來發展之專家意見，建立專家一致性共識，茲以提高決策品質，以爲將來修訂並研擬更有效的家庭暴力相對人裁定前鑑定制度之參考。綜觀國內外德懷研究相關論文，以管窺豹可略爲了解當前德懷研究運用之盛況。

# 參、德懷技巧的定義

　　當面對棘手而高度複雜的問題時，也許我們在下列兩個選擇中可以擇一而行：靜候環境與情境的改觀，或者是在不滿意資訊

不足而又必須面對棘手窘困的現狀中，盡可能系統化的徵詢專家們的意見，而試圖突破並解決現存困境。如果你／妳挑選第二個選擇，那你／妳更應該了解德懷技巧。

　　林斯多與杜羅夫（Linstone and Turoff, 1975）對德懷研究法的界定是，建構團體溝通歷程並有效地結合團體中個別成員的經驗與智慧，而形成解決複雜問題共識的一種方法。德懷研究技巧是一種預測未來的技巧，系統性地運用一群學有所長、經驗豐富的專家，共同來預估未來可能發展的狀況（Olshfski and Joseph, 1991）。一群學問淵博、經驗豐富的專家，針對某一既定問題做出判斷，在經資料收集之後，彙整爲共同之意見（Turoff, 1975; Delbeqcq, Van de Ven, and Gustafson, 1975）。傳統上而言，德懷技巧是預測未來的一種工具（Shieh, 1990），駱慧文（1992）認爲德懷研究是以科際整合的理想，廣集專家的經驗意見與建議之後，將這些資料加以分析整合，以爲未來問題解決與政策制定實施參考之用。

　　爲了有效地建構德懷研究團體溝通歷程，謝（Shieh, 1990）認爲在德懷研究中應提供(1)參與研究者的回饋；(2)評估德懷研究小組（panel）的觀點；(3)多次相互檢視與評估研究成員觀點的機會；(4)研究成員對不同觀點有互動機會；(5)採匿名（anonymity）方式，才可增進研究小組成員之間的互動，並能相互檢視評估對研究議題的觀點，進而逐漸形成頗具參考價值的專家共識。

　　綜合上述德懷研究的定義，筆者認爲德懷研究技術是邀集學有所長、經驗豐富的專家針對某種特定議題，以系列匿名郵寄問卷，並在系列問卷中提供再思考與評估的回饋資料之下，進行互

動與腦力激盪，達成共識，以為問題解決、政策制訂與實施參考之用。

# 肆、德懷研究的特性

此外，下列一些要素對於有效地使用德懷研究法是十分重要的：

1. 問卷採匿名方式；
2. 整個過程是以反覆與分享回饋的方式進行；
3. 專家對自己的回答以既有的經驗給予註解；
4. 研究者就回收的資料加以整理，並在編製的問卷中提供統計資料，以為專家之參考；
5. 反覆收集資料過程，促使專家意見趨向一致，並得到精確的結果。（謝臥龍、吳慈恩與黃志中，2003）

群體中個別參與者的填答是被視為匿名的，如此一來，才能允許參與研究的成員可以自由地改變自己的決定。而「不斷反覆及控制性的回饋」係指團體的參與者必須參與一系列的問卷填答。第一回合問卷對於所探討之議題必須注入一些資訊；而第二回合問卷必須結合從第一回合問卷中所整理而得之意見；第三回合則是提供第二回合之意見平均數，以視為集中趨勢的衡量標準之一。而這樣的互動過程可以幫助參與研究者更能集中焦點於重要性之排序及意見共識之達成（Shieh, 1990）。

統計群體之反應係指將個體對問卷之意見結合而成為平均反應。這個方法的邏輯是(1)經過反覆的測量,回答的分布將會趨於中間範圍,(2)整個團體反應將會逐漸趨向正確或真實的答案(Jolson and Rossow, 1971)。

庫柏(Couper, 1984)提出三個能使德懷研究法之運用更有效的重要建議:一為充足的時間;二為與研究者的書寫溝通技巧;三為問卷必須能將事件描述得十分清楚,而使所有的參與研究者對於研究議題能有相同的詮釋。

一般而言,德懷研究法每一回合須花費大約四十天時間,故時間若不夠充裕,筆者則不建議使用此研究法。此外,若參與研究者其表達或閱讀上有困難亦不得使用此法。由於德懷研究法需要參與研究者較長的一段時間來配合,故參與者必須有較高的參與熱誠以使研究能順利完成。Bedford(1972)發現,中途退出者大都是對這研究缺乏興趣或是對整個研究設計有較多挑剔意見。

# 伍、德懷研究之優點與限制

德懷研究的架構與價值褒貶皆有,但透過專家反覆思考及開放性的意見表達,彼此分享參與者的意見,以及嚴謹的問卷設計,整體而言應是利多於弊,對於決策的品質或複雜、未知問題共識的達成有助益;故整體而言,駱慧文等人(1992)認為德懷研究應是利多於弊,而德懷研究的優缺點如下:

# 一、德懷研究之優點

1. 克服傳統面對面針對議題討論而容易發生之從眾效應（ban-
   dwagon effect）及尚權式屈從（authoritarian submission）（謝
   臥龍，1997; Nash, 1978）。傳統面對面討論情境中，參與討
   論者如不願當眾發表自己的意見，或唯恐被團體中權威人士
   否決自己的論點，及在團體動力、領導人物影響下不得不改
   變己見，其討論結果常建構於從眾效應或尚權屈從，而不是
   所謂的專家共識（王秀紅等人，1994）。故在研究中採取此
   方法，也就是使參與者在沒有任何顧慮之下，盡量表達自己
   的意見，以使本研究可廣泛收集不同層次考量的資料。
2. 問卷提供的統計資料及專家的意見，可使專家們再度地思考，
   互相參考他人意見來對照自己的回答，如此的互動有助於專
   家針對議題做出重要性的排序，而使意見更趨向一致性而得
   到共識，這也是德懷研究法的精髓（謝臥龍，1997）。
3. 德懷研究需要多元化背景人員共同參與討論，以不同論點共
   同討論特定議題，使結論更嚴謹而不偏頗（Dowell, 1975）。
4. 克服訪談專家時，時空安排的困難及經費之支出（Ellis and
   Kummer, 1985）。

# 二、德懷研究之限制

1. 德懷研究最被爭議的是專家們的專業知識、實務經驗及其代表性，故在研究進行時，研究者在選擇參與研究專家時不得不慎重（Shieh, 1990; Hentages and Hosokawa, 1980）。

2. 對議題一致性共識的產生是研究的最終目的，也是專家們腦力激盪的結晶，但一致性共識並無特定的詮釋，所以研究者必須先設立共識的定義，才能有效地掌握整個研究的進行（Mann and Lawrence, 1984）。

3. 須花時間誘導參與研究的專家們盡心盡力的提供其知能與經驗，並達成共識。研究進行時間非常冗長，有時整個研究進行的節奏也不易掌控（Tiedemann, 1986）。

　　儘管有以上這些缺點，但是德懷研究法之優點卻能彌補其缺點。德懷研究法是一種透過一系列精心設計之問卷，結合專家意見的良好工具；它是一種篩選某些特定議題之專家意見，及將參與研究之焦點集中於所關心問題上的有效方法。這種研究法可以使各種資訊得到交流，且可建立未來持續討論的基礎。

# 陸、德懷研究之流程

圖 8-1 則是典型的德懷研究過程：

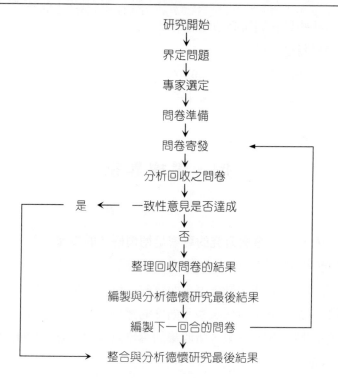

圖 8-1　典型德懷研究過程之流程圖（駱慧文等人，1992）

# 柒、界定問題

　　進行德懷研究時，研究者必須先了解研究問題的本質，並針對研究問題加以界定；而界定問題時，研究者須謹記下列幾個問題：

　　1. 有哪些是我們所必須知道的？

　　2. 結果將是怎樣？

　　3. 為什麼德懷研究是必須的？

　　4. 這德懷研究如何影響未來的計畫？

# 捌、選擇專家

　　一如前述，**參與研究的專家是德懷研究的靈魂**，為了決定這個研究所需的專家意見，研究者必須確認這個領域的專家到底是誰。德懷研究的關鍵是專家，而這些成員一定是對這個議題具有相當的專業知識，能代表多元向度的意見，並且極有意願來分享彼此的經驗，如此一來，所收集的專家意見與共識，始能對研究有所貢獻。

# 玖、多回合德懷研究的編制與實施

　　德懷研究是藉由匿名與紙筆書面表達的方式來進行團體溝通，有異於傳統面對面的訪談。研究者須精心設計各回合的問卷，並在每回合資料回收之後，整理分析並編製下回合之問卷，讓參與研究的專家有機會反覆思考，提供寶貴意見與回饋，進而達成專家意見。因此筆者將以個人研究「各級學校兩性平等教育與性侵害防治教育課程內涵之德懷研究」為例，而將多回合德懷研究進行的過程略加說明。

## 第一回合問卷

　　第一回合之問卷主要是粹取參與研究各個專家的意見。傳統上，德懷研究者通常使用開放式的問卷（open-ended），加上問卷說明函（cover letter）來廣收有意願參加研究之專家意見，這步驟旨在收集研究參與者寶貴經驗與專業知識，因此對於德懷研究的成功與否有非常重要的影響。第一回合的德懷問卷，以開放的議題來引導參與研究的專家貢獻他／她寶貴的意見與經驗，愈開放的議題設定，才可以愈廣泛的收集到多向度的意見（請參見範例一～1）。而隨著德懷問卷所附上的說明函（請參見範例一～2），應對研究意義與目的詳加說明，藉此讓參與者了解研究

的重要性，進而激起參與研究的動機，提升研究參與的配合度。
不但如此，研究進行的方式、問卷填答的原則，以及繳交問卷的
時日都應詳列其上；如此一來，才能讓參與者充分地了解研究步
驟，也讓研究者能確實掌握研究進行的時效。

## 第二回合問卷

　　在耐心等候與催繳之下，研究者完成第一回合問卷的回收，
而在回收之後，研究參與者在第一回合開放式問卷所列舉之意見，
經由研究者所組成具有多元文化背景的研究小組精心討論，並整
理出完整的項目，進而編製第二回合的問卷。第二回合的問卷編
製階段相當辛苦，具有多元文化背景的小組在多向度考量之下的
討論，不但可整理出語意通暢的資料，並且可將此龐雜資料加以
歸類，如此一來，才可讓參與者在填答第二回合問卷時能一目了
然，並且聚焦地回答下回合問卷。

　　在範例二中，讀者可見此研究中，研究者將所收集的資料彙
整爲四十五個項目，並歸類於四大類目：1.個人的身心發展（12
項）；2.社會文化中的性別角色（13項）；3.兩性關係（13項）；
4.性侵害防治教育（10項）。第二回合問卷除包含上述項目與類
目之外，尚須列舉出第一回合資料彙整的結果，以爲研究參與者
在填答時能有相互參考的依據，藉此來完成第二回合的填答（請
參閱範例二～1）。隨函說明（請參考範例二～2），除了說明研
究者如何編製第二回合問卷之外，尚須請填答者精心考量各項目
之重要性，加以圈選，並詳述圈選的理由，以爲未來資料分析之用。

# 第三回合問卷

　　再次的經由等待與催繳，研究者完成了第二回合問卷的回收，而在回收之後，研究者整理與分析回收資料，藉此編製成第三回合的問卷（請參閱範例三）。第三回合問卷的設計，在各項目中列舉出圈選該項目之簡單資料，以及圈選的理由，以為下回合填寫時參考之用。

　　第一回合開放式的專家意見，到第二回合各項目的圈選，以及陳述圈選理由，一直至第三回合填寫時參考更精緻的資料。參與研究的專家在研究者逐步的引導之下，貢獻其經驗與智慧，以建立研究所需的專家共識。

　　德懷研究過程相當冗長，每一回合從編製問卷、寄發、回收、資料整理分析、編製下回合問卷，再寄發。研究者須預留一個半月的時間，若太過於匆促，不但不能克盡其功，且恐有自亂陣腳之虞。因此，筆者認為採用德懷研究之研究者，如不能擁有充裕的時間，則不能貿然採用此研究法。當然具有多元文化背景的研究成員，經由精細討論與相互資源提供，始可確保研究順利進行。

### 範例一～1　國小兩性平等教育與性侵害防治教育教材內涵與其 重要性之探討第一回合德懷問卷

## 參與德懷研究個人基本資料

※敬請詳細填寫個人基本資料，以為未來研究分析之用，而連絡 地址與電話則為未來寄發後續問卷之用。

◆姓名＿＿＿＿＿＿＿　　　◆性別□女 □男

◆年齡＿＿＿＿＿＿歲　　　◆婚姻狀況□已婚 □未婚

◆最高學歷＿＿＿＿＿＿　　◆教學／工作年資＿＿＿＿年

◆服務單位＿＿＿＿＿＿　　◆職稱＿＿＿＿＿＿＿＿＿

◆電話＿＿＿＿＿＿＿　　　◆傳真＿＿＿＿＿＿＿＿＿

◆地址＿＿＿＿＿＿＿＿＿＿＿＿＿＿＿＿＿＿＿＿＿＿

□請列舉十項妳／你認為最重要的「國小兩性平等教育與性侵害 防治教育教材之內涵」：

| 1 | |
|----|----|
| 2 | |
| 3 | |
| 4 | |
| 5 | |
| 6 | |
| 7 | |
| 8 | |
| 9 | |
| 10 | |

## 範例一～2　國小兩性平等教育侵害防治教育教材內涵與其重要性之探討第一回合德懷問卷說明函

編號：＿＿＿＿＿＿＿＿＿

各位教授、學者專家與各級學校教師，妳／你好：

　　本研究為教育部委託的「各級學校兩性平等教育與性侵害防治教育教材內涵與其重要性之研究」，因此研究小組將以德懷（Delphi）研究法陸續寄發三個回合問卷調查的方式，來匯集兩性平等教育相關學者專家以及各級學校基層教師對兩性平等教育與性侵害防治教育教材內涵之意見，進而整合專家共識，茲為未來編製各級學校學生兩性平等教育相關教材參考之用，以利建構學生兩性平等教育與性侵害防治概念，進而順利推展與落實兩性平等教育。

　　研究小組採用的德懷研究法，即敦請特定領域之專家以匿名郵寄方式實施三回合反覆的問卷，擬邀請之專家共分為三組：(1)師資培育機構之相關學者，(2)從事性別研究與推展兩性平等教育之學者與民間實務工作之專家，(3)參與推動兩性平等教育之各級學校兩性平等教育資源中心負責人與基層教師。本研究小組誠摯地邀請您並請依您專業的知識協助本研究三個回合的問卷調查，本研究結果對未來中小學兩性平等教育與性侵害防治教育課程之設計將是一項珍貴的貢獻。

　　敬請提供妳／你認為最重要之十項國小兩性平等教育與性侵害防治教育教材之內涵，請於十月三十日以前將您所填答之問卷裝訂並以已付郵資之郵件寄回高雄醫學大學兩性研究中心，或 FAX 至：07-311-9849。

　　☺謝謝您的配合與支持

謝臥龍，Ed. D.

高雄醫學大學兩性研究中心　主任

教育部兩性平等教育員會　　委員

範例二～1　國小兩性平等教育與性侵害防治教育教材內涵與其
　　　　　重要性之探討第二回合德懷問卷

## 國小兩性平等教育與性侵害防治教育
## 教材內涵與其重要性之探討

第二回合問卷（參與本研究對象 N=31 人）

\*問卷填答說明：

1. 請就下列四大類分別圈選出十項您認為最重要的教材內涵。
2. 排序方式：「1」代表最重要、「2」代表次重要、「3」代表第三重要…
　…依此類推。
3. 1~10，每個數字只能使用一次。
4. 如有其他寶貴意見請列於「新增項目」欄。

| 一、個人的身心發展 | | | | |
|---|---|---|---|---|
| 重要性排序 | 第一回合問卷彙整之項目 | 第一回合列舉此項目之人數與百分比 | | 請詳述排序圈選的理由 |
| | | 人　數 | 百分比 | |
| | 1. 了解兒童期的生理與心理發展 | 19 | 61.29% | |
| | 2. 認識自己的身體，並培養對自己及他人正面的身體意象 | 4 | 12.90% | |
| | 3. 探討性別角色並認同自己的性別 | 11 | 35.48% | |
| | 4. 認識與感受青春期生理與心理成長的變化 | 8 | 25.81% | |
| | 5. 了解並尊重自己與他人的性傾向 | 2 | 6.45% | |
| | 6. 知悉兩性身心發展特質之差異 | 13 | 41.94% | |
| | 7. 認識性傳染病及其防治之道 | 2 | 6.45% | |
| | 8. 知悉人類的生育過程 | 1 | 3.23% | |
| | 9. 了解生命的意義、價值與重要性，進而珍惜生命及建立平等尊重的生命觀 | 8 | 25.81% | |
| | 10. 學習自我肯定並依個人興趣發展潛能 | 4 | 12.90% | |
| | 11. 培養理性的情緒表達方式 | 2 | 6.45% | |
| | 12. 養成正當的性知識與性觀念 | 3 | 9.68% | |
| | ＊新增項目 | | | ＊請詳述圈選理由 |
| | 13. | | | |
| | 14. | | | |
| | 15. | | | |
| | 16. | | | |

| 重要性排序 | 第一回合問卷彙整之項目 | 第一回合列舉此項目之人數與百分比 | | 請詳述排序圈選的理由 |
|---|---|---|---|---|
| | | 人　數 | 百分比 | |
| | 1. 解讀並辨認傳播媒體中的性別偏見與歧視及其影響 | 6 | 19.35% | |
| | 2. 明瞭性別角色認同與性別分工的文化建構 | 2 | 6.45% | |
| | 3. 認知兩性平權的意義與重要性 | 14 | 45.16% | |
| | 4. 探討婦女身體之文化意義 | 1 | 3.23% | |
| | 5. 審視家庭與社會文化中的性別權力關係以及性別角色 | 3 | 9.68% | |
| | 6. 覺察教育機會、課程內容與遊戲活動中的性別偏見 | 4 | 12.90% | |
| | 7. 探討社會資源權益分配的性別差異 | 1 | 3.23% | |
| | 8. 知悉與破除性別角色刻板印象之迷思，並建立性別角色的新文化 | 19 | 61.29% | |
| | 9. 了解並破除職場中的性別區隔 | 3 | 9.68% | |
| | 10. 探討昔日婦女在重男輕女社會中的生活經驗 | 2 | 6.45% | |
| | 11. 認識女權運動及兩性平權運動的發展 | 2 | 6.45% | |
| | 12. 認識各領域中傑出婦女的成就與貢獻 | 2 | 6.45% | |
| | 13. 不因性別的限制而能積極地參與校園中的公共事務 | 1 | 3.23% | |
| | *新增項目 | | | *請詳述圈選理由 |
| | 14. | | | |

二、社會文化中的性別角色

| 三、兩性關係 | | | | |
|---|---|---|---|---|
| 重要性<br>排序 | 第一回合問卷彙整之項目 | 第一回合列舉此項<br>目之人數與百分比 | | 請詳述排序<br>圈選的理由 |
| | | 人　數 | 百分比 | |
| | 1. 區別普通朋友和男女朋友的差異 | 3 | 9.68% | |
| | 2. 學習尊重自己與他人的生活習性<br>　與隱私權 | 4 | 12.90% | |
| | 3. 養成男女分工與互助合作之觀念 | 9 | 29.03% | |
| | 4. 建立兩性和諧相處及相互尊重之<br>　情誼與互動關係 | 31 | 100% | |
| | 5. 探討自我的情色世界 | 1 | 3.23% | |
| | 6. 省思並澄清親子互動關係中的性<br>　別偏見與其影響 | 4 | 12.90% | |
| | 7. 了解婚姻與家庭的功能與實踐幸<br>　福家庭生活的方法 | 3 | 9.68% | |
| | 8. 了解與尊重自己與他人的性自主<br>　權 | 4 | 12.90% | |
| | 9. 認識兩性肢體與非肢體語言的表<br>　達方式 | 2 | 6.45% | |
| | 10. 培養適當的兩性倫理道德觀 | 2 | 6.45% | |
| | ＊新增項目 | | | ＊請詳述圈<br>　選理由 |
| | 11. | | | |
| | 12. | | | |
| | 13. | | | |
| | 14. | | | |
| | 15. | | | |

| 四、性侵害防治教育 | | | | |
|---|---|---|---|---|
| 重要性排序 | 第一回合問卷彙整之項目 | 第一回合列舉此項目之人數與百分比 | | 請詳述排序圈選的理由 |
| | | 人　數 | 百分比 | |
| | 1. 養成辨識性侵害情境與來源的能力 | 14 | 45.16% | |
| | 2. 知悉性侵害求助之學校社區資源與資訊網絡 | 9 | 29.03% | |
| | 3. 具有性侵害危機處理與自我保護的能力 | 31 | 100% | |
| | 4. 具備性侵害與兩性平等相關之法律知識 | 6 | 19.35% | |
| | 5. 認識校園、家庭與社會中性騷擾、性侵害、暴力與亂倫並能解讀其迷思 | 13 | 41.94% | |
| | 6. 勇敢說出自己受性侵害的經歷，並尋求協助走出性侵害創傷的陰影 | 4 | 12.90% | |
| | 7. 了解與避開校園中的危險空間 | 2 | 6.45% | |
| | 8. 勇於拒絕不合理的要求 | 5 | 16.13% | |
| | 9. 尊重自己與他人的身體自主權 | 12 | 38.71% | |
| | 10. 查閱與應用兩性平等教育與性侵害防治教育相關之參考書籍 | 1 | 3.23% | |
| | ＊新增項目 | | | ＊請詳述圈選理由 |
| | 11. | | | |
| | 12. | | | |
| | 13. | | | |

**範例二～2　國小兩性平等教育與性侵害防治教育教材內涵與其重要性之探討第二回合德懷問卷實施說明函**

編號：＿＿＿＿＿＿

各位教授、學者專家與國小教師，您好：

　　感謝您特地撥冗參與「國小兩性平等教育與性侵害防治教育教材內涵與重要性之探討」的研究，對於您在繁忙之餘還需花費心思協助此項研究，造成時間上的困擾與不便，本研究小組致上最深的歉意；但您在第一回合德懷問卷中提供許多彌足珍貴的意見，對本項研究與未來編制國小學生兩性平等教育相關教材，給予了莫大的貢獻，再次由衷地感謝您。

　　本研究共邀請 31 位專家（師資培育機構之相關學者計 10 人；從事性別研究與推展兩性平等教育之學者與民間實務工作之專家計 4 人；參與推動兩性平等教育之國小兩性平等教育資源中心負責人與基層教師計 17 人）參與第一回合問卷，內容豐富且見解獨到，經本研究小組的匯集與整理，共歸納出以下四大類：

*1.*個人的身心發展（12 項）*2.*社會文化中的性別角色（13 項）

*3.*兩性關係（10 項）　　　　*4.*性侵害防治教育（10 項）

　　敬請您參考第一回合問卷結果統計資料（包括列舉各項目之人數分配及百分比），並在第二回合問卷的四大類中各圈選出十個您認為最重要的項目，且依其重要性加以排序，作為編制第三回合問卷與本研究結果分析之用。請於八十八年一月十六日（星期六）以前將此問卷裝訂並以已付郵資之郵件寄回高雄醫學院兩性研究中心。謝謝您的鼎力協助！敬祝

新年如意　　事事順心

謝臥龍，Ed. D.
高雄醫學大學兩性研究中心　主任
教育部兩性平等教育委員會　委員

## 範例三～1　國小兩性平等教育與性侵害防治教育教材內涵及重要性之探討第三回合德懷問卷實施說明函

編號：_____

各位教授、學者專家與國小教師，您好：

感謝您撥冗參與教育部所委託「國小兩性平等教育與性侵害防治教育教材內涵與重要性之探討」的研究，由於您在第一回合與第二回合問卷中的用心填寫及大力協助，使本項研究得以順利持續進行，逐漸地邁向最重要的結果階段。本研究小組內心的感動與感謝難以用筆墨形容，謹致上最誠摯的謝意。

如今第三回合德懷問卷業已完成，這是最後一回合的問卷，再次地懇請您能不厭其煩的給予支持與指導，此為本研究做總結分析的重要依據，您的寶貴意見對於未來編製國小學生兩性平等教育相關教材將有重大助益。本回問卷提供您填答的參考資料，包括：

1. 各項目的圈選人數及百分比
2. 第二回合問卷中對各項目之排序統計
3. 各項目重要性排序的平均值
4. 圈選各項目的理由

另外，第二回合問卷結果中若有專家所建議的新增項目，會在前面打上「＊」。

請您根據問卷上的資料，再一次思考判斷各項目的重要性及優先順序，在每一大類中排列出十個您認為最重要的項目。因為時間緊迫，懇請您於八十八年三月二十七日（星期六）之前將問卷以回郵信封寄回高雄醫學大學兩性研究中心（請投入限時郵筒）。再次謝謝您在這幾個月裡對本項研究所付出的時間與心力。

謝臥龍，Ed. D.
高雄醫學大學兩性研究中心　主任
教育部兩性平等教育委員會　委員

## 範例三～1　國小兩性平等教育與性侵害防治教育教材內涵與其重要性之探討第三回合德懷問卷

編號：＿＿＿＿＿

第三回合問卷（參與本研究對象 N=29 人）

## 一、個人的身心發展

＊問卷填答說明：
1. 請參考所提供之資料，並排列出「個人的身心發展」部份之十項最重要的課程內涵。
2. 排序方式：「1」代表最重要、「2」代表次重要、「3」代表第三重要……依此類推。
3. 1～10，每個數字只能使用一次，請勿重複。
4. 如有其他寶貴意見請列於「新增項目」欄。

| 重要性排序 | 第一與第二回合問卷結果匯集之項目 | 第二回合問卷列舉此項目人數之百分比 | 圈選此項目各排序之人數 | 圈選此項目排序的平均值(x̄) | 圈選之理由 |
|---|---|---|---|---|---|
| | 1. 了解兒童期的生理與心理發展 | 86.2% | 1（12）<br>2（ 1）<br>3（ 0）<br>4（ 3）<br>5（ 4）<br>6（ 2）<br>7（ 0）<br>8（ 0）<br>9（ 2）<br>10（ 1）<br>25 | 3.4 | ＊為生命觀念，身體發展以及兩性平等教育的基礎。<br>＊先了解自己的身心發展，有助於認識自我，並且進一步地了解別人，使彼此能互相接納與尊重。 |

| 重要性排序 | 第一與第二回合問卷結果匯集之項目 | 第二回合問卷列舉此項目人數之百分比 | 圈選此項目各排序之人數 | 圈選此項目排序的平均值(x̄) | 圈選之理由 |
|---|---|---|---|---|---|
| | 2. 認識自己的身體，並培養對自己及他人正面的身體意象 | 93.1% | 1（9）<br>2（2）<br>3（3）<br>4（1）<br>5（5）<br>6（2）<br>7（2）<br>8（1）<br>9（1）<br>10（1）<br>27 | 3.9 | *從喜愛自己的外型開始是最直接的經驗，遠勝過其他各種知識，因為認識自己，喜歡自己，才能進而尊重別人<br>*不以別人的身體開玩笑，而培養對自己及他人正面的身體意象，是尊重彼此差異的初步，良好人際關係的基礎<br>*由於每個人發展速度不同，早熟或晚熟皆對學生產生煩惱或疑慮，所以能對自己身體認同與愛惜是相當重要的起啟關鍵 |
| | 3. 探討性別角色並認同自己的性別 | 86.2% | 1（1）<br>2（6）<br>3（6）<br>4（3）<br>5（4）<br>6（3）<br>7（0）<br>8（2）<br>9（0）<br>10（0）<br>25 | 3.9 | *喜愛自己、接受自己並認同自己的性別是平權的基礎<br>*探討此議題有助兒童順利發展其性別角色 |

| 重要性排序 | 第一與第二回合問卷結果匯集之項目 | 第二回合問卷列舉此項目人數之百分比 | 圈選此項目各排序之人數 | 圈選此項目排序的平均值($\bar{x}$) | 圈選之理由 |
|---|---|---|---|---|---|
| | 4.認識與感受青春期生理與心理成長的變化 | 82.8% | 1（0）<br>2（2）<br>3（5）<br>4（9）<br>5（0）<br>6（1）<br>7（3）<br>8（2）<br>9（1）<br>10（1）<br><br>24 | 4.9 | *國小學生已漸進入青春期，對他們而言身體的變化令人難以啓齒，故應建立正確的觀念，才可維持身心均衡發展<br>*認識青春期自身變化有助良好地適應自我身心，以順利渡過此時期的困擾 |
| | 5.了解並尊重自己與他人的性傾向 | 55.2% | 1（0）<br>2（1）<br>3（0）<br>4（0）<br>5（2）<br>6（3）<br>7（2）<br>8（4）<br>9（3）<br>10（1）<br><br>16 | 7 | *「性傾向」常是國小學童互相取笑的材料，應禁止他們此種歧視的表現，並灌輸對生命尊重的觀念 |

| 重要性排序 | 第一與第二回合問卷結果匯集之項目 | 第二回合問卷列舉此項目人數之百分比 | 圈選此項目各排序之人數 | 圈選此項目排序的平均值(x̄) | 圈選之理由 |
|---|---|---|---|---|---|
| | 6.知悉兩性身心發展特質之差異 | 82.8% | 1（0）<br>2（6）<br>3（4）<br>4（3）<br>5（3）<br>6（4）<br>7（1）<br>8（1）<br>9（1）<br>10（1）<br><br>24 | 4.5 | ＊了解自己、喜愛自己後，再提供一些知識性的內容，初步介紹兩性身心差異，為認識兩性的基礎<br>＊基於此年齡的好奇，讓學生知悉兩性身心的不同，有助於防止私自接觸偏差的媒體 |
| | 7.認識性傳染病及其防治之道 | 44.8% | 1（0）<br>2（0）<br>3（0）<br>4（0）<br>5（0）<br>6（0）<br>7（2）<br>8（1）<br>9（1）<br>10（9）<br><br>13 | 9.3 | ＊國小兒童會接受打針看牙，故須認識相關簡單的常識，並建立正確觀念，以防患未然 |

| 重要性排序 | 第一與第二回合問卷匯集之項目 | 第二回合問卷列舉此項目人數之百分比 | 圈選此項目各排序之人數 | 圈選此項目排序的平均值(x̄) | 圈選之理由 |
|---|---|---|---|---|---|
| | 8.知悉人類的生育過程 | 51.7% | 1（0）<br>2（0）<br>3（1）<br>4（1）<br>5（0）<br>6（3）<br>7（1）<br>8（1）<br>9（4）<br>10（4）<br>15 | 7.7 | ＊以誠實態度告知孩子人類的生育過程，可啟發「感恩」的心 |
| | 9.了解生命的意義、價值與重要性，進而珍惜生命及建立平等尊重的生命觀 | 93.1% | 1（5）<br>2（3）<br>3（3）<br>4（1）<br>5（4）<br>6（1）<br>7（5）<br>8（2）<br>9（2）<br>10（1）<br>27 | 4.8 | ＊生命的意義及價值須從小建立正向的態度，才能在成長過程中不因一時的挫折不滿或人際關係不和諧的問題，而產生傷害生命的事情，尤其現今自殺率偏高，使學生了解生命意義、愛惜生命是當務之急<br>＊「平等」與「尊重」是最基本的觀念，故應教導學生重視生命價值，進而尊重每一個體及差異，以利促進兩性之平等<br>＊珍惜生命、尊重生命是人類和平共處的根本，並能由此發展共存共榮的將來 |

| 重要性排序 | 第一與第二回合問卷結果匯集之項目 | 第二回合問卷列舉此項目人數之百分比 | 圈選此項目各排序之人數 | 圈選此項目排序的平均值(x̄) | 圈選之理由 |
|---|---|---|---|---|---|
| | 10.學習自我肯定並依個人興趣發展潛能 | 96.6% | 1（1）<br>2（4）<br>3（4）<br>4（2）<br>5（1）<br>6（5）<br>7（4）<br>8（3）<br>9（3）<br>10（1）<br>28 | 5.5 | *能培養自主能力，且不受性別刻板印象的限制來發展自己的潛能<br>*認為自己很「能幹」是國小學童自信的來源，但很多學童均依家長的安排而學習，若能在眾多學習課程中了解自己的興趣及性向，而不分男女，對於日後發展的方向大有幫助，且在競爭的升學主義下，能較認真執著地走下去 |
| | 11.培養理性的情緒表達方式 | 89.7% | 1（0）<br>2（0）<br>3（3）<br>4（3）<br>5（4）<br>6（2）<br>7（6）<br>8（2）<br>9（4）<br>10（2）<br>26 | 4.7 | *理性地處理「喜歡」、「討厭」等正面或負面的情緒，以尊重自己及尊重他人，為重要的自處與處世之道<br>*培養良好 EQ，以營造良好人際關係 |

| 重要性排序 | 第一與第二回合問卷結果匯集之項目 | 第二回合問卷列舉此項目人數之百分比 | 圈選此項目各排序之人數 | 圈選此項目排序的平均值(x̄) | 圈選之理由 |
|---|---|---|---|---|---|
| | 12.養成正當的性知識與性觀念 | 89.7% | 1（0）<br>2（3）<br>3（0）<br>4（2）<br>5（2）<br>6（4）<br>7（2）<br>8（6）<br>9（4）<br>10（3）<br>　　26 | 3.8 | ＊可維持身心均衡發展，避免受色情傳媒的影響 |
| | ＊新增項目<br>13. | | | | |

## 二、社會文化中的性別角色

＊問卷填答說明：

　1. 請參考所提供之資料，並排列出「社會文化中的性別角色」部份之十項最重要的課程內涵。

2. 排序方式：「1」代表最重要、「2」代表次重要、「3」代表第三重要……依此類推。

3. 1~10，每個數字只能使用一次，請勿重複。

4. 如有其他寶貴意見請列於「新增項目」欄。

| 重要性排序 | 第一與第二回合問卷結果匯集之項目 | 第二回合問卷列舉此項目人數之百分比 | 圈選此項目各排序之人數 | 圈選此項目排序的平均值(x̄) | 圈選之理由 |
|---|---|---|---|---|---|
| | 1. 解讀並辨認傳播媒體中的性別偏見與歧視及其影響 | 89.7% | 1（1）<br>2（1）<br>3（7）<br>4（7）<br>5（1）<br>6（2）<br>7（1）<br>8（4）<br>9（2）<br>10（0）<br>26 | 3.2 | ＊若無家長從旁協助與講解，小孩對電視的報導內容易不加思索的全盤接受，所以電視中呈現許多似是而非的價值觀影響學生甚大，尤其傳媒具有複製及傳播不公允性別文化的能力，故本議題值得重視 |
| | 2. 明瞭性別角色認同與性別分工的文化建構 | 86.2% | 1（4）<br>2（2）<br>3（2）<br>4（2）<br>5（3）<br>6（4）<br>7（5）<br>8（1）<br>9（2）<br>10（0）<br>25 | 4 | ＊據課堂調查，現在男女學生大都有做家事的習慣，但仍有性別區隔現象，如搬桌椅就叫男生 |

| 重要性排序 | 第一與第二回合問卷結果匯集之項目 | 第二回合問卷列舉此項目人數之百分比 | 圈選此項目各排序之人數 | 圈選此項目排序的平均值($\bar{x}$) | 圈選之理由 |
|---|---|---|---|---|---|
|  | 3.認知兩性平權的意義與重要性 | 86.2% | 1（9）<br>2（8）<br>3（1）<br>4（2）<br>5（1）<br>6（0）<br>7（3）<br>8（0）<br>9（1）<br>10（0）<br><br>25 | 2.7 | *此為推動兩性平等教育最重要的第一步，有此認知，才能由衷地改變性別不平等的作為，而給予自己相同機會學習成長 |
|  | 4.探討婦女身體之文化意義 | 41.4% | 1（0）<br>2（0）<br>3（0）<br>4（0）<br>5（0）<br>6（2）<br>7（4）<br>8（1）<br>9（2）<br>10（3）<br><br>12 | 6.3 |  |

| 重要性排序 | 第一與第二回合問卷結果匯集之項目 | 第二回合問卷列舉此項目人數之百分比 | 圈選此項目各排序之人數 | 圈選此項目排序的平均值(x̄) | 圈選之理由 |
|---|---|---|---|---|---|
| | 5.審視家庭與社會文化中的性別權力關係以及性別角色 | 100% | 1 ( 0 )<br>2 ( 2 )<br>3 ( 4 )<br>4 ( 5 )<br>5 ( 5 )<br>6 ( 5 )<br>7 ( 5 )<br>8 ( 3 )<br>9 ( 0 )<br>10 ( 0 )<br><br>29 | 4.6 | *家庭與社會文化是除了學校之外,影響學生性別角色形塑最深遠的兩環 |
| | 6.覺察教育機會、課程內容與遊戲活動中的性別偏見 | 89.7% | 1 ( 1 )<br>2 ( 3 )<br>3 ( 2 )<br>4 ( 3 )<br>5 ( 8 )<br>6 ( 3 )<br>7 ( 2 )<br>8 ( 1 )<br>9 ( 2 )<br>10 ( 1 )<br><br>26 | 4.3 | *從遊戲活動中覺察性別偏見現象是好的開始:有位學生曾說「女生不適合玩單槓」,因為「翻過來時,內褲會被看見,而且動作粗野,不像女生」,故應探討以教導正確觀念<br>*生活即教育,故觀察周遭與自己密切相關之事物是最好的教材 |

| 重要性排序 | 第一與第二回合問卷結果匯集之項目 | 第二回合問卷列舉此項目人數之百分比 | 圈選此項目各排序之人數 | 圈選此項目排序的平均值$(\bar{x})$ | 圈選之理由 |
|---|---|---|---|---|---|
| | 7.探討社會資源權益分配的性別差異 | 69% | 1（0）<br>2（1）<br>3（2）<br>4（2）<br>5（1）<br>6（0）<br>7（1）<br>8（4）<br>9（4）<br>10（5）<br><br>20 | 4.2 | ＊了解現實生活中的實際問題有助激發解決權益性別差異之決心與智慧重要性 |
| | 8.知悉與破除性別角色刻板印象之迷思，並建立性別角色的新文化 | 96.6% | 1（10）<br>2（7）<br>3（3）<br>4（0）<br>5（2）<br>6（1）<br>7（1）<br>8（2）<br>9（2）<br>10（0）<br><br>28 | 3.2 | ＊兩性要平權，先要從心作起，在觀念上認同兩性平等，且破除刻板印象之迷思才有平等的機會 |

| 重要性排序 | 第一與第二回合問卷結果匯集之項目 | 第二回合問卷列舉此項目人數之百分比 | 圈選此項目各排序之人數 | 圈選此項目排序的平均值(x̄) | 圈選之理由 |
|---|---|---|---|---|---|
| | 9.了解並破除職場中的性別區隔 | 75.9% | 1（0）<br>2（1）<br>3（0）<br>4（4）<br>5（4）<br>6（1）<br>7（1）<br>8（2）<br>9（5）<br>10（4）<br><br>22 | 7 | ＊職場的性別區隔會誤導學生的就業規畫 |
| | 10.探討昔日婦女在重男輕女社會中的生活經驗 | 65.5% | 1（0）<br>2（1）<br>3（1）<br>4（0）<br>5（1）<br>6（3）<br>7（2）<br>8（4）<br>9（4）<br>10（3）<br><br>19 | 7.4 | ＊兩性平等為一概念，故須輔以實際的生活觀察<br>＊探討此議題有助避免重演過去的錯誤，並強化推動兩性平等的重要性 |

| 重要性排序 | 第一與第二回合問卷匯集之項目 | 第二回合問卷列舉此項目人數之百分比 | 圈選此項目各排序之人數 | 圈選此項目排序的平均值(x̄) | 圈選之理由 |
|---|---|---|---|---|---|
| | 11.認識女權運動及兩性平權運動的發展 | 58.6% | 1（ 1）<br>2（ 0）<br>3（ 0）<br>4（ 0）<br>5（ 0）<br>6（ 3）<br>7（ 1）<br>8（ 4）<br>9（ 2）<br>10（ 6）<br><br>17 | 8 | ＊認識兩性平權推動的歷史過程，能更看清未來兩性平等教育要努力的方向 |
| | 12.認識各領域中傑出婦女的成就與貢獻 | 55.2% | 1（ 2）<br>2（ 0）<br>3（ 1）<br>4（ 2）<br>5（ 0）<br>6（ 3）<br>7（ 2）<br>8（ 2）<br>9（ 2）<br>10（ 2）<br><br>16 | 6.2 | ＊模仿楷模，可有效改變學生在「認知─態度─行為」上的不當之處，若能編製傑出婦女的自傳書籍，讓學生自行閱讀是可行之道，但內容所樹立的楷模與認同的對象應避免偏頗 |

| 重要性排序 | 第一與第二回合問卷結果匯集之項目 | 第二回合問卷列舉此項目人數之百分比 | 圈選此項目各排序之人數 | 圈選此項目排序的平均值(x̄) | 圈選之理由 |
|---|---|---|---|---|---|
| | 13.不因性別的限制而能積極地參與校園中的公共事務 | 72.4% | 1 ( 1)<br>2 ( 2)<br>3 ( 6)<br>4 ( 2)<br>5 ( 2)<br>6 ( 2)<br>7 ( 2)<br>8 ( 1)<br>9 ( 1)<br>10 ( 2)<br><br>21 | 5 | *在學校日常生活中實踐兩性平權的意義,如此具體行動才能打破性別角色刻板印象之迷思 |
| | *新增項目<br>14. | | | | |

## 三、兩性關係

*問卷填答說明:

 1.請參考所提供之資料,並排列出「兩性關係」部份之十項最重要的課程內涵。

2.排序方式：「1」代表最重要、「2」代表次重要、「3」代表第三重要…
…依此類推。
3. 1~10，每個數字只能使用一次，請勿重複。
4.如有其他寶貴意見請列於「新增項目」欄。

| 重要性排序 | 第一與第二回合問卷結果匯集之項目 | 第二回合問卷列舉此項目人數之百分比 | 圈選此項目各排序之人數 | 圈選此項目排序的平均值(x̄) | 圈選之理由 |
|---|---|---|---|---|---|
| | 1.區別普通朋友和男女朋友的差異 | 89.7% | 1（0）<br>2（2）<br>3（2）<br>4（4）<br>5（3）<br>6（3）<br>7（6）<br>8（3）<br>9（1）<br>10（2）<br>26 | 5.9 | ＊朋友範圍廣泛，應教導學生區別普通朋友和男女朋友的差異，以免因誤會而發生人際關係的困擾 |
| | 2.學習尊重自己與他人的生活習性與隱私權 | 100% | 1（2）<br>2（6）<br>3（9）<br>4（5）<br>5（4）<br>6（1）<br>7（2）<br>8（0）<br>9（0）<br>10（0）<br>29 | 3.5 | ＊自尊自重才得以受人尊重，故尊重他人隱私乃維持良好人際關係之要素之一 |

| 重要性排序 | 第一與第二回合問卷結果匯集之項目 | 第二回合問卷列舉此項目人數之百分比 | 圈選此項目各排序之人數 | 圈選此項目排序的平均值(x̄) | 圈選之理由 |
|---|---|---|---|---|---|
| | 3.養成男女分工與互助合作之觀念 | 96.6% | 1（4）<br>2（8）<br>3（4）<br>4（4）<br>5（1）<br>6（3）<br>7（0）<br>8（2）<br>9（1）<br>10（1）<br><br>28 | 3.8 | ＊從基本觀念與實踐中做起，具體而微地培養兩性相處及共事之能力<br>＊男女性別雖不同，但分工合作有助和平相處，建立和諧發展的社會 |
| | 4.建立兩性和諧相處及相互尊重之情誼與互動關係 | 96.6% | 1（16）<br>2（5）<br>3（3）<br>4（1）<br>5（2）<br>6（1）<br>7（0）<br>8（0）<br>9（0）<br>10（0）<br><br>28 | 2 | ＊男女互相尊重、和諧相處是兩性關係之教育理想 |

| 重要性排序 | 第一與第二回合問卷結果匯集之項目 | 第二回合問卷列舉此項目人數之百分比 | 圈選此項目各排序之人數 | 圈選此項目排序的平均值(x̄) | 圈選之理由 |
|---|---|---|---|---|---|
| | 5.探討自我的情色世界 | 93.1% | 1（0）<br>2（0）<br>3（2）<br>4（0）<br>5（1）<br>6（2）<br>7（1）<br>8（3）<br>9（4）<br>10（14）<br>27 | 8.5 | *本議題有助了解自己，但應教導小孩表達的界限何在 |
| | 6.省思並澄清親子互動關係中的性別偏見與其影響 | 96.6% | 1（0）<br>2（0）<br>3（3）<br>4（9）<br>5（4）<br>6（2）<br>7（1）<br>8（5）<br>9（3）<br>10（1）<br>28 | 5.8 | *國小階段，小孩與父母的關係甚為密切，其性別角色的形成受父母言行舉止的影響頗大，故須加以省思<br>*家庭中的人際關係是學生學習兩性相處的重要來源 |

| 重要性排序 | 第一與第二回合問卷結果匯集之項目 | 第二回合問卷列舉此項目人數之百分比 | 圈選此項目各排序之人數 | 圈選此項目排序的平均值(x̄) | 圈選之理由 |
|---|---|---|---|---|---|
| | 7.了解婚姻與家庭的功能與實踐幸福家庭生活的方法 | 89.7% | 1（1）<br>2（2）<br>3（1）<br>4（2）<br>5（5）<br>6（2）<br>7（5）<br>8（1）<br>9（3）<br>10（4）<br><br>26 | 6.3 | ＊婚姻是兩性關係重要之一環，而未來美滿的婚姻關係在於從小即培養出良好的兩性互動 |
| | 8.了解與尊重自己與他人的性自主權 | 96.6% | 1（3）<br>2（4）<br>3（1）<br>4（2）<br>5（5）<br>6（5）<br>7（2）<br>8（4）<br>9（2）<br>10（0）<br><br>28 | 5 | ＊尊重個人的自主與隱私，以避免性侵犯的事件發生 |

| 重要性排序 | 第一與第二回合問卷匯集之項目 | 第二回合問卷列舉此項目人數之百分比 | 圈選此項目各排序之人數 | 圈選此項目排序的平均值(x̄) | 圈選之理由 |
|---|---|---|---|---|---|
| | 9.認識兩性肢體與非肢體語言的表達方式 | 93.1% | 1（1）<br>2（1）<br>3（2）<br>4（1）<br>5（1）<br>6（4）<br>7（5）<br>8（6）<br>9（4）<br>10（2）<br>27 | 6.7 | *認識兩性肢體與非肢體語言表達方式的差異，有助雙方更完善的溝通 |
| | 10.培養適當的兩性倫理道德觀 | 89.7% | 1（1）<br>2（1）<br>3（1）<br>4（1）<br>5（2）<br>6（4）<br>7（4）<br>8（2）<br>9（8）<br>10（2）<br>26 | 6.9 | *此主題有助家庭成員遵守「近乎親，止乎禮」的觀念 |

| 重要性排序 | 第一與第二回合問卷結果匯集之項目 | 第二回合問卷列舉此項目人數之百分比 | 圈選此項目各排序之人數 | 圈選此項目排序的平均值(x̄) | 圈選之理由 |
|---|---|---|---|---|---|
| | ＊11.欣賞並積極參與異性所常從事的活動<br>（此為第二回合問卷結果中，專家所建議之新增項目） | 3.4% | 1 (0)<br>2 (0)<br>3 (0)<br>4 (0)<br>5 (0)<br>6 (1)<br>7 (0)<br>8 (0)<br>9 (0)<br>10 (0)<br><br>1 | 6 | ＊藉此讓每一個小朋友不會因為單性的活動而強化了性別刻板印象；反之，能不以從事異性之活動為恥 |

## 四、性侵害防治教育

＊問卷填答說明：

　1.請參考所提供之資料，並排列出「性侵害防治教育」部份之十項最重要的課程內涵。

　2.排序方式：「1」代表最重要、「2」代表次重要、「3」代表第三重要……依此類推。

　3.1~10，每個數字只能使用一次，請勿重複。

　4.如有其他寶貴意見請列於「新增項目」欄。

| 重要性排序 | 第一與第二回合問卷結果匯集之項目 | 第二回合問卷列舉此項目人數之百分比 | 圈選此項目各排序之人數 | 圈選此項目排序的平均值(x̄) | 圈選之理由 |
|---|---|---|---|---|---|
| | 1. 養成辨識性侵害情境與來源的能力 | 100% | 1（4）<br>2（8）<br>3（5）<br>4（4）<br>5（2）<br>6（3）<br>7（1）<br>8（1）<br>9（1）<br>10（0）<br>29 | 3.6 | *預防重於事後補救，故須加強危機意識，尤其兒童性侵害事件的加害者多為周遭認識之人，所以學習辨識能力是相當重要的 |
| | 2. 知悉性侵害求助之學校社區資源與資訊網絡 | 96.6% | 1（0）<br>2（0）<br>3（3）<br>4（2）<br>5（5）<br>6（7）<br>7（6）<br>8（4）<br>9（0）<br>10（1）<br>28 | 6 | *有助事後的求助，學習自我保護 |

| 重要性排序 | 第一與第二回合問卷結果匯集之項目 | 第二回合問卷列舉此項目人數之百分比 | 圈選此項目各排序之人數 | 圈選此項目排序的平均值(x̄) | 圈選之理由 |
|---|---|---|---|---|---|
| | 3.具有性侵害危機處理與自我保護的能力 | 96.6% | 1（6）<br>2（6）<br>3（5）<br>4（4）<br>5（4）<br>6（2）<br>7（1）<br>8（0）<br>9（0）<br>10（0）<br><br>28 | 3.1 | ＊預防勝於治療，故具有危機處理能力可保護自我，這是避免自身遭受性侵害之最基本 |
| | 4.具備性侵害與兩性平等相關之法律知識 | 96.6% | 1（1）<br>2（0）<br>3（1）<br>4（6）<br>5（2）<br>6（3）<br>7（3）<br>8（7）<br>9（3）<br>10（2）<br><br>28 | 6.4 | ＊了解法律可了解自己的權利，保護自己，並能保護別人 |

| 重要性排序 | 第一與第二回合問卷結果匯集之項目 | 第二回合問卷列舉此項目人數之百分比 | 圈選此項目各排序之人數 | 圈選此項目排序的平均值(x̄) | 圈選之理由 |
|---|---|---|---|---|---|
| | 5.認識校園、家庭與社會中性騷擾、性侵害、暴力與亂倫並能解讀其迷思 | 100% | 1（4）<br>2（6）<br>3（4）<br>4（3）<br>5（4）<br>6（1）<br>7（2）<br>8（3）<br>9（2）<br>10（0）<br>29 | 4.2 | ＊認識並能解讀迷思，自己才不會被誤導，也不會以訛傳訛，給予不幸的人製造更多壓力<br>＊校園性侵害事件日趨嚴重，盼能更提高警覺，減少傷害<br>＊有關校園、家庭與社會中性騷擾、性侵害、暴力與亂倫的事件，可由近而遠，先從學生身邊的事件說起，使其能有所防範 |
| | 6.勇敢說出自己受性侵害的經歷，並尋求協助走出性侵害創傷的陰影 | 100% | 1（0）<br>2（0）<br>3（1）<br>4（0）<br>5（2）<br>6（3）<br>7（6）<br>8（4）<br>9（7）<br>10（6）<br>29 | 7.9 | ＊受害者說出自己經歷的勇氣可以打擊犯罪<br>＊勇於走出陰影，才能迎向光明 |

| 重要性排序 | 第一與第二回合問卷結果匯集之項目 | 第二回合問卷列舉此項目人數之百分比 | 圈選此項目各排序之人數 | 圈選此項目排序的平均值(x̄) | 圈選之理由 |
|---|---|---|---|---|---|
| | 7.了解與避開校園中的危險空間 | 89.7% | 1（2）<br>2（1）<br>3（4）<br>4（2）<br>5（0）<br>6（5）<br>7（5）<br>8（3）<br>9（4）<br>10（0）<br><br>26 | 5.7 | ＊亦是預防的一種方式，避開險地能降低受害機率，保護自我 |
| | 8.勇於拒絕不合理的要求 | 100% | 1（2）<br>2（4）<br>3（1）<br>4（4）<br>5（8）<br>6（3）<br>7（4）<br>8（1）<br>9（1）<br>10（1）<br><br>29 | 4.9 | ＊作自己身體的主人，勇敢地拒絕他人，才能保護自身安全，不致因軟弱而使自己難逃性侵害 |

| 重要性排序 | 第一與第二回合問卷結果匯集之項目 | 第二回合問卷列舉此項目人數之百分比 | 圈選此項目各排序之人數 | 圈選此項目排序的平均值(x̄) | 圈選之理由 |
|---|---|---|---|---|---|
| | 9.尊重自己與他人的身體自主權 | 96.6% | 1（10）<br>2（ 4）<br>3（ 5）<br>4（ 4）<br>5（ 0）<br>6（ 2）<br>7（ 0）<br>8（ 1）<br>9（ 2）<br>10（ 0）<br><br>28 | 3.1 | ＊釐清人我分際，俾能遏止性侵害之發生<br>＊個人的身體都是最珍貴的，故應尊重自己與他人的身體自主權，此為性侵害防治重要之人格與心理教育 |
| | 10.查閱與應用兩性平等教育與性侵害防治教育相關之參考書籍 | 93.1% | 1（ 1）<br>2（ 0）<br>3（ 0）<br>4（ 0）<br>5（ 2）<br>6（ 0）<br>7（ 1）<br>8（ 2）<br>9（ 6）<br>10（15）<br><br>27 | 8.8 | ＊了解資訊有助掌握時局 |

| 重要性排序 | 第一與第二回合問卷結果匯集之項目 | 第二回合問卷列舉此項目人數之百分比 | 圈選此項目各排序之人數 | 圈選此項目排序的平均值(x̄) | 圈選之理由 |
|---|---|---|---|---|---|
| | ＊11.關懷周遭被性侵害之受害者<br>（此為第二回合問卷結果中，專家所建議之新增項目） | 3.4% | 1（ 0）<br>2（ 0）<br>3（ 0）<br>4（ 0）<br>5（ 0）<br>6（ 0）<br>7（ 0）<br>8（ 1）<br>9（ 0）<br>10（ 0）<br>────<br>1 | 8 | ＊社會大眾之異樣眼光常使被性侵害者受到二度傷害，故應教導兒童從小即對被性侵害者給予適當的協助與關懷，並且不得任意嘲笑他們，此為刻不容緩之事 |
| | ＊新增項目<br>12. | | | | |

# 拾、資料整理與分析

　　德懷研究的優點之一乃在匯集多方意見，形塑共識進而將所收集的資料，經篩選、整理與分析，然後選出重要的專家共識。因此，在多回合德懷問卷之後，研究者須比較第二與第三回合之資料，如專家一致性意見已達成，那就可進入資料分析的步驟（請參閱 333 頁的德懷研究過程之流程圖）。

　　參與研究的專家一致性意見是否達成共識，研究者須設定共識達成的判準。舉例說明，例如在會議中，經由參與會議者投票來決議一個提案，那提案是否通過，有人說半數通過即可，有人則說三分之二。從事德懷研究在完成三回合問卷之後，研究者可比較第二回合與第三回合回收之資料各項目之標準差與平均值，如該項目之平均值與標準差縮小，則表示該項目已達共識；反之，則該項目未達一致性意見。至於所有項目中半數三分之二或四分之三的項目達成共識，研究者即可宣稱該研究的專家意見已達到一致性的共識了，例如：

| 題號 | 第一回合專家意見彙整之結果 | 第二回合圈選此項目排序的平均值（X̄） | 第三回合圈選此項目排序的平均值（X̄） | 第二回合標準差 | 第三回合標準差 |
|---|---|---|---|---|---|
| 1 | 了解兒童期的生理與心理發展 | 3.9 | 3.2 | 2.7 | 2.6 |

　　上述項目其兩個回合的平均值與標準差都逐漸縮小，則表示
該項目經由專家相互腦力激盪之後，已達專家一致性的共識。筆
者「各級學校性別平等與性侵害防治教育課程核心概念之德懷研
究」，在完成三回合德懷研究之後，研究小組比較第二與第三回
合各項目之標準差與平均值之後，發現五十五項國中性別平等教
育與性侵害防治教育教材內涵中之三十四項（61.8%）的標準差在
第三回合的資料中顯示趨向平均值，及其於第三回合問卷結果之
標準差小於第二回合問卷結果。因此在約三分之二項目一致性意
見或共識產生時，研究小組認為三回合的德懷問卷調查可告一段
落，而得以進一步分析三回合中所整合的研究結果。

　　根據研究結果，研究者發現接近三分之二的項目已達專家一
致性共識之後，即可進入資料分析的步驟。在資料分析的步驟中，
最重要的部分即是挑選出最重要、重要以及比較不重要的項目；
各項目重要性判準的設定，筆者在研究國中性別平等與性侵害防
治教育教材內涵的重要性時，則設定為：(1)超過半數投票者圈選
該項目為最重要及第二重要者；(2) 16%之專家人數投票圈選該項
為最重要特質而其 T 分數在 60 以上者；(3)半數以上投票者圈選該

項而其 T 分數在 50 以上者。用 T 分數及上述三個設定的標準來
評估五十五項國中兩性平等教育與性侵害防治教育教材內涵，發
現其中六項為最重要之內涵，另外三十項為重要之內涵，還有其
他十九項較不重要的課程內涵項目（謝臥龍與駱慧文，2000）。


# 拾壹、研究報告的撰寫


　　歷經一系列德懷問卷的過程，廣收專家的經驗與智慧，在一
致性共識的產生之後，篩選出最重要、重要與比較不重要的項目，
並進行研究報告的撰寫。研究報告除了列舉出各項目的重要性之
外，尚須將參與研究專家所認為該項目重要性的理由陳述出來，
以為該項目重要性之佐證。
　　筆者以謝臥龍、吳慈恩與黃志中（2003）所發表的家庭暴力
相對人裁定前鑑定制度未來發展的共識——德懷研究為例，來說
明研究報告撰寫的形式，以為未來採用德懷研究參考之用。
　　謝臥龍、吳慈恩與黃志中（2003）經由三回合德懷問卷，廣
集參與實施此鑑定制度之學者專家的意見，列舉出十四項最重要
的專家意見、十九項重要的專家意見，而建立裁定前鑑定制度的
法源基礎為其中一項最重要的共識，因此研究者可羅列資料分析
以及陳述圈選此項目之理由，以厚實地描述專家的意見。

## 建立裁定前鑑定制度的法源基礎

二十九名專家認同此項目之重要性,而二十七位圈選者 T 分
數在五十以上,另外則有高達二十四名專家認同此項目之重要性;
因此根據本研究小組在分析之前所擬訂的各項目重要性評定標準,
此項目爲最重要的共識,而圈選此項目的專家認定此項目爲最重
要共識的原因:

> 法源為執行的依據,故應有法源基礎,才可使執行單位
> 有明確的遵循,並串聯司法、社政、醫療系統間的合作
> 機制,避免執行上有力不從心之感。有法源的依據,相
> 對人始有遵守的義務,重視強制性出席的必要性。讓承
> 辦法官確認合法、必要及合理性,以提高送交鑑定之比
> 例,避免裁定前鑑定完全由法官主觀認定。

在研究數據支持,以及研究參與者提供圈選各項目重要性之
質性回饋之下,德懷研究之研究結果,依最重要、重要與比較不
重要的專家共識來陳述說明,其目的爲:歷經冗長而多回合問卷
的填答以及提出圈選各項目重要性的理由,此乃德懷研究的精華。
在多回合問卷填寫之下,可能收集到數十項的專家意見,而要將
這數十項建言付諸於政策制訂與執行,課程規畫與發展實在太龐
雜了;因此在時間、經費與精力考量下,可從最重要的項目先行
執行,然後在其他因素考量與配合之下,再選擇次重要項目來實

施，始可有效地運用德懷研究的結果。

　　本章簡述德懷研究的起源、優缺點、研究流程、研究步驟的實施、研究結果的分析以及研究報告的撰寫。其中列舉一些筆者多年來採用德懷研究所完成的一些研究範例以爲讀者參考；然而研究方法並非一成不變，研究者可依研究的特性與研究主題作調整，以期達到德懷研究科際整合的精神。而研究結果經由量化資料的分析，排列出其重要性，再以豐厚的專家意見加以說明佐證，更在質量並進的情況之下，凸顯出專家腦力激盪之下，整合出來的寶貴經驗與智慧結晶之可貴性。

　　有限於章節篇幅，一些研究過程的描述不盡詳細，讀者若對德懷研究有興趣，可與筆者聯絡，吾等當盡心與妳／你研討切磋。

參考書目

方朝郁（2000），**教科書性別偏見檢核規準之研究**，國立高雄師範大學教育學係碩士論文。

王秀紅，謝臥龍與駱慧文（1994），醫療行爲中性騷擾的界定與預防，公共衛生，21(1): 1-13。

吳雅玲（2000），**中等教育學程中兩性平等教育課程內涵之德懷研究**，國立高雄師範大學教育學系碩士論文。

張玨（1997），**當前大學通識教育中「性別與兩性關係」相關課程內涵與教育策略研究**，本文發表於台灣大學婦女研究室所舉辦之八十六年度大學通識教育專題研究計畫成果討論會。

台北：台灣大學。

陳九五，謝臥龍與盧天鴻（1995），**都會居民對對居家環境噪音音源發生頻率之主觀評估**，本文發表於高雄醫學院第十五屆工業衛生及第四屆環境職業醫學會研討會。1995 年 3 月，高雄醫學院。

游家政（1994），**國民小學後設評鑑標準之研究**。國立台灣師範大學教育學系博士論文。

游家政（1996），德懷術及其在課程研究上的應用。**花蓮師院學報**，6: 1-24。

駱慧文、謝臥龍、王興耀與張永源（1992），醫學教育主管心目中的良好醫者特質:德懷研究法之運用，**高雄醫學科學雜誌**，8(3): 168-174。

謝臥龍（1997），優良國中教師特質之德懷分析，**教育研究資訊雙月刊**，5(3): 14-28。

謝臥龍、吳慈恩與黃志中（2003），**家暴相對人裁定前鑑定制度發展之共識——德懷研究**，本文發表於 2003 年 4 月 25 日，國立高雄師範大學性別教育研究所主辦「性別、暴力與權力研討會」。

謝臥龍、陳秋蓉、陳九五、駱慧文、楊奕馨與許嘉和（1997），台灣籍勞工工作滿意度與生活適應性之探討，**中華公共衛生雜誌**，16: 339-354。

謝臥龍、駱慧文（1999），**各級學校校師對兩性平等教育及性侵害防治教育教材內涵與其重要性之探討**。教育部。

謝臥龍與駱慧文（2000），高中職性別平等教育與性侵害防治教

育課程核心概念之德懷研究，中等教育雙月刊，52(3): 20-41。

謝臥龍與駱慧文（2000），國民中學性別平等與性侵害教育課程
內涵與其重要性之探討，教育學刊，16: 255-280。

蘇秋永（1995），高中教師評鑑之研究——高中教師自我評鑑之
發展。淡江大學教育資料科學學系碩士論文。

Bedford, M. T. (1972). *The value of competing panels of experts and the impact of drop-outs on Delphi results.* Delphi: The Bell Canada experience, Montreal Bell Canada.

Brooks, K. W. (1979). Delphi technique: Expanding application. *North Central Association Quarterly, 53* (3): 377-386.

Couper, M. R. (1984). The Delphi technique: Characteristics and sequence model. *Advances in Nursing Science, 7* (1): 72-77.

Crammer, R. H. (1991). The education of gifted children in the United States: A Delphi study. *Gifted Children Quarterly, 35* (2): 84-91.

Cyhert, F. R. & Gant, W. L. (1970). The Delphi technique: A tool for collecting opinions in teacher education. *Journal of Teacher Education, 31* (3): 417-425.

Dalkey, N. C. & Helmer, O. (1963, April). The experimental application of the Delphi method to the use of experts. *Management Science, 9*: 458-467 .

Dearman, N & Plisko, V. (1985). *The condition of education : Statistical report* (1981 ed.). Washington, Dc: National Center for Educational Statistics.

Delbecq, A. L., Van de Ven, A. H., & Gustagson, D. H. (1975). *Group techniques for program planning: A guide to nominal group and Delphi process.* Glenview, IL.: Scott, Foresman and Co.

Dowell, P. E. Jr. (1975). *Delphi forecasting in higher education.* Doctoral dissertation, George Peabody College for Teachers, Nashville, Tennessee.

Ellis, G, Smith, K. & Kummer, W. G. (1985 September)A Delphi approach to Curriculum planning. *Parks and Recreation, 20*: 50-58.

Goldfisher, K. (1992). Modified Delphi: A concept for new product Forecasting. *The Journal of Business Forecasting, 11* (4): 10-11.

Gorden, T. J. & Helmer, O. (1964). *Initial experiments for the gross impact matrix method of forecasting.* RAND, Paper D 2982, Rand Corporation, Santa Monica, California.

Haan, J. & Peters, R. (1993). Research technology: Top or tools? Results of a Dutch Delphi study. *Information and Management, 25*: 283-289.

Health, A, Neimeyer, G. & Pedersen, P. (1988). The future of cross-cultural counseling: A Delphi poll. *Journal of Counseling and Development, 67*: 27-30.

Hentages, K. & Hosokawa, M. C. (1980). Delphi: Group participation in needs assessments and curriculum development. *The Journal of School Health, 50*: 447-450.

Jeffrey, G. Hache, G. & Lehr, R. (1995). A gross-based Delphi application: Defining rural career counseling needs. *Measurement and Evaluation in Counseling and Development, 28*: 25-60.

Jenkins, D. Smith, T. (1995). Apply Delphi methodology in family therapy research. *Contemporary Family Therapy, 16* (5): 411- 430.

Kramer, P. J.& Betz, L.E. (1987). *Effective in-service education in Texas public schools. Research monograph.* (ERIC Document Reproduction Service No.ED 109941).

Linstone, H. & Turoff, M. (1975). *The Delphi method: Techniques and applications.* Reading, MA: Addison-Wesley Publishing Co.

Madu, C. N. Kuei, C. H. & Madu, A. N. (1991). Setting priorities for the IT industry in Taiwan: A Delphi study. *Long Range Planning, 24* (5): 105-118.

Mann, D. & Lawrence, J. (1984). *A Delphi analysis of the instructionally effective school.* (ERIC Document Reproduction Service No. Ed 249 580).

Masser, I. & Foley, P. (1987). Delphi: A versatile methodology for conducting qualitative research. *The Review of Higher Education, 18* (4): 423-436.

Nash, N. (1978). *Delphi and educational research: A review.* (ERIC Document Reproduction Service No. Ed 151 950).

Shieh V. & Lo. A. (1992). *Delphi analysis on the most essential characteristics of proficient physicians.* Paper presented at 7th World Curriculum and Instruction (WCCI) Triennial Conference. July 25- Aug 2,1992, Cairo, Egypt.

Shieh, V. (1990). *Using Delphi technique to determine the most important characteristics of effective teaching in Taiwan.* Unublished doctoral dissertation, University of Cincinnati, U.S.A.

Tiedemann, D. A. (1986). Use of the Delphi technique to plan future media support service programs in higher education. *Media Management Journal, 6* (1): 11-16.

White, M. B. & Russell,C. (1995).The essential elements of supervisory system: A modified Delphi study. *Journal of Marital and Family Therapy, 21* (1): 33-53.

國家圖書館出版品預行編目資料

質性研究 / 謝臥龍等著.--初版.--臺北市
：心理, 2004 [民 93]
面；　　公分.--（教育研究；22）

ISBN　978-957-702-659-0（平裝）

1. 社會學 - 研究方法

540.1　　　　　　　　　　　　　　93002410

教育研究22　　**質性研究**

策畫主編：謝臥龍
作　　者：王雅各、盧蕙馨、范麗娟、成虹飛、顧瑜君
　　　　　吳天泰、蔡篤堅、魏惠娟、謝臥龍、駱慧文
總 編 輯：林敬堯
發 行 人：洪有義
出 版 者：心理出版社股份有限公司
社　　址：台北市和平東路一段 180 號 7 樓
總　　機：(02) 23671490　傳　　真：(02) 23671457
郵　　撥：19293172　心理出版社股份有限公司
電子信箱：psychoco@ms15.hinet.net
網　　址：www.psy.com.tw
駐美代表：Lisa Wu　　Tel：973 546-5845　Fax：973 546-7651
登 記 證：局版北市業字第 1372 號
電腦排版：臻圓打字印刷有限公司
印 刷 者：玖進印刷有限公司
初版一刷：2004 年 3 月
初版三刷：2008 年 4 月

定價：新台幣 420 元　■有著作權・侵害必究■
ISBN 978-957-702-659-0

# 讀者意見回函卡

No. _____  　　　　　　　填寫日期：　年　月　日

感謝您購買本公司出版品。為提升我們的服務品質，請惠填以下資料寄回本社【或傳真(02)2367-1457】提供我們出書、修訂及辦活動之參考。您將不定期收到本公司最新出版及活動訊息。謝謝您！

姓名：_____　性別：1□男　2□女

職業：1□教師 2□學生 3□上班族 4□家庭主婦 5□自由業 6□其他____

學歷：1□博士 2□碩士 3□大學 4□專科 5□高中 6□國中 7□國中以下

服務單位：_____　部門：_____　職稱：_____

服務地址：_____　電話：_____　傳真：_____

住家地址：_____　電話：_____　傳真：_____

電子郵件地址：_____

書名：_____

一、您認為本書的優點：（可複選）

　❶□內容 ❷□文筆 ❸□校對 ❹□編排 ❺□封面 ❻□其他____

二、您認為本書需再加強的地方：（可複選）

　❶□內容 ❷□文筆 ❸□校對 ❹□編排 ❺□封面 ❻□其他____

三、您購買本書的消息來源：（請單選）

　❶□本公司 ❷□逛書局⇨_____書局 ❸□老師或親友介紹

　❹□書展⇨____書展 ❺□心理心雜誌 ❻□書評 ❼其他_____

四、您希望我們舉辦何種活動：（可複選）

　❶□作者演講 ❷□研習會 ❸□研討會 ❹□書展 ❺□其他____

五、您購買本書的原因：（可複選）

　❶□對主題感興趣 ❷□上課教材⇨課程名稱_____

　❸□舉辦活動 ❹□其他_____　　　　　（請翻頁繼續）

| 廣 告 回 信 |
| 台 北 郵 局 登 記 證 |
| 台 北 廣 字 第 940 號 |

（免貼郵票）

 心理出版社 股份有限公司

台北市 106 和平東路一段 180 號 7 樓

**TEL:** (02) 2367-1490
**FAX:** (02) 2367-1457
**EMAIL:psychoco@ms15.hinet.net**

沿線對折訂好後寄回

六、您希望我們多出版何種類型的書籍

❶□心理 ❷□輔導 ❸□教育 ❹□社工 ❺□測驗 ❻□其他

七、如果您是老師，是否有撰寫教科書的計劃：□有□無

書名／課程：_____

八、您教授／修習的課程：

上學期：_____

下學期：_____

進修班：_____

暑　假：_____

寒　假：_____

學分班：_____

九、您的其他意見

_____

謝謝您的指教！　　　　　　　　　　　　　81022